21世纪应用型本科系列教材·文化产业类

文化产业政策与法律概论

Wenhua Chanye Zhengce Yu Falü Gailun

赵阳　编著

·广州·

版权所有　翻印必究

图书在版编目（CIP）数据

文化产业政策与法律概论/赵阳编著 . —广州：中山大学出版社，2018.1

（21世纪应用型本科系列教材·文化产业类）

ISBN 978-7-306-06219-2

Ⅰ. 文… Ⅱ. ①赵… Ⅲ. ①文化产业—产业政策—中国 ②文化产业—法规—中国　Ⅳ. ①G124　②D922.164

中国版本图书馆 CIP 数据核字（2017）第 267651 号

出 版 人：	王天琪
策划编辑：	邹岚萍
责任编辑：	邹岚萍
封面设计：	林绵华
责任校对：	黄燕玲
责任技编：	何雅涛
出版发行：	中山大学出版社
电　　话：	编辑部 020-84110771，84113349，84111997，84110779
	发行部 020-84111998，84111981，84111160
地　　址：	广州市新港西路 135 号
邮　　编：	510275　　传　真：020-84036565
网　　址：	http://www.zsup.com.cn　E-mail：zdcbs@mail.sysu.edu.cn
印 刷 者：	佛山市浩文彩色印刷有限公司
规　　格：	787mm×1092mm　1/16　18.5 印张　342 千字
版次印次：	2018 年 1 月第 1 版　2025 年 7 月第 7 次印刷
印　　数：	17001～19000 册　　定　价：42.00 元

本书如发现因印装质量问题影响阅读，请与出版社发行部联系调换

本书为福建省文化产业专业群建设项目（福建省普通本科高校向应用型转变试点项目暨整体转型试点项目）；2016年福建省本科高校教育教学改革研究项目（项目编号：JZ160262）

内容提要

为方便非法律专业的学生和相关人士的使用，本教材在内容上首先选取了有关政策与法律方面的若干基础理论进行阐述，继而又分别讲解了文化产业政策与法律的若干基本问题以及文化产业与著作权的有关理论，为本教材的后续学习打下基础。在文化产业的诸多领域中，选取了广播电视产业、电影产业、互联网产业、出版产业、体育产业，着重讲解了这些产业中的政策与法律问题。

本教材可供高等院校文化产业管理、公共事业管理、广播电视学、新闻传播学、国际文化贸易、会展管理等文化产业类本科相关专业教学使用，也可作为文化产业从业者的重要参考资料。

前　言

2011年10月18日，党的十七届六中全会通过了《中共中央关于深化文化体制改革 推动社会主义文化大发展大繁荣若干重大问题的决定》，拉开了我国文化产业大发展大繁荣的序幕。2017年10月18日，习近平总书记在党的十九大所作的报告中明确指出，健全现代文化产业体系和市场体系，创新生产经营机制，完善文化经济政策，培育新型文化业态，为我国文化产业的理论研究和实践发展指明了方向。近年来，与我国文化产业蓬勃发展的业界现状相适应，我国文化产业专业人才的培养也日益得到重视。以文化产业管理专业为例，开设该专业的高校已由最初的4所发展到如今的100余所，形成了从本科到博士的文化产业类人才的完整培养体系。专业的发展需要课程的支撑，而教材建设又是课程建设的重中之重。

文化产业政策与法律是文化产业类相关专业的必修课程，本教材的编写即是从该课程的教学实践出发，专门针对文化产业管理及相关专业应用型本科人才这一培养层次而展开的，主要呈现了以下两大特点。

1. 体例上

本教材各章节均包含知识目标、能力目标、导入案例、延伸阅读、思考训练、推荐阅读等部分，尽可能满足课前预习、课堂讲授、课后复习等教学各环节的需要。

2. 内容上

针对应用型本科人才的培养需求，以理论为基础，偏重应用性。具体来说，由于文化产业领域相关政策主要是纲领性文件，可操作性不强，考虑到本教材偏重应用性的特点，故对政策部分，主要是概括性介绍，以使读者大致了解我国文化产业各领域的政策，读者可以在本教材勾勒出的文化产业政策文本框架下，根据自身需要进行深度的查阅和学习；对于各文化产业领域法律的具体规定，本教材则针对法律文本和真实判例进行了详细讲解。

因此，本书既可以作为高等院校文化产业管理、公共事业管理、广播电视学、新闻传播学、国际文化贸易、会展管理等文化产业类本科相关专业的教材或教参用书，又可以作为文化产业从业者的重要参考资料。

虽然在编写过程中，作者尽量做到完整、准确地介绍文化产业领域的相关政策与法律内容,但限于能力和水平,难免有所疏漏,欢迎选用本教材的老师、学生和业界人士提出宝贵意见,作者将在今后的修订中不断改进和完善。

赵阳
2017 年 11 月 1 日

目 录

第一章 政策与法律基础理论 ... 1
- 第一节 政策基础理论 ... 3
- 第二节 法律基础理论 ... 8
- 第三节 政策与法律的区别与联系 ... 18

第二章 文化产业政策与法律概述 ... 23
- 第一节 我国文化产业政策概述 ... 25
- 第二节 我国文化产业法律概述 ... 53

第三章 文化产业与著作权 ... 61
- 第一节 著作权客体 ... 65
- 第二节 著作权主体 ... 76
- 第三节 著作权的取得与内容 ... 82
- 第四节 邻接权 ... 90
- 第五节 著作权的限制、集体管理与侵权行为 ... 94

第四章 广播电视产业政策与法律 ... 103
- 第一节 我国广播电视产业发展及政策法律现状 ... 105
- 第二节 广播电台电视台设立的法律制度 ... 111
- 第三节 广播电视节目管理法律制度 ... 115
- 第四节 广播电视广告管理法律制度 ... 123
- 第五节 广播电台电视台播放录音制品付酬管理制度 ... 127
- 第六节 电视剧管理法律制度 ... 130
- 第七节 专网及定向传播视听节目服务管理制度 ... 145

第五章 电影产业政策与法律 ... 154
- 第一节 我国电影产业政策法律概述 ... 155
- 第二节 电影产业基本法 ... 159

第三节　我国电影市场准入法律制度……………………171
第四节　我国电影内容管理法律制度……………………175

第六章　互联网产业政策与法律……………………185
　　第一节　互联网产业概述……………………………186
　　第二节　我国互联网产业政策与法律概述…………189
　　第三节　网络安全法律制度…………………………200
　　第四节　信息网络传播权保护法律制度……………212
　　第五节　互联网文化管理法律制度…………………219

第七章　出版产业政策与法律………………………227
　　第一节　我国出版产业政策法律概述………………228
　　第二节　出版物管理的一般规定……………………236

第八章　体育产业政策与法律………………………249
　　第一节　体育产业概述………………………………251
　　第二节　体育产业政策………………………………265
　　第三节　体育产业法律………………………………276

第一章 政策与法律基础理论

● 知识目标

1. 了解政策与法律的概念、特征和分类。
2. 熟悉产业政策的内涵及其积极作用和消极作用。
3. 熟悉法律的效力与当代中国法律体系的构成。
4. 掌握政策与法律的联系和区别。

● 能力目标

具备运用政策与法律的基础理论研习后续将要学习的文化产业政策法律的基本能力。

法治视角下的产业政策之争

2016年8月25日,著名经济学家张维迎教授在亚布力中国企业家论坛2016年夏季峰会上发表演讲,主张废除一切形式的产业政策。2016年9月13日,著名经济学家林毅夫教授发表文章,观点鲜明地针锋相对,认为不管是发达国家还是发展中国家,产业政策都是经济发展的必要条件。2016年11月9日,两位经济学家在北京大学围绕产业政策展开了面对面的辩论。林毅夫、张维迎两人的此次观点交锋,不仅引起学界的广泛关注,还演变成一场关于产业政策理论与实践问题的全民大讨论。

林毅夫认为,基本上,成功国家经济体当中没有不使用"产业政策"来支持新产业发展的。第二次世界大战以后经济搞成功的国家、地区非常少,当中最显著的是13个经济体,这13个经济体有五个特征,一是开放经济,二是宏观环境稳定,三是高储蓄、高投资,四是有效的市场,五是积极有为的政府。在这13个经济体当中,政府都用产业政策来支持一些新的产业发展,所以这也是成功经济体的共同特色。不能因为我国经济发展中有一些产业政策失败了,就武断地下结论说我们不要产业政策了,因为这样做其实相当于把婴儿跟婴儿的洗澡水一起倒掉。经济学家需要研究什么样的产业政策才可以成功。一个新产业的软硬基础设施是不完善的,第一个吃螃蟹的企业家基本上无能为力。想让第一个吃螃蟹的企业家成功,还需要政府发挥因势利导的作用,来解决这些软硬基础设施的完善协调或供给的问题,这就需要一个因势利导的有为政府。政府按照比较优势来因势利导,帮助企业解决软硬基础设施,降低交易成本,可以迅速地把比较优势这一潜在的状况变成实际竞争优势的产业。

张维迎认为,自20世纪80年代以来,中国产业政策失败的例子比比皆是,成功的例子则凤毛麟角,这一点连林毅夫本人也不否认。产业政策之所以失败,一是由于人类认知能力的限制,二是因为激励机制扭曲。产业政策是集中化决策,意味着将社会资源集中投入到政府选定的目标,这是一种豪赌!成功的可能性很小,失败的代价巨大。像中国这么大的国家,各地差距很大,谈整个国家的比较优势是没有意义的。人口密集的地方劳动力不够,这就显示了企业家的重要性,离开了企业家谈比较优势没有意义。

对于"张林之争",著名法学家季卫东认为,过去30余年间,政府在中国经济高速增长过程中发挥了重要作用。有关行政主管部门从长期合理性的视角来制订指令性或者指导性的经济计划,通过行政审批权对某些产业给予特别的保护或者支持,对另一些产业进行限制,并在资源配置上重点倾斜的同时确保金融的整体稳定。政府借助各种操作杠杆来调整和促进企业行为的机制,被称为中国特色社会主义市场经济;在立法层面体现为产业政策本位,在执法层面和司法层面体现为行政规制本位。换言之,产业政策与行政规制构成一枚铜板的两个不同侧面。随着改革开放的推进和市场化程度的加深,竞争政策逐渐有所加强。为了进一步提高经济发展的效益,政府、智库以及经济领域的专家学者一直试图寻找产业政策与竞争政策的适当组合方式,但这两者之间的法律界限始终很难划清,因此,在实践中,行政规制不断伸张,使产业政策与竞争政策形成最佳组合的各种尝试都难以真正奏效。

(季卫东:《法治视角下的产业政策之争》,http://www.aisixiang.com/data/102713.html,访问日期:2017年3月12日)

第一节　政策基础理论

一、政策的概念

提起政策，人们都不会感到陌生。长期以来，特别是党的十一届三中全会以后，我国的各项事业的发展，应该说都与相应政策的科学制定和贯彻息息相关。那么，到底什么是政策呢？《辞海》中对政策的定义是："国家、政党为实现一定历史时期的路线和任务而规定的行动准则"，从中我们不难看出，这里所讲到的政策偏重于公领域。而实际上，在私领域中的一般社会团体和各类组织甚至个人，也会针对一定阶段的路线和任务制定行动指南。所以，必须强调的是，本教材中所说的政策与《辞海》中的政策定义相一致，具体来说，就是指侧重于为解决社会公共问题而制定的公共政策。

公共政策这一概念具有跨学科性的特点，不同研究者的分析角度各有不同。到目前为止，对公共政策还没有一个学术界公认的统一的定义。中外学者各自从不同的角度做出了一些不同的界定，其中具有代表性的包括以下几种：

（1）曾任美国总统的著名政治学家伍德罗·威尔逊认为："公共政策是由政治家即具有立法权者制定的而由行政人员执行的法律和法规。"

（2）美国政治学家戴维·伊斯顿认为："公共政策是对全社会的价值作有权威的分配。"

（3）美国政治学家拉斯韦尔与哲学家卡普兰认为："公共政策是一种含有目标、价值与策略的大型计划。"

（4）中国台湾学者林水波、张世贤认为："公共政策指政府选择作为或不作为的行为。"

（5）中国台湾学者伍启元认为："公共政策是政府所采取的对公私行为的指引。"

（6）中国大陆学者陈振明认为："政策是国家机关、政党及其他政治团体在特定时期为实现或服务于一定社会政治、经济、文化目标所采取的政治行为或规定的行为准则，它是一系列谋略、法令、措施、办法、方法、条例等的总称。"

上述观点虽然在表述方式上各有不同，但基本上都是从各个角度去揭示公共政策的各种特征。

延伸阅读 >>>

政策的词源

据考证，在中国古代并无"政策"这一固定的词组，只有"政"与"策"两个分开的字。

在古汉语中，"政者，正也"，其本义为"规范""控制"；"策，谋术也"，其本义为"计谋""谋略"。若将两词合起来，则为"规范的计谋"。

在近代，中国人所使用的"政策"一词，其来源有多种说法。有人认为是从日本传来的。明治维新后，日本接受西方文化，出现英文，他们将"policy"翻译为"政策"。1840年鸦片战争后，该词又传到中国。也有人认为"政策"可能是由在中国生活的西方人翻译出来的。据载，英国传教士李提摩太在1895年曾给大清朝廷呈送了一份《新政策》，要求清政府设置新政部，聘请英美等国人士来主管新政，故中国才有了"政策"这一词语。

中国人中较早使用"政策"这一词语的是梁启超，1899年他写的《戊戌政变记》中就有"政策"一词。他认为："中国之大患在于教育不兴，人才不足，皇上政策首注重于学校教育之中可谓得其本矣。"后来孙中山也在文章中使用"政策"这一概念。此后"政策"一词便在中国社会上流传开来。

二、政策的特征

关于政策的特征，虽然学者们表述不一，但大都把握了两个原则：一是从公共政策的本质中确定其特征；二是从动态的角度来考察政策特征。

首先，公共政策的本质主要表现为它是阶级意志、利益的集中体现和表达，是各种利益关系的调节器，作为国家或政党的公共管理工具服务于社会经济发展、文化进步。① 因此，公共政策毫无疑问具有阶级性和利益性特征。任何国家或政党都是特定阶级利益的代表，它们所要实现的目标、所实施的行动必须符合本阶级的利益，因而，相应地，公共政策的制定也一定是从本阶级的利益出发。

其次，对于任何一个政治系统来说，追求社会的政治、经济、文化的稳定是其基本目标。公共政策作为政治系统运行的中心、政府履行自身职能的手段和进行公共管理的途径，就必须服从于保持社会政治、经济稳定的基本目标。政治系统和政府要想通过制定、执行公共政策来达到社会稳定，首先就要求社会的总政策、基本政策是稳定的。与此同时，政策又是因多种政治因素互动而表现为一系列环节的动态过程。政策的制定是一个政治互动过

---

① 陈振明主编：《政策科学》，中国人民大学出版社2003年版，第51页。

程。不同的时代有不同的政策问题，特定政策问题的出现是政治社会发展的结果。政策的终结往往意味着新一轮政策动态过程的开始①，从而表现出稳定性和变动性的特征。

这里需要明确的是，按照上述两个原则所得出的是政策的最基本特征，除此之外，公平性、效率性、合法性、功能多样性、目标取向性等也是政策非常重要的特征。

三、政策的分类②

一般说来，政策可以按影响的范围分为中央政策和地方性政策，按重要程度分为重点政策和非重点政策，按效用特点分为鼓励性政策和限制性政策，等等。但现实中最常见的政策分类方法有两种，第一种是根据政策所涉及的领域，从横向上对政策进行的划分，也叫横向分类；第二种是根据政策所指示的方向和所要实现的目标的综合性程度，从纵向上对政策进行的划分，也叫纵向分类。

（一）政策的横向分类

1. 政治政策

政治政策是由国家、政党规定的调节、处理人们政治生活、政治关系的规范或准则。政治政策无疑是最重要的公共政策之一，它包括政党政策、民族政策和外交政策等。

2. 经济政策

经济政策是党和国家在一定时期所确定的经济目标、任务、行动和措施。如财政政策、货币政策和产业政策等。

3. 社会政策

社会政策是指政府用来处理狭义的社会问题所采取的行动或行为规范，它以社会问题为对象，目的是解决社会问题，提高人民生活水平，增进社会福祉、谋求社会秩序平衡发展。社会政策包括人口政策、环保政策、治安政策、社会保障政策等。

4. 文化政策

文化政策是国家在一定时期的总目标下，为了促进和调节科学技术以及文教事业的发展而制定的基本准则和规范。它包括科技政策、教育政策等。

---

① 郑敬高主编：《政策科学》，山东人民出版社2005年版，第23页。
② 陈振明主编：《政策科学》，中国人民大学出版社2003年版，第54～55页。

（二）政策的纵向分类

1. 总政策

总政策是处于政策体系中最高层次的政策，它居于整个政策体系的统帅地位，具有根本的指导性和原则性，是其他各种政策的出发点和归宿。总政策是国家在一个较长的历史阶段所确定的战略目标和根本任务，也称为总路线、基本路线、总方针、总任务。它一般以宪法的形式反映（在实行政党制的国家，也可以从执政党的党纲，党和国家、政府首脑的施政纲领或政策报告中反映）出来。

2. 基本政策

基本政策处于总政策之下的层次，它指的是党和国家对关系国家全局利益的某一领域、某一方面的工作所规定的主要目标和任务，即通常所说的基本国策或大政策。例如科教兴国的政策、可持续发展的政策、计划生育的政策等都属于基本政策。基本政策是总政策和具体政策之间的中介，它既从属于总政策，又要统帅相关的具体政策。需要注意的是，正是由于基本政策处于总政策和具体政策的中间环节，因而它是保证总政策得到贯彻执行的重要一环，但同时它本身不能直接保证总政策所规定的目标任务得到实现，而是要通过具体政策的贯彻执行才能提供这种保证。

3. 具体政策

具体政策是在基本政策的指导下、为解决特定时期或特定范围内的某类或某个特定问题所确定的目标任务和行动的准则，一般以书面政策文件的形式反映出来。具体政策是总政策和基本政策最具体最现实的表现，因而它的可操作性和执行性很强，而且内容广泛、形式多样、层次复杂，相对而言增加了灵活性和适应性，会随着形势的变化而不断变化。正是通过它才能切实有效地保障总政策和基本政策的实现。

四、产业政策

何谓产业政策？经济学界目前尚没有统一的定论，但通常都认为，产业政策是附属于产业而形成的、为各国政府所执行的一项基本经济政策。具体来说，产业政策是指政府通过相应的政策手段，对资源配置和利益分配进行干预，对企业行为进行某些限制和诱导，从而对产业发展的方向施加影响的一系列政策。[①]

产业政策涉及产业活动的各个方面，因而有着各种不同的类型，最常见

---

① 姜欣、杨临宏主编：《产业政策法》，中国社会科学出版社2008年版，第9页。

的是按照产业政策的内容进行分类。按照内容不同,产业政策可以分为三大类型:产业发展政策、产业结构政策、产业组织政策。这三大类产业政策又分别包含多种不同的具体政策。

众所周知,市场经济遵循价值规律的要求,通过价值杠杆和竞争功能,在适应供求关系变化的基础上,优化资源配置,促进企业优胜劣汰,从而有利于社会经济的健康发展。然而,市场经济本身也存在自身无法克服的诸如市场失灵等问题,此时,由政府通过制定产业政策的方式规避或者降低这些问题带来的影响程度就显得尤为重要。与此同时,产业的发展亦需要政府通过宏观政策的方式予以引导,通过税收优惠等政策措施,刺激和加速适应社会经济发展需要的产业增加发展动能,从而使产业结构得到优化和升级。正如学者林毅夫所认为的那样,产业政策之所以需要,是因为推动经济发展的技术创新和产业升级既要靠企业家个人的努力,也需要政府帮助企业家解决他们自身难以克服的外部性和相应软硬基础设施完善的协调问题。

然而,关于产业政策的作用一直以来都是有争议的,近年来,有关产业政策的负面评价逐渐增多。比如,学者张维迎认为,集中化的决策、激励机制的扭曲是产业政策不利于经济发展的两个主要原因;学者邱兆林认为,产业政策是政府调控经济运行的重要手段,而选择性产业政策往往体现为政府过度直接干预微观经济、政府选择代替市场竞争的特征。随着经济发展阶段性目标的实现和市场经济体制的不断完善,其激励不足、阻碍创新和维系行政垄断等弊端逐步显现出来,制约了产业结构调整和经济长期增长。

诚然,任何事物都有正反两个方面,产业政策亦不例外。从市场经济的角度来讲,政府和市场之间不但没有本质上的矛盾,相反,却有着不可分割的彼此需要。政府需要通过放开市场、推动有序竞争的方式,加速社会经济蓬勃发展;市场则需要政府的"有形之手",通过恰当的有限度的干预,克服自身存在的市场失灵等问题。目前,世界各国,无论是发达国家还是发展中国家,都在使用产业政策,而且从我国改革开放以来的经验看,产业政策对促进经济发展确实发挥了作用。学者黄益平提出,有效的产业政策应该满足顺应市场、不限制竞争、谨慎干预、有退出机制、做事后评估等五个条件,这是对未来我国产业政策发展的理性思考,即对产业政策不应该是"存"与"废"的讨论,而应该是怎样在吸取既往产业政策制定与实施过程中的经验和教训的基础上,让未来的产业政策的制定与实施更加有效。

延伸阅读 >>>

竞争政策

竞争是市场经济的本质特征，对市场经济的发展具有积极作用。但是，竞争也存在着负面影响。比如，竞争在配置资源的过程中，不可避免地会以一定的损失为代价；竞争不可避免地导致贫富悬殊，甚至两极分化；竞争会对社会的精神文明建设带来负面影响；等等。特别是，竞争必然孕育垄断和限制竞争结果的产生。因此，在充分认识到竞争的积极作用和消极作用时，必须发挥国家的干预职能，制定有效的竞争政策，为市场竞争活动创造和保持所需要的制度框架，以克服竞争的缺陷。广义的竞争政策是所有那些为保护和促进市场经济中的竞争而采取的行动措施、制定的法规条例和设立的监察实施机构的总和。狭义的竞争政策往往被认为等同于竞争法。国内外学者在研究竞争政策时，大多是从竞争法的角度进行研究的。

（刘桂清：《反垄断法中的产业政策与竞争政策》，北京大学出版社2010年版，第16～17页）

第二节　法律基础理论

一、法律的概念

从古至今，关于法的定义可谓汗牛充栋，归纳起来大致有三个角度：一是从法的本体下定义。比如，我国古代思想家管仲认为："法律政令者，吏民规矩绳墨也。"二是从法的本源下定义。比如，古罗马思想家西塞罗认为："法律乃是自然中固有的最高理性，它允许做应该做的事情，禁止相反的行为。"三是从法的作用下定义。比如，美国法学家庞德认为："法是按照一批在司法和行政过程中使用的权威性法令来实施的高度专门形式的社会控制。"

上述关于法律的定义均为非马克思主义的法的定义，其缺陷主要是没有揭示或故意掩盖法的阶级本质。根据马克思主义关于法的一般理论，吸收国内外法学研究成果，可以把法定义为：法是指由国家专门机关创制的、以权利和义务为调整机制并通过国家强制力保证的调整行为关系的规范，它是意志与规律的结合，是阶级统治和社会管理的手段，它是通过利益调整从而实现某种社会目标的工具。[①] 举例来说，《中华人民共和国民法通则》（以下简

---

① 张文显主编：《法理学》，法律出版社2007年版，第102页。

称《民法通则》）是我国现行的一部极其重要的基本法律，它是由全国人民代表大会（即国家专门机关）制定并通过的，在这部法律中，既规定了行为人的权利（《民法通则》第一百零一条规定，公民享有名誉权，公民的人格尊严受法律保护），也规定了相应的义务（《民法通则》第一百零一条规定，禁止用侮辱、诽谤等方式损害公民、法人的名誉），同时，对违反该法的行为设定了需要承担的法律责任（《民法通则》第一百二十条规定，公民的名誉权受到侵害的，有权要求停止侵害，恢复名誉，消除影响，赔礼道歉，并可以要求赔偿损失），也就是说，如果行为人违反了该法，那么就会由国家的有权机关按照法律规定追究其责任，从而通过国家强制力使该法的实施得到保障。

延伸阅读 >>>

法的词源

在我国，古体的法被写作"灋"，据字书《说文解字》的解释："灋，刑也，平之如水，从水；廌，所以触不直者去之，从去。"廌，相传是一种神兽，在很久以前，有一个部落联盟生息在黄河流域。该部落联盟首领舜委任皋陶为司法官。皋陶正直无私，执法公正，非常受人爱戴。他在处理案件时，若有疑难，就让人牵出这头神兽，它性知有罪，有罪触，无罪则不触。从这些内容，我们不难看出，在我国古代，法就有着公平的含义和区分是非曲直的作用。但是同时我们也要看到的是，这个时候的法有着浓郁的神明裁判的意味，这和现代法的思想是完全不同的。

二、法律的特征

通过上述有关法律的定义，我们不难看出法律具有如下特征。

1. 法是通过调整人的行为继而最终调整社会关系的规范

简单来说，社会关系是人们在共同的生活过程中所结成的相互关系，诸如经济关系、政治关系、文化关系、亲属关系、朋友关系等，都是社会关系的具体表现形式。法律对社会的规范恰恰是通过对这些关系的调整而实现的。然而，这里有一个非常重要的问题需要引起我们的注意，那就是，法律并不是直接作用于社会关系的，在法律和社会关系之间还有一个介质，也就是说法律是通过对这个介质的调整继而达到调整社会关系的目的的，这个介质就是人的行为。法律规定了大量的权利和义务，这些内容实际上是告诉人们你可以做什么，必须做什么和禁止做什么，不难看出，这正是对人的行为的一种规范，通过这样的规范，使得人们按照法律所指引的方向去行为，从而最终实现对社会关系的调整。

延伸阅读 >>>>

法律格言

任何人不因思想受处罚。

——罗马法谚

对于法律来说，除了我的行为以外，我是根本不存在的，我根本不是法律的对象。

——马克思

2. 法是由国家专门机关创制

法与道德、宗教等社会规范的一个很重要的区别在于它是由国家专门机关创制的。比如，在我国，全国人民代表大会是我国的最高权力机关，拥有立法权，按照我国《宪法》的规定，它可以制定和修改刑事、民事、国家机构和其他的基本法律。由此可见，法律是由特定的国家机关按照特定的法律程序创制的。

延伸阅读 >>>>

法的创制

法的创制主要有两种方式，即法的制定和法的认可。法的制定是指有立法权的国家机关依法制定法律；法的认可是指国家对既存的行为规则予以承认，赋予法律效力。

3. 法的基本内容是权利和义务

如前所述，法是通过调整人的行为进而最终调整社会关系的，这里需要指出的是，法较之其他的社会规范有着自己的一种独特的规制社会关系的方法，这种方法就是通过对权利和义务的双向规定来调整社会关系。人们在日常生活中会看到很多法律文本和法律条文，可以说这其中大多数都是有关权利和义务的规定，因此我们说权利和义务是法的基本内容。

延伸阅读 >>>>

权利和义务的统一性

权利和义务是互相依存的。没有权利，就没有义务；没有义务，也就谈不上享有权利。权利人权利的实现，有赖于义务人义务的履行，而义务人义务的顺利履行，也有赖于权利人权利的合法享有。所以，权利和义务是统一的、不可分割的。

权利和义务是相互联系的。权利主体在享受权利的同时必须承担相应的义务，而义务主体在履行义务的同时也享有相应的权利。在现代社会中，法律关系的参加者，不应只享受权利而不履行义务，或者只承担义务而不享受权利。

权利和义务都有严格的法律界限。权利人在法定范围内，可以自由地作为和不作为，这是他的权利；但同时，不在法定范围外作为或不作为又是权利人的义务。同样，在法定范围内必须做出或不做出一定的行为，是义务人的义务；对于超出法定范围的要求不予履行又是义务人的权利。

4. 法以国家强制力保障实施

法的国家强制力主要表现在法律的实施是以国家机器的保障为后盾的。当人们的行为违反了法律的规定，那么就会得到法律对他的行为的否定性评价，也就是说，他就要在国家机器的强制下承担相应的法律责任。也正因为法律的这个特点，使得更多的人主动遵守法律的规定，从而得到法律的肯定性评价，这样法律调整社会关系的目的才可以实现。

三、法律分类[①]

法律分类是指从不同角度，按照不同标准，将法律规范划分为若干不同的种类。法律的分类标准很多，在这里主要讨论世界上所有国家都适用的从形式意义上对法的一般分类。

（一）成文法与不成文法

这是按照法的创制方式和表达形式为标准对法进行的分类。成文法是指由国家特定机关制定和公布、并以成文形式出现的法律，因此又称制定法。不成文法是指由国家认可其法律效力、但又不具有成文形式的法，一般指习惯法。

（二）实体法和程序法

这是按照法律规定内容的不同对法进行的分类。实体法是指以规定与确认权利和义务或职权和职责为主的法律，如民法、刑法、行政法等。程序法是指以保证权利和义务得以实施或职权和职责得以履行的有关程序为主的法律，如民事诉讼法、刑事诉讼法、行政诉讼法等。

[①] 张文显主编：《法理学》，法律出版社2007年版，第140～141页。

（三）一般法和特别法

这是按照法的适用范围的不同对法所作的分类。一般法是指针对一般人、一般事、一般时间、在全国普遍适用的法。特别法是指针对特定人、特定事、特定地区、特定时间内适用的法。

（四）国内法和国际法

这是因法的创制主体和适用主体的不同而作的分类。国内法是指在一个主权国家内，由特定国家法律创制机关创制的并在本国主权所及范围内适用的法律。国际法是指由参与国际关系的国家通过协议制定或认可的、并适用于国家之间的法律，其形式一般是国际条约和国际协议等。

延伸阅读 >>>

法律渊源

法律渊源是指被承认具有法的效力、法的权威性或具有法律意义并作为法官审理案件之依据的规范或准则来源，如制定法（成文法）、判例法、习惯法、法理等。

四、法律效力

法律效力，即各种法的约束力的通称，指人们应当按照法律规定的行为模式来行为、必须予以服从的一种法律之力。广义的法律效力可以分为规范性文件的效力和非规范性文件的效力，前者如宪法、法律等的效力，后者如判决书、裁定书等的效力。狭义的法律效力是指法律的生效范围或适用范围，即法律对什么人、在什么地方和什么时间有约束力。

（一）我国法律对人的效力

法律对人的效力是指法律对什么主体有效。这里所说的人主要是指自然人、法人和其他社会组织。在确定法律对人的效力的问题上，各国大致依据以下四个原则考量：

一是属人主义原则，即凡是本国人和组织，无论其在国内还是在国外，均受本国法律约束。

二是属地主义原则，即只要行为是发生在一国主权范围内，不论是本国人还是外国人或无国籍人，都必须接受该国法律的约束。

三是保护主义原则，即只要行为违背了当事国的国家利益，该国法律均有权对其进行管辖。

四是以属地主义原则为主，与属人主义原则、保护主义原则相结合的原则，这一原则综合了上述三种原则的特点，既考虑到了本国的主权利益，也对他国主权有所尊重。

我国法律在对人的效力问题上，采纳以属地主义原则为主，与属人主义原则、保护主义原则相结合的原则。

（二）我国法律的空间效力

法律的空间效力是指法律在哪些地域范围内有效。一般情况下，一个国家的法律自然地在其主权范围内有效，包括该国的领陆、领水、领空、底土以及具有该国国籍的航空器、航海器和驻外使领馆等。法律的空间效力一般分为域内和域外两个方面。

法律的域内效力包含三种情况：①有的法在全国范围内有效。比如，由全国人民代表大会及其常务委员会和国务院制定的规范性法律文件即在全国范围内有效。②有的法在局部地域有效。比如，民族自治机关制定的自治条例和单行条例仅在该自治地方有效。③由全国人民代表大会通过的《中华人民共和国香港特别行政区基本法》和《中华人民共和国澳门特别行政区基本法》对香港和澳门分别有效，其中涉及全国的，在全国范围内有效。

法律的域外效力主要是指在尊重国家主权和领土完整的国际法原则基础上，从维护国家核心利益和公民权益出发，我国某些法律或某些法律条款具有域外效力。

（三）我国法律的时间效力

法律的时间效力是指法律何时生效、何时失效以及对其生效前的行为是否有效。

法律的生效时间一般包括自法律公布之日起生效和由法律明文规定生效时间两种情况。

法律的失效时间分为明示失效和默示失效两种情况。明示失效是指在新法或其他法律文件中明文规定废止旧法；默示失效则是在适用法律中，出现新法与旧法相冲突的情况时，适用新法而旧法自然失效。

法律溯及力也称法律的溯及既往的效力，是指新法是否对其生效前的行为有效。如果有效，即法律有溯及力；如果无效，则法律无溯及力。现代法治一般坚持"法不溯及既往"这一基本原则。

延伸阅读

法律对人的效力、空间效力、时间效力示例

《刑法》第六条:"凡在中华人民共和国领域内犯罪的,除法律有特别规定的以外,都适用本法;凡在中华人民共和国船舶或者航空器内犯罪的,也适用本法;犯罪的行为或者结果有一项发生在中华人民共和国领域内的,就认为是在中华人民共和国领域内犯罪。"

《刑法》第七条:"中华人民共和国公民在中华人民共和国领域外犯本法规定之罪的,适用本法,但是按本法规定的最高刑为三年以下有期徒刑的,可以不予追究;中华人民共和国国家工作人员和军人在中华人民共和国领域外犯本法规定之罪的,适用本法。"

《刑法》第八条:"外国人在中华人民共和国领域外对中华人民共和国国家或者公民犯罪,而按本法规定的最低刑为三年以上有期徒刑的,可以适用本法,但是按照犯罪地的法律不受处罚的除外。"

《刑法》第九条:"对于中华人民共和国缔结或者参加的国际条约所规定的罪行,中华人民共和国在所承担条约义务的范围内行使刑事管辖权的,适用本法。"

《刑法》第十条:"凡在中华人民共和国领域外犯罪,依照本法应当负刑事责任的,虽然经过外国审判,仍然可以依照本法追究,但是在外国已经受过刑罚处罚的,可以免除或者减轻处罚。"

《刑法》第十一条:"享有外交特权和豁免权的外国人的刑事责任,通过外交途径解决。"

《刑法》第十二条:"中华人民共和国成立以后本法施行以前的行为,如果当时的法律不认为是犯罪的,适用当时的法律;如果当时的法律认为是犯罪的,依照本法总则第四章第八节的规定应当追诉的,按照当时的法律追究刑事责任,但是如果本法不认为是犯罪或者处刑较轻的,适用本法;本法施行以前,依照当时的法律已经做出的生效判决,继续有效。"

《国籍法》第十八条:"本法自公布之日起施行。"

《治安管理处罚法》第一百一十九条:"本法自2006年3月1日起施行。1986年9月5日公布、1994年5月12日修订公布的《中华人民共和国治安管理处罚条例》同时废止。"

五、当代中国法律体系

2011年3月10日上午,时任全国人民代表大会常务委员会委员长的吴邦国在十一届全国人大四次会议第二次全体会议上宣布,中国特色社会主义法律体系已经形成。中国特色社会主义法律体系,是指一个立足中国国情和实际、适应改革开放和社会主义现代化建设需要、集中体现党和人民意志

的，以宪法为统帅，以宪法相关法、民法商法、行政法、经济法、社会法、刑法、诉讼与非诉讼程序法等多个法律部门的法律为主干，由法律、行政法规、地方性法规等多个层次的法律规范构成的法律体系。

延伸阅读 >>>

法律部门、法律体系和法系

法律部门是法律体系的基本组成单位，也称部门法。一般地讲，法律部门就是调整因其本身性质而要求有同类调整方法的社会关系的法律规范的总和。一般认为，法律规范所调整的社会关系和法律规范的调整方法是法律部门划分的标准。

法律体系是指由一国现行的全部法律规范按照不同的法律部门分类组合而形成的一个体系化的有机联系的统一整体。

法系是具有某种共性或共同历史传统的法律的总称。西方两大法系主要是指以德国、法国为代表的大陆法系和以美国、英国为代表的英美法系。

（孙国华、朱景文：《法理学》，中国人民大学出版社 2004 年版，第 311 页）

（一）宪法

宪法是我国的根本大法，拥有最高的法律效力，是其他一切法律制定的依据，它规定了一个国家的政治、经济、文化、教育等诸多方面的根本制度，规定了公民的基本权利与义务等基本内容。中华人民共和国成立前夕召开的中国人民政治协商会议第一届全体会议通过的《中国人民政治协商会议共同纲领》于 1949 年 9 月 29 日颁布，具有临时宪法的作用。之后陆续起草制定了五四宪法、七五宪法、七八宪法和八二宪法，其中，八二宪法是我国现行宪法。

延伸阅读 >>>

现行宪法修正案

1982 年 12 月 4 日，我国现行宪法即八二宪法在第五届全国人民代表大会第五次会议上正式通过并颁布。随后，现行宪法历经了四次修正，分别是 1988 年 4 月 12 日第七届全国人民代表大会第一次会议通过的《中华人民共和国宪法修正案》；1993 年 3 月 29 日第八届全国人民代表大会第一次会议通过的《中华人民共和国宪法修正案》；1999 年 3 月 15 日第九届全国人民代表大会第二次会议通过的《中华人民共和国宪法修正案》；2004 年 3 月 14 日第十届全国人民代表大会第二次会议通过的《中华人民共和国宪法修正案》。

（二）宪法相关法

宪法相关法，也称作宪法性法律，是与宪法相配套、直接保障宪法实施和国家政权运作的法律规范。具体包括《中华人民共和国全国人民代表大会组织法》《中华人民共和国全国人民代表大会和地方各级人民代表大会选举法》《中华人民共和国全国人民代表大会和地方各级人民代表大会代表法》《中华人民共和国全国人民代表大会常务委员会议事规则》《中华人民共和国民族区域自治法》《中华人民共和国香港特别行政区基本法》《中华人民共和国澳门特别行政区基本法》《中华人民共和国村民委员会组织法》《中华人民共和国居民委员会组织法》《中华人民共和国立法法》《中华人民共和国各级人民代表大会常务委员会监督法》《中华人民共和国国家赔偿法》等。

（三）民法商法

民法是调整平等民事主体之间的财产关系和人身关系的法律规范的总称。目前，我国的民法体系主要以《中华人民共和国民法总则》为统领，包括《中华人民共和国物权法》《中华人民共和国担保法》《中华人民共和国合同法》《中华人民共和国著作权法》《中华人民共和国商标法》《中华人民共和国专利法》《中华人民共和国侵权责任法》《中华人民共和国继承法》《中华人民共和国婚姻法》《中华人民共和国收养法》等法律规范。

商法是调整平等主体间商事关系的法律规范的总称。主要包括《中华人民共和国公司法》《中华人民共和国合伙企业法》《中华人民共和国个人独资企业法》《中华人民共和国票据法》《中华人民共和国海商法》等法律规范。

延伸阅读 >>>

我国民法典的制定

民法典的编纂工作早在20世纪50年代就曾启动，过程一波三折。1954年、1962年和1979年，我国曾三次启动民法典起草工作，但由于当时条件还不成熟，最终搁置。1998年，我国启动民法典第四次起草工作。2002年12月，全国人民代表大会常务委员会审议民法典草案。由于民法典所涉内容繁杂，一次性制定民法典的条件尚不成熟，全国人民代表大会常务委员会决定先制定物权法等单行法，待条件成熟后再制定一部完整的民法典。

2014年，党的十八届四中全会审议通过的《中共中央关于全面推进依法治国若干重大问题的决定》提出编纂民法典，民法典第五次起草工作也因此提上日程。在落实中央这一重大决策的分工安排中，中国法学会是配合参加单位，为此，中国法学会成立了民法典编纂项目领导小组，组织撰写《中华人民共和国民法典·民法总则专家建议稿》。

2015年4月20日，中国法学会民法典编纂项目领导小组组织撰写的《中华人民共和国民法典·民法总则专家建议稿（征求意见稿）》正式向全社会征求意见。

2015年6月24日，《中华人民共和国民法典·民法总则专家建议稿（提交稿）》正式提交全国人民代表大会常务委员会法制工作委员会。该提交稿是中国法学会民法典编纂项目领导小组和中国民法学研究会在"征求意见稿"的基础上，根据社会各界反馈的意见修订完善形成的，得到了立法机关的高度评价。

2016年6月27日，第十二届全国人民代表大会常务委员会第二十一次会议初次审议了《中华人民共和国民法典·民法总则（草案）》。

2017年3月15日，第十二届全国人民代表大会第五次会议通过了《中华人民共和国民法总则》，自2017年10月1日起施行。

（四）行政法

行政法是调整国家行政管理活动中各种社会关系的法律规范的总称，它包括一般行政法和特别行政法。一般行政法主要包括《中华人民共和国行政复议法》《中华人民共和国行政处罚法》《中华人民共和国行政监察法》《中华人民共和国国家公务员暂行条例》等，特别行政法主要包括《中华人民共和国治安管理处罚法》《中华人民共和国海关法》《中华人民共和国教育法》等。

（五）经济法

经济法调整的是特定的经济关系，即调整国家对经济实行宏观调控和对经济活动进行协调过程中所发生的经济关系的法律规范的总称。主要包括以《中华人民共和国反垄断法》《中华人民共和国反不正当竞争法》《中华人民共和国消费者权益保护法》《中华人民共和国广告法》《中华人民共和国产品质量法》《中华人民共和国商业银行法》为代表的各类金融法，以《中华人民共和国企业所得税法》为代表的各类财税法，等等。

（六）社会法

社会法是调整有关劳动关系、社会保障、社会福利关系以及特殊群体权益保障方面的法律规范的总称。主要包括《中华人民共和国劳动法》《中华人民共和国劳动合同法》《中华人民共和国未成年人保护法》《中华人民共和国工会法》等。

(七) 刑法

刑法是规定犯罪和刑罚的法律规范的总称。1979年7月1日第五届全国人民代表大会第二次会议通过、1997年3月14日第八届全国人民代表大会第五次会议修订的《中华人民共和国刑法》是我国现行刑法典。自1997年全面修订刑法后，我国先后通过一个决定和九个修正案，对刑法做出修改、补充。

(八) 诉讼与非诉讼程序法

诉讼与非诉讼程序法是为保障实体法内容实现而进行诉讼活动和非诉讼活动所遵循的程序以及由此产生的社会关系的法律规范的总称。主要包括《中华人民共和国民事诉讼法》《中华人民共和国刑事诉讼法》《中华人民共和国行政诉讼法》《中华人民共和国仲裁法》等法律规范。

第三节　政策与法律的区别与联系

在分析讨论政策和法律的关系之前，我们有必要先明确一个问题，由于政策科学和法律科学的背景不同，导致了很多概念理解上的不一致。比如，对于政府这个概念，政策科学学者通常认为政府包括"广义政府"和"狭义政府"两种。所谓广义政府，是指包括立法、行政、司法等机构和部门在内的政府；所谓狭义政府，是指只包括掌握行政权力的机构和部门的政府。政策科学在研究政策与政府关系时所讲的政府，既指广义政府，也指狭义政府。一般地说，当讨论政策的规划、制定、控制、评估时，政策主体较多的是指广义政府；而当讨论政策的执行、调整时，政策主体通常是指狭义政府。而在法律科学中提到的政府通常是指政策科学中所说的狭义政府。本教材如无特别说明，则主要是站在法学视角进行论述，考量政策和法律的关系，阐述相关问题。

众所周知，政策与法律都是用来规范社会秩序的手段，但是在二者地位的重要性方面，政策科学和法律科学两个学科的学者都曾经站在各自的学科立场上，或偏重强调政策的重要性，或偏重强调法律的重要性。在法学界，尤其是法理学界，曾经一度出现去政策化的倾向，这种状况有着特殊的历史背景和原因。随着我国法治进程的不断深入，这种倾向在逐渐改变，尤其是在各部门法领域，政策开始被高度重视起来。[①] 政策学者则长期以来十分重

[①] 早在1997年，中国社会科学院法学研究所就开始举办首届竞争法与竞争政策国际研讨会。截至2011年6月，该研讨会已举办了七届，这是法学界在部门法研究中重视政策作用的典型范例。

视政策的作用，强调政策的重要意义，这是必要的，但也不能将政策功能无限放大。有关政策合法化这样的重要问题目前在国内政策科学文献中探讨得还相当不够。①

1997年召开的中国共产党第十五次全国代表大会，将"依法治国"确立为治国基本方略，将"建设社会主义法治国家"确定为社会主义现代化的重要目标。1999年，将"中华人民共和国实行依法治国，建设社会主义法治国家"载入宪法。2014年1月7—8日，习近平出席中央政法工作会议，并发表重要讲话，对政策与法律的关系进行了精辟的阐述，明确指出："要正确处理党的政策和国家法律的关系。我们党的政策和国家法律都是人民根本意志的反映，在本质上是一致的。"对于政策与法律的关系，正确的看法应该是既不夸大政策的作用，也不过于抬高法律的功能，而是在正确认识二者的联系和区别的基础上，充分并正确运用政策和法律推动经济发展、社会进步。

延伸阅读 >>>

法政策学

政策与法律的研究称为法政策学研究，主要目的在于探讨政策与法律二者之间的关系，探明二者相互间的互动、交互影响等关系，并进而了解如何使二者契合一致。
（陈铭详著：《法政策学》，元照出版公司2011年版，第1页）

一、政策与法律的区别

政策与法律的区别主要表现在以下几个方面：

（1）在制定主体和程序上，公共政策主要是由行政机关和政党制定，而广义的法律则主要是由立法机关、行政机关制定。由于政策决策的果断性，政策的制定在程序上比法律简单得多；而法律制定则有着严格的立法程序。

（2）在执行层面，政策有执行效应快、灵活的特点。当代政治体制中，大多数国家的政府都有法律规定的任期，在有限的任期内，执政者也会想到通过制定法律去推动理想目标的实现，但更多的是利用政策的手段迅速取得绩效，以显示政绩。法律的执行主要体现在司法上，我国实行两审终审的审判方式，无形中导致诉讼的过程比较长。

---

① 陈振明主编：《政策科学》，中国人民大学出版社2003年版，第225页。

（3）在调节社会秩序的方式上，虽然法律有预防违法行为发生的重要作用，但是事后救济才是法律调节社会秩序的重要方式，而且法律通常是以被动的方式参与社会秩序调节；政策则往往具有一定的前瞻性，主要是面向未来一定阶段的目标，主动地对社会秩序进行调节。

（4）在表达上，法律规则有着严谨的逻辑结构；政策作为行动指南，往往在表述上比较原则而不够具体。

延伸阅读 >>>

法律规则的构成

法律规则由假定条件、行为模式和法律后果三部分构成。所谓假定条件，是指法律规则中有关适用该规则的条件和情况的部分，即法律规则在什么时间、空间，对什么人适用以及在什么情境下法律规则对人的行为有约束力的问题。所谓行为模式，是指法律规则中规定人们如何具体行为之方式或范型的部分。它是从人们大量的实际行为中概括出来的法律行为要求。根据行为要求的内容和性质不同，法律规则中的行为模式分为三种：可为模式、应为模式、勿为模式。所谓法律后果，是指法律规则中规定人们在做出符合或不符合行为模式要求的行为时应承担相应的结果的部分，是法律规则对人们具有法律意义的行为的态度。根据人们对行为模式所做出的实际行为的不同，法律后果又分为两种：合法后果和违法后果。

（5）在表现形式上，政策的表现形式更加多样，比如文件、决议、声明、口号、领导人讲话、社论、宣言等。但法律一般只能以法律条文的形式表达。

（6）在稳定性上，政策的制定和变化要符合适时性原则，随着目标任务的完成或改变不断地调整。法律的修改有着严格的程序规范，因此，法律的变动和更替更加困难，也正因为如此，与政策相比具有更强的稳定性。

二、政策与法律的联系

政策与法律有着先天的共通性。具体来说，政策与法律之所以可以联系到一起，是因为它们都具有阶级性和利益性特征。

政策和法律都是人类社会发展到一定历史阶段的产物。随着社会生产力的发展和阶级的产生，由于生产、分配和交换的社会行为日益增多，特别是统治阶级为了维护自己的利益，需要有一套规则来体现其意志并规范社会成员的行为，于是就产生了政策、法律等。政策和法律都体现了统治阶级的意志，在一定程度上同为实现统治阶级意志的工具。

在选择法治之路的大背景下，政策制定出来以后，通过政策合法化使之能得到有效的执行，是一个必然的选择。因此，部分政策①制定出来以后，在成熟的时候，按照《立法法》，由有立法权限的机关按照程序制定成规范性文件，这就使政策转化为广义上的法律。没有经过这个过程的那部分政策则仍然以政策本身的状态发挥它们的作用，但这部分政策仍应具备合法性。

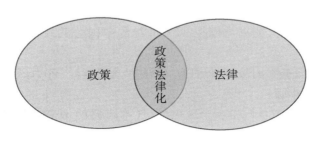

政策与法律的联系

思考与实训题

1. 2016年11月9日下午，北京大学国家发展研究院名誉院长林毅夫和北京大学国家发展研究院教授张维迎在北京大学朗润园进行了面对面的切磋，围绕着产业政策，辩论3个小时。认为"经济发展有产业政策才能成功"的林毅夫和表示"产业政策是穿着马甲的计划经济"的张维迎，在该不该实施产业政策上意见相左。

进一步搜集并整理与上述两位专家辩论主题相关的资料，结合本章所学内容，谈谈你对产业政策利与弊的看法。

2. 为贯彻落实党的十八届四中全会关于"制定《文化产业促进法》，把行之有效的文化经济政策法定化"的重要战略部署，2015年下半年以来，文化部会同《文化产业促进法》起草工作成员单位，密集开展立法调研、起草等有关工作，完成了4册《文化产业促进法》立法资料汇编的编制工作。同时组织了多次集中研究讨论，针对需要通过立法解决的重点难点问题、需要通过立法确定的制度、促进法草案文本框架结构、促进法草案具体条目等多个方面进行了反复梳理。在此基础上，对前期研究形成的促进法草案文本进行了较大幅度修改完善，形成促进法草案（征求意见稿），并在一定范围内征求意见。

---

① 政策包含法律的观点是值得商榷的，因为并不是所有的法律都是由政策转化来的。政策法律化的部分应该是政策与法律的交集。

结合我国《文化产业促进法》的制定，阐述你对政策与法律的关系的认识。

推荐阅读书目

1. ［美］托马斯·R. 戴伊著：《理解公共政策》，谢明译，中国人民大学出版社 2011 年版

2. 郑永年著：《契机与挑战：21 世纪的中国公共政策》，东方出版社 2016 年版

3. ［美］理查德·A. 波斯纳著：《法理学问题》，苏力译，中国政法大学出版社 2002 年版

4. 周永坤著：《法理学：全球视野》（第四版），法律出版社 2016 年版

第二章　文化产业政策与法律概述

◉知识目标

1. 了解文化产业政策的分类。
2. 熟悉我国文化产业政策发展阶段、文化产业法律现状。
3. 熟悉三个具有代表性的文化产业政策文本的内容。
4. 掌握我国文化产业法律的发展方向。

◉能力目标

具备结合业已公布的文化产业政策文本分析文化产业中发生的实际问题的能力。

政策和法律助推韩国文化产业发展

文化产业作为 21 世纪的"朝阳工业",已经被各国定义为提升国家竞争力的基础与战略性产业。文化出口作为一国兼具经济、文化和政治功能的国际文化贸易的重要组成部分,是国家"软实力"的核心表现,对一国国际经济实力的提高具有举足轻重的作用。韩国作为一个资源匮乏的半岛国家,曾经较为封闭,文化消费对进口依赖性很高,对外文化贸易一直处于逆差状态。然而,20 世纪 90 年代后半期,韩国政府采取一系列政策法律措施,大力推动文化产业发展。在短短十多年间,韩国文化产业迅速崛起,与韩国传统制造业比肩,成为韩国国民经济核心组成部分,尤其是文化出口的发展,为韩国带来了巨大的经济和政治效益,也将韩国带入世界舞台,成为当今世界文化贸易市场的后起之秀。

据韩国文化体育观光部统计,2008—2011 年间,韩国文化产业出口规模以年均 22.5% 的速度飞速增长。2012 年出口额达到 46.12 亿美元,同比增长 7.2%,创历史新高,贸易顺差达 29.38 亿美元。2014 年韩国内容产业整体销售额达到 95.3 万亿韩元,同比增长了 4.4%,出口额达到 53.2 亿美元，同比增长8.1%。韩国《2015年一季度内容产业趋势分析报告》显示，韩国2015年第一季度内容产业销售额为23.2万亿韩元，同比增长1.9%，出口额达到12.9亿美元，同比增长了10%。与2014年同期相比，带动第一季度的销售额增长率的领域为漫画（17.6%）、知识信息（8.4%）、电影（8.3%）等，拉动第一季度出口增长率的则集中在出版（31.6%）、音乐（13.1%）、漫画（12.2%）等领域。由韩国文化体育观光部与韩国未来创造科学部联手发布的《韩国文化产业对外输出促进方案》预测，韩国文化产业整体对外出口额将在2017年达到100亿美元。在这些文化产业高速发展的数字背后，韩国文化产业政策法律的出台与实施起到重要的作用。

1993年"文化产业"这一概念第一次被韩国政府重视起来，对其含义做了一个详细的界定，并制订了《文化繁荣五年计划》，把文化产业的开发作为政府的重要目标。亚洲金融风暴后，为了重振经济，韩国在1998年提出"文化立国"战略，将文化产业作为21世纪国家经济发展的战略性支柱产业，推动了韩国的文化产业更进一步的发展壮大。1998—2012年期间，韩国政府颁布了一些十分具有代表性的文化产业发展计划，尤其是《内容韩国蓝图21》《C韩国战略》和《内容产业振兴基本计划》的政策三部曲，进一步为文化产业的全面发展提供了有力的保障。除了上述的政策三部曲之外，韩国政府还制定了《国民政府的新文化政策》《21世纪文化产业的设想》《文化产业发展推进计划》《文化产业发展五年计划》等一系列政策方案，既有大方向的指导方针，又有十分详尽的具体步骤和落实措施，这对韩国文化产业的发展方向起到了决定性的指导作用。

在文化产业法律方面，1999年韩国政府制定了有关文化产业的综合性法规《文化产业振兴基本法》，对文化产业进行界定，提出了振兴文化产业的基本方针政策，并首次规范文化产业的具体行业门类，奠定了文化产业发展的法制基础。此后，韩国政府多次对该法进行修订，特别是调整了其中涉及投资、基本设施、数字内容、文化产业基地的相关条款。除此之外，韩国政府还颁布了许多专门性的法规，遍布各个文化产业领域，如《出版及印刷振兴法》《电影振兴法》《新闻通信振兴法》《唱片、录像带暨游戏制品法》《广播电视法》《著作权法》《关于保障新闻等的自由和职能的法律》《关于媒体仲裁和受害救济的法律》等。

这些不同类型的政策和法律文件，极大地规范了韩国文化产业的市场运作，为韩国文化产业发展提供了更加明确的战略方向，避免了文化产业企业的盲目操作，从而有力地推动了韩国文化产业的跨越式发展。

（参见夏莉霞《韩国文化产业发展对中国的启示》，载《新闻界》2015年第12期，第62～65页）

第一节　我国文化产业政策概述

文化政策是国家在文化艺术、新闻出版、广播影视、文物博物等领域实行意识形态管理、行政管理和经济管理所采取的一整套制度性规定、规范、原则和要求体系的总称。① 综观全世界主要国家的文化政策，均离不开相应的文化发展理念、国家政治制度、历史文化传统、文化体制机制演进，以及其他相关文化构成要素。以美国为代表的提供便利型、以英国为代表的庇护人型、以法国为代表的建筑师型、以苏东为代表的工程师型四种文化政策模式均立足于不同的国情和文化传统，以不同的文化政策模式展现了文化政策的制定过程中政府、社会和文化相关部门之间的关系。②

文化业可以区分为文化事业和文化产业。所谓文化事业，是指国家或社会资助和扶持的文化事业组织在具有一定目标、规模和系统而对社会发展有影响的文化活动中，为社会主体提供公益性文化产品和公益性文化服务。③ 文化产业则主要是指具有工业化生产特征、有文化的内涵、为社会公众提供营利性文化产品和文化相关产品的生产活动的集合。与这一分类相对应，文化政策的最基本分类是文化事业政策和文化产业政策。本教材关注的重点是文化产业方面的政策，在归纳我国当前文化产业政策现状的基础上，针对文化产业的不同领域，分别阐释该领域的政策问题。

一、我国文化产业政策的形成与发展

近年来，我国文化产业蓬勃发展。2016 年 8 月 30 日，国家统计局发布公告，根据《文化及相关产业分类（2012）》和《文化及相关产业增加值核算方法》，经国家统计局核算，2015 年全国文化及相关产业增加值为 27235 亿元，比上年增长 11%（未扣除价格因素），比同期 GDP 增速高 4.6 个百分点；占 GDP 的比重为 3.97%，比上年提高 0.16 个百分点。与之相适应，文化产业政策已经成为我国公共政策领域里最引人注目的一个分支，它在调整国民经济发展的产业布局、推进经济结构的战略性调整和增长方式的转变等方面起到了重要的作用。

---

① 胡惠林著：《文化政策学》，书海出版社、山西人民出版社 2006 年版，第 3 页。
② 参见张红岭《文化政策的四种模式及启示》，载《学术论坛》2016 年第 6 期，第 143～148 页。
③ 参见黄意武《我国文化事业内涵、特征及发展方向探》，载《中国出版》2014 年第 20 期，第 37～40 页。

我国学者一般将文化产业政策分为产业结构政策、产业组织政策和产业发展政策，具体政策涵盖产业布局政策、产业技术政策、产业环保政策、产业外贸政策、产业财税政策、产业收入分配政策、规范文化市场的政策、培植大型文化服务企业的政策、民族文化特色的政策、促进文化产业发展的对外开放政策和创造宽松金融环境的政策等。① 这些文化产业政策从计划性管制调控逐步演变为方向性导航，实现了从自发到自觉、从全面封闭到逐渐开放、从单一到多元、从由政府主导型到政府与市场二元推动型的发展转变。② 简言之，经过长期的发展积累，一系列极其重要的具有极强实践意义的各类文化产业政策相继出台、渐成体系，促进了文化服务体系的构建，进一步推动了我国文化产业的发展。

（一）孕育阶段（1978—1999）

随着改革开放的不断深入，1985年，在国务院办公厅批转的国家统计局《关于建立第三产业的统计报告》中，文化艺术被纳入第三产业范畴，第一次在国民经济和社会发展指标体系中获得了"产业"身份。

1988年，文化部、国家工商局联合发布了《关于加强文化市场管理工作的通知》，这是在政府文件中首次出现"文化市场"的字眼，并且对文化市场的范围、管理原则和任务等进行了界定，结束了文化市场管理无章可循的局面。

1991年，国务院批转的《文化部关于文化事业若干经济政策意见的报告》正式提出了"文化经济"的概念。

1992年6月，中共中央、国务院发布《关于加快发展第三产业的决定》，正式提出要以产业化为方向，加快发展包括文化生产和服务在内的第三产业，促进文化单位由单纯的财政消费型部门转为生产型部门。

1993年11月14日，文化部召开了部分省市文化产业座谈会。时任文化部常务副部长的高占祥在座谈会上发表了《在改革开放中发展文化产业》的讲话，从概念界定、产业政策、产业规则、人才培养和市场机制等方面较为系统地探讨了以文化产业为对象的若干重大理论问题，这是我国政府文化行政部门领导人首次全面阐述对于文化产业的政策性意见。

1998年8月，文化部文化产业司成立并制定工作规则，这是我国政府

---

① 参见王凤荣、夏红玉、李雪《中国文化产业政策变迁及其有效性实证研究——基于转型经济中的政府竞争视角》，载《山东大学学报（哲学社会科学版）》2016年第3期，第13～26页。

② 参见蔡尚伟、何鹏程《回眸与展望：中国文化产业政策的创新演化》，载《成都大学学报（社会科学版）》2010年第2期，第5～8页。

部门第一次设立文化产业专门管理机构,其主要职责是:拟定文化产业发展规划和政策,起草有关法规草案;扶持和促进文化产业建设与发展;推进文化产业信息化建设;指导文化产业基地和区域性特色文化产业群建设;督促重大文化产业项目实施,配合推进对外文化产业交流与合作;协调动漫、网络游戏产业规划、产业基地、项目建设、会展交易,指导行业协会。

(二) 形成阶段(2000—2010)

2000年10月,党的十五届五中全会通过的《中共中央关于制定国民经济和社会发展第十个五年计划的建议》(以下简称《建议》)中,第一次提出"文化产业政策"这一概念。《建议》提出:"要完善文化产业政策,加强文化市场建设和管理,推动有关文化产业的发展。"文化产业政策概念的提出,标志着我国政府开始有意识地运用产业政策推动文化产业发展。

2002年党的十六大报告中,不仅提出要积极发展文化事业和文化产业,还把文化事业和文化产业从概念上明确区分开来,并进一步对文化产业的发展给出定性分析,做出了发展文化产业是市场经济条件下繁荣社会主义文化、满足人民群众精神文化需求的重要途径的正面价值判断。

2004年底和2005年初,国家统计局先后发表了《文化及相关产业分类》和《文化及相关产业分类指标体系》两个政策性文件,这两个文件的颁布标志着我国文化产业政策的建设和发展正式被纳入整个国家的产业政策系统。①

2005年10月11日,《中共中央关于制定国民经济和社会发展第十一个五年规划的建议》提出要"丰富人民群众精神文化生活。积极发展文化事业和文化产业"。

2007年10月15日,胡锦涛在党的十七大报告中指出,要"大力发展文化产业,实施重大文化产业项目带动战略,加快文化产业基地和区域性特色文化产业群建设,培育文化产业骨干企业和战略投资者,繁荣文化市场,增强国际竞争力"。

2008年1月22日,胡锦涛在全国宣传工作会议上指出,"要以满足人民日益增长的精神文化需求为目的,以改革为动力,统筹文化事业和文化产业"。

2009年7月22日,国务院常务会议通过了《文化产业振兴规划》(以下简称《规划》),这是继纺织、轻工等规划之后的第十一大产业振兴规划,将文化产业提升到国家战略性产业的高度。《规划》指出国家将重点推进的

---

① 胡惠林著:《文化产业学》,高等教育出版社2006年版,第352～356页。

文化产业包括文化创意、影视制作、出版发行、印刷复制、广告、演艺娱乐、文化会展、数字内容和动漫等。

2010年4月8日，中国人民银行、中宣部、财政部、文化部、广电总局、新闻出版总署、银监会、证监会和保监会九部委联合下发《关于金融支持文化产业振兴和发展繁荣的指导意见》，该文件是中华人民共和国成立以来金融与文化产业对接的第一个政策性文件。

（三）完善阶段（2011年至今）

2011年10月15—18日，中国共产党第十七届中央委员会第六次全体会议在北京举行。全会通过了《中共中央关于深化文化体制改革推动社会主义文化大发展大繁荣若干重大问题的决定》，认为总结我国文化改革发展的丰富实践和宝贵经验，研究部署深化文化体制改革，推动社会主义文化大发展大繁荣，进一步兴起社会主义文化建设新高潮，对夺取全面建设小康社会新胜利、开创中国特色社会主义事业新局面、实现中华民族伟大复兴具有重大而深远的意义，从而将我国的文化产业发展推向了一个全新的阶段。

2012年2月28日，文化部发布《"十二五"时期文化产业倍增计划》，紧扣党的十七届六中全会关于文化产业发展的最新精神和文化产业发展新趋势，明确了"十二五"时期文化系统文化产业的指导思想、发展思路、发展目标、主要任务、重点行业和保障措施，提出了"十二五"时期文化部门管理的文化产业增加值至少翻一番的目标。

2014年3月14日—4月16日，国务院相继发布《关于推进文化创意和设计服务与相关产业融合发展的若干意见》《关于加快发展对外文化贸易的意见》《关于印发文化体制改革中经营性文化事业单位转制为企业和进一步支持文化企业发展两个规定的通知》，修订并完善一系列推动文化改革发展的重要经济政策，为新一轮文化体制改革提供有力支撑，激发内在动力，促进繁荣发展。

2017年10月18—24日中国共产党第十九次全国代表大会在北京隆重举行，习近平总书记在代表第十八届中央委员会向大会所作的报告中明确指出，满足人民过上美好生活的新期待，必须提供丰富的精神食粮。要深化文化体制改革，完善文化管理体制，加快构建把社会效益放在首位、社会效益和经济效益相统一的体制机制。完善公共文化服务体系，深入实施文化惠民工程，丰富群众性文化活动。加强文物保护利用和文化遗产保护传承。健全现代文化产业体系和市场体系，创新生产经营机制，完善文化经济政策，培育新型文化业态。广泛开展全民健身活动，加快推进体育强国建设，筹办好北京冬奥会、冬残奥会。加强中外人文交流，以我为主、兼收并蓄。推进国际传播能力建设,讲好中国故事,展现真实、立体、全面的中国,提高国家文化软实力。

二、中共中央推动社会主义文化大发展大繁荣的代表性政策文本

2011年10月18日,中国共产党第十七届中央委员会第六次全体会议通过了《中共中央关于深化文化体制改革推动社会主义文化大发展大繁荣若干重大问题的决定》,认为文化是民族的血脉,是人民的精神家园。在我国五千多年文明发展历程中,各族人民紧密团结,自强不息,共同创造出源远流长、博大精深的中华文化,为中华民族发展壮大提供了强大精神力量,为人类文明进步作出了不可磨灭的重大贡献。

(一)文化改革发展的重要性和紧迫性

1. 党对中华传统文化的继承与发展

中国共产党从成立之日起,就既是中华优秀传统文化的忠实传承者和弘扬者,又是中国先进文化的积极倡导者和发展者。我们党历来高度重视运用文化引领前进方向,凝聚奋斗力量,团结带领全国各族人民不断以思想文化新觉醒、理论创造新成果、文化建设新成就推动党和人民事业向前发展,文化工作在革命、建设、改革各个历史时期都发挥了不可替代的重大作用。改革开放特别是党的十六大以来,我们党始终把文化建设放在党和国家全局工作的重要战略地位,坚持物质文明和精神文明两手抓,实行依法治国和以德治国相结合,促进文化事业和文化产业同发展,推动文化建设不断取得新成就,走出了中国特色社会主义文化发展道路。

2. 文化与综合国力的关系

当今世界正处在大发展大变革大调整时期,世界多极化、经济全球化深入发展,科学技术日新月异,各种思想文化交流交融交锋更加频繁,文化在综合国力竞争中的地位和作用更加凸显,维护国家文化安全任务更加艰巨,增强国家文化软实力、中华文化国际影响力要求更加紧迫。当代中国进入了全面建设小康社会的关键时期和深化改革开放、加快转变经济发展方式的攻坚时期,文化越来越成为民族凝聚力和创造力的重要源泉,越来越成为综合国力竞争的重要因素,越来越成为经济社会发展的重要支撑,丰富精神文化生活越来越成为我国人民的热切愿望。

3. 我国文化领域现状

我国文化领域正在发生广泛而深刻的变革,推动文化大发展大繁荣既具备了许多有利条件,也面临着一系列新情况新问题。我国文化发展同经济社会发展和人民日益增长的精神文化需求还不完全适应,突出矛盾和问题主要

是：一些地方和单位对文化建设的重要性、必要性、紧迫性认识不够，文化在推动全民族文明素质提高中的作用亟待加强；一些领域道德失范、诚信缺失，一些社会成员人生观、价值观扭曲，用社会主义核心价值体系引领社会思潮更为紧迫，巩固全党全国各族人民团结奋斗的共同思想道德基础任务繁重；舆论引导能力需要提高，网络建设和管理亟待加强和改进；有影响的精品力作还不够多，文化产品创作生产引导力度需要加大；公共文化服务体系不健全，城乡、区域文化发展不平衡；文化产业规模不大、结构不合理，束缚文化生产力发展的体制机制问题尚未根本解决；文化"走出去"工作开展较为薄弱，中华文化国际影响力需要进一步增强；文化人才队伍建设急需加强。推进文化改革发展，必须抓紧解决这些矛盾和问题。

4. 推动文化大发展大繁荣的意义

社会主义先进文化是马克思主义政党思想精神上的旗帜，文化建设是中国特色社会主义事业总体布局的重要组成部分。没有文化的积极引领，没有人民精神世界的极大丰富，没有全民族精神力量的充分发挥，一个国家、一个民族就不可能屹立于世界民族之林。物质贫乏不是社会主义，精神空虚也不是社会主义。没有社会主义文化繁荣发展，就没有社会主义现代化。在新的历史起点上深化文化体制改革、推动社会主义文化大发展大繁荣，关系实现全面建设小康社会奋斗目标，关系坚持和发展中国特色社会主义，关系实现中华民族伟大复兴。我们要准确把握我国经济社会发展新要求，准确把握当今时代文化发展新趋势，准确把握各族人民精神文化生活新期待，增强责任感和紧迫感，解放思想，转变观念，抓住机遇，乘势而上，在全面建设小康社会的进程中、在科学发展的道路上奋力开创社会主义文化建设新局面。

（二）文化改革发展的奋斗目标和重要方针

1. 奋斗目标

按照实现全面建设小康社会奋斗目标新要求，到 2020 年，文化改革发展的奋斗目标是：社会主义核心价值体系建设深入推进，良好思想道德风尚进一步弘扬，公民素质明显提高；适应人民需要的文化产品更加丰富，精品力作不断涌现；文化事业全面繁荣，覆盖全社会的公共文化服务体系基本建立，努力实现基本公共文化服务均等化；文化产业成为国民经济支柱性产业，整体实力和国际竞争力显著增强，公有制为主体、多种所有制共同发展的文化产业格局全面形成；文化管理体制和文化产品生产经营机制充满活力、富有效率，以民族文化为主体、吸收外来有益文化、推动中华文化走向世界的文化开放格局进一步完善；高素质文化人才队伍发展壮大，文化繁荣发展的人才保障更加有力。全党全国要为实现这些目标而共同努力，不断提高文化建设科学化水平,为把我国建设成为社会主义文化强国打下坚实基础。

2. 重要方针

坚持以马克思主义为指导,推进马克思主义中国化、时代化、大众化,用中国特色社会主义理论体系武装头脑、指导实践、推动工作,确保文化改革发展沿着正确道路前进。

坚持社会主义先进文化前进方向,坚持为人民服务、为社会主义服务,坚持百花齐放、百家争鸣,坚持继承和创新相统一,弘扬主旋律,提倡多样化,以科学的理论武装人,以正确的舆论引导人,以高尚的精神塑造人,以优秀的作品鼓舞人,在全社会形成积极向上的精神追求和健康文明的生活方式。

坚持以人为本,贴近实际、贴近生活、贴近群众,发挥人民在文化建设中的主体作用,坚持文化发展为了人民、文化发展依靠人民、文化发展成果由人民共享,促进人的全面发展,培育有理想、有道德、有文化、有纪律的社会主义公民。

坚持把社会效益放在首位,坚持社会效益和经济效益有机统一,遵循文化发展规律,适应社会主义市场经济发展要求,加强文化法制建设,一手抓繁荣,一手抓管理,推动文化事业和文化产业全面协调可持续发展。

坚持改革开放,着力推进文化体制机制创新,以改革促发展、促繁荣,不断解放和发展文化生产力,提高文化开放水平,推动中华文化走向世界,积极吸收各国优秀文明成果,切实维护国家文化安全。

(三) 社会主义核心价值体系的建设

1. 社会主义核心价值体系的内容

社会主义核心价值体系包括四个方面的基本内容,即马克思主义指导思想、中国特色社会主义共同理想、以爱国主义为核心的民族精神和以改革创新为核心的时代精神、社会主义荣辱观。这四个方面的基本内容相互联系、相互贯通,共同构成辩证统一的有机整体。建立社会主义核心价值体系,必须坚持马克思主义在意识形态领域的指导地位,牢牢把握社会主义先进文化的前进方向,大力弘扬民族优秀文化传统,积极借鉴人类有益文明成果,充分调动积极因素,凝聚力量、激发活力,进一步筑牢全党全国各族人民团结奋斗的思想道德基础,形成全民族奋发向上的精神力量和团结和睦的精神纽带,为构建社会主义和谐社会提供精神动力支持。

2. 社会主义核心价值体系的贯彻

社会主义核心价值体系是兴国之魂,是社会主义先进文化的精髓,决定着中国特色社会主义发展方向。必须强化教育引导，增进社会共识，创新方式方法，健全制度保障，把社会主义核心价值体系融入国民教育、精神文明建设和党的建设全过程，贯穿改革开放和社会主义现代化建设各领域，体现到精神文化产品创作、生产、传播各方面，坚持用社会主义核心价值体系引领社会思潮，在全党全社会形成统一指导思想、共同理想信念、强大精神力量、基本道德规范。

延伸阅读 >>>

社会主义核心价值体系的提出

2006年10月，党的十六届六中全会明确提出要建设社会主义核心价值体系，在全社会引起了广泛关注。2007年胡锦涛在"6·25"重要讲话中强调，要大力建设社会主义核心价值体系，巩固全党全国人民团结奋斗的共同思想基础。

（四）优秀文化产品产生的原则和途径

1. 优秀文化产品产生的原则

创作生产更多无愧于历史、无愧于时代、无愧于人民的优秀作品，是文化繁荣发展的重要标志。实现这一目标，必须全面贯彻为人民服务、为社会主义服务的方向和百花齐放、百家争鸣的方针，立足发展先进文化、建设和谐文化，激发文化创作生产活力，提高文化产品质量。

2. 优秀文化产品产生的途径

（1）坚持正确创作方向。正确创作方向是文化创作生产的根本性问题，一切进步的文化创作生产都源于人民、为了人民、属于人民。必须牢固树立人民是历史创造者的观点，坚持以人民为中心的创作导向，热情讴歌改革开放和社会主义现代化建设伟大实践，生动展示我国人民奋发有为的精神风貌和创造历史的辉煌业绩。坚持发扬学术民主、艺术民主，营造积极健康、宽松和谐的氛围，提倡不同观点和学派充分讨论，提倡体裁、题材、形式、手段充分发展，推动观念、内容、风格、流派积极创新。把创新精神贯穿文化创作生产全过程，弘扬民族优秀文化传统和五四运动以来形成的革命文化传统，学习借鉴国外文化创新有益成果，兼收并蓄、博采众长，增强文化产品时代感和吸引力。

（2）繁荣发展哲学社会科学。坚持和发展中国特色社会主义，必须大力发展哲学社会科学，使之更好地发挥认识世界、传承文明、创新理论、咨政育人、服务社会的重要功能。要巩固发展马克思主义理论学科，坚持基础研究和应用研究并重,传统学科和新兴学科、交叉学科并重,结合我国实际和时代特点,建设具有中国特色、中国风格、中国气派的哲学社会科学。坚持以重大现实问题为主攻方向,加强对全局性、战略性、前瞻性问题研究,加快哲学社会科学成果转化,更好地服务经济社会发展。实施哲学社会科学创新工程,发挥国家哲学社会科学基金示范引导作用,推进学科体系、学术观点、科研方法创新,重点扶持立足中国特色社会主义实践的研究项目,着力推出代表国家水准、具有世界影响、经得起实践和历史检验的优秀成果。整合哲学社会科学研究力量,建设一批社会科学研究基地和国家重点实验室,建设一批具有专业优势的思想库,加强哲学社会科学信息化建设。

(3) 加强和改进新闻舆论工作。舆论导向正确是党和人民之福,舆论导向错误是党和人民之祸。要坚持马克思主义新闻观,牢牢把握正确导向,坚持团结稳定鼓劲、正面宣传为主,壮大主流舆论,提高舆论引导的及时性、权威性和公信力、影响力,发挥宣传党的主张、弘扬社会正气、通达社情民意、引导社会热点、疏导公众情绪、搞好舆论监督的重要作用,保障人民知情权、参与权、表达权、监督权。以党报党刊、通讯社、电台电视台为主,整合都市类媒体、网络媒体等宣传资源,构建统筹协调、责任明确、功能互补、覆盖广泛、富有效率的舆论引导格局。加强和改进正面宣传,加强社会主义核心价值体系宣传,加强舆情分析研判,加强社会热点难点问题引导,从群众关注点入手,科学解疑释惑,有效凝聚共识。做好重大突发事件新闻报道,完善新闻发布制度,健全应急报道和舆论引导机制,提高时效性,增加透明度。加强和改进舆论监督,推动解决党和政府高度重视、群众反映强烈的实际问题,维护人民利益,密切党群关系,促进社会和谐。新闻媒体和新闻工作者要秉持社会责任和职业道德,真实准确传播新闻信息,自觉抵制错误观点,坚决杜绝虚假新闻。

(4) 推出更多优秀文艺作品。文学、戏剧、电影、电视、音乐、舞蹈、美术、摄影、书法、曲艺、杂技以及民间文艺、群众文艺等各领域文艺工作者都要积极投身到讴歌时代和人民的文艺创造活动之中,在社会生活中汲取素材、提炼主题,以充沛的激情、生动的笔触、优美的旋律、感人的形象,创作生产出思想性艺术性观赏性相统一、人民喜闻乐见的优秀文艺作品。实施精品战略,组织好"五个一工程"、重大革命和历史题材创作工程、重点文学艺术作品扶持工程、优秀少儿作品创作工程,鼓励原创和现实题材创作,不断推出文艺精品。扶持代表国家水准、具有民族特色和地方特色的优秀艺术品种,积极发展新的艺术样式。鼓励一切有利于陶冶情操、愉悦身心、寓教于乐的文艺创作,抵制低俗之风。

(5) 发展健康向上的网络文化。加强网上思想文化阵地建设,是社主义文化建设的迫切任务。要认真贯彻积极利用、科学发展、依法管理、确保安全的方针，加强和改进网络文化建设和管理，加强网上舆论引导，唱响网上思想文化主旋律。实施网络内容建设工程，推动优秀传统文化瑰宝和当代文化精品网络传播，制作适合互联网和手机等新兴媒体传播的精品佳作，鼓励网民创作格调健康的网络文化作品。支持重点新闻网站加快发展，打造一批在国内外有较强影响力的综合性网站和特色网站，发挥主要商业网站建设性作用，培育一批网络内容生产和服务骨干企业。发展网络新技术新业态，占领网络信息传播制高点。广泛开展文明网站创建，推动文明办网、文明上网，督促网络运营服务企业履行法律义务和社会责任，不为有害信息提供传播渠道。加强网络法制建设，加快形成法律规范、行政监管、行业自律、技术保障、公众监督、社会教育相结合的互联网管理体系。加强对社交网络和即时通信工具等的引导和管理，规范网上信息传播秩序，培育文明理性的网络环境。依法惩处传播有害信息行为，深入推进整治网络淫秽色情和低俗信息专项行动，严厉打击网络违法犯罪。加大网上个人信息保护力度，建立网络安全评估机制，维护公共利益和国家信息安全。

（6）完善文化产品评价体系和激励机制。坚持把遵循社会主义先进文化前进方向、让人民群众满意作为评价作品最高标准，把群众评价、专家评价和市场检验统一起来，形成科学的评价标准。要建立公开、公平、公正评奖机制，精简评奖种类，改进评奖办法，提高权威性和公信度。加强文艺理论建设，培养高素质文艺评论队伍，开展积极健康的文艺批评，褒优贬劣，激浊扬清。加大优秀文化产品推广力度，运用主流媒体、公共文化场所等资源，在资金、频道、版面、场地等方面为展演展映展播展览弘扬主流价值的精品力作提供条件。设立专项艺术基金，支持收藏和推介优秀文化作品。加大知识产权保护力度，依法惩处侵权行为，维护著作权人合法权益。

（五）公益性文化事业的发展途径

1. 构建公共文化服务体系

加强公共文化服务是实现人民基本文化权益的主要途径。要以公共财政为支撑，以公益性文化单位为骨干，以全体人民为服务对象，以保障人民群众看电视、听广播、读书看报、进行公共文化鉴赏、参与公共文化活动等基本文化权益为主要内容，完善覆盖城乡、结构合理、功能健全、实用高效的公共文化服务体系。把主要公共文化产品和服务项目、公益性文化活动纳入公共财政经常性支出预算。采取政府采购、项目补贴、定向资助、贷款贴息、税收减免等政策措施鼓励各类文化企业参与公共文化服务。鼓励国家投资、资助或拥有版权的文化产品无偿用于公共文化服务。加强文化馆、博物馆、图书馆、美术馆、科技馆、纪念馆、工人文化宫、青少年宫等公共文化服务设施和爱国主义教育示范基地的建设与完善并向社会免费开放服务，鼓励其他国有文化单位、教育机构等开展公益性文化活动，各类公共场所要为群众性文化活动提供便利。统筹规划和建设基层公共文化服务设施，坚持项目建设和运行管理并重，实现资源整合、共建共享。加强社区公共文化设施建设，把社区文化中心建设纳入城乡规划和设计，拓展投资渠道。完善面向妇女、未成年人、老年人、残疾人的公共文化服务设施。引导和鼓励社会力量通过兴办实体、资助项目、赞助活动、提供设施等形式参与公共文化服务。推进国家公共文化服务体系示范区创建。制定公共文化服务指标体系和绩效考核办法。

2. 发展现代传播体系

提高社会主义先进文化的辐射力和影响力，必须加快构建技术先进、传输快捷、覆盖广泛的现代传播体系。要加强党报党刊、通讯社、电台电视台和重要出版社建设，进一步完善采编、发行、播发系统，加快数字化转型，扩大有效覆盖面。加强国际传播能力建设，打造国际一流媒体，提高新闻信息原创率、首发率、落地率。建立统一联动、安全可靠的国家应急广播体系。完善国家数字图书馆建设。整合有线电视网络，组建国家级广播电视网络公司。推进电信网、广电网、互联网三网融合，建设国家新媒体集成播控平台，创新业务形态，发挥各类信息网络设施的文化传播作用，实现互联互通、有序运行。

3. 建设优秀传统文化传承体系

优秀传统文化凝聚着中华民族自强不息的精神追求和历久弥新的精神财富，是发展社会主义先进文化的深厚基础，是建设中华民族共有精神家园的重要支撑。要全面认识祖国传统文化，取其精华、去其糟粕，古为今用、推陈出新，坚持保护利用、普及弘扬并重，加强对优秀传统文化思想价值的挖掘和阐发，维护民族文化基本元素，使优秀传统文化成为新时代鼓舞人民前进的精神力量。加强文化典籍整理和出版工作，推进文化典籍资源数字化。加强国家重大文化和自然遗产地、重点文物保护单位、历史文化名城名镇名村保护建设，抓好非物质文化遗产保护传承。深入挖掘民族传统节日文化内涵，广泛开展优秀传统文化教育普及活动。发挥国民教育在文化传承创新中的基础性作用，增加优秀传统文化课程内容，加强优秀传统文化教学研究基地建设。大力推广和规范使用国家通用语言文字，科学保护各民族语言文字。繁荣发展少数民族文化事业，开展少数民族特色文化保护工作，加强少数民族语言文字党报党刊、广播影视节目、出版物等译制播出出版。加强同香港、澳门的文化交流合作，加强同台湾各种形式的文化交流，共同弘扬中华优秀传统文化。

4. 加快城乡文化一体化发展

增加农村文化服务总量，缩小城乡文化发展差距，对推进社会主义新农村建设、形成城乡经济社会发展一体化新格局具有重大意义。要以农村和中西部地区为重点，加强县级文化馆和图书馆、乡镇综合文化站、村文化室建设，深入实施广播电视村村通、文化信息资源共享、农村电影放映、农家书屋等文化惠民工程建设，扩大覆盖、消除盲点、提高标准、完善服务、改进管理。加大对革命老区、民族地区、边疆地区、贫困地区文化服务网络建设支持和帮扶力度。深入开展全民阅读、全民健身活动，推动文化科技卫生"三下乡"、科教文体法律卫生"四进社区"、"送欢乐下基层"等活动经常化。引导企业、社区积极开展面向农民工的公益性文化活动，尽快把农民工纳入城市公共文化服务体系。建立以城带乡联动机制，合理配置城乡文化资源，鼓励城市对农村进行文化帮扶，把支持农村文化建设作为创建文明城市基本指标。鼓励文化单位面向农村提供流动服务、网点服务，推动媒体办好农村版和农村频率频道，做好主要党报党刊在农村基层的发行和赠阅工作。扶持文化企业以连锁方式加强基层和农村文化网点建设，推动电影院线、演出院线向市县延伸，支持演艺团体深入基层和农村演出。中央、省、市三级设立农村文化建设专项资金，保证一定数量的中央转移支付资金用于乡镇和村文化建设。

（六）文化产业的发展途径

1. 构建现代文化产业体系

加快发展文化产业，必须构建结构合理、门类齐全、科技含量高、富有创意、竞争力强的现代文化产业体系。要在重点领域实施一批重大项目，推进文化产业结构调整，发展壮大出版发行、影视制作、印刷、广告、演艺、娱乐、会展等传统文化产业，加快发展文化创意、数字出版、移动多媒体、动漫游戏等新兴文化产业。鼓励有实力的文化企业跨地区、跨行业、跨所有制兼并重组，培育文化产业领域战略投资者。优化文化产业布局，发挥东中西部地区各自优势，加强文化产业基地规划和建设，发展文化产业集群，提高文化产业规模化、集约化、专业化水平。加大对拥有自主知识产权、弘扬民族优秀文化的产业支持力度，打造知名品牌。发掘城市文化资源，发展特色文化产业，建设特色文化城市。发挥首都全国文化中心示范作用。规划建设各具特色的文化创业创意园区，支持中小文化企业发展。推动文化产业与旅游、体育、信息、物流、建筑等产业融合发展，增加相关产业文化含量，延伸文化产业链，提高附加值。

2. 形成以公有制为主体、多种所有制共同发展的文化产业格局

加快发展文化产业,必须毫不动摇地支持和壮大国有或国有控股文化企业,毫不动摇地鼓励和引导各种非公有制文化企业健康发展。要培育一批核心竞争力强的国有或国有控股大型文化企业或企业集团,在发展产业和繁荣市场方面发挥主导作用。在国家许可范围内,引导社会资本以多种形式投资文化产业,参与国有经营性文化单位转企改制,参与重大文化产业项目实施和文化产业园区建设,在投资核准、信用贷款、土地使用、税收优惠、上市融资、发行债券、对外贸易和申请专项资金等方面给予支持,营造公平参与市场竞争、同等受到法律保护的体制和法制环境。加强和改进对非公有制文化企业的服务和管理,引导它们自觉履行社会责任。

3. 推进文化科技创新

科技创新是文化发展的重要引擎。要发挥文化和科技相互促进的作用,深入实施科技带动战略,增强自主创新能力。抓住一批全局性、战略性重大科技课题,加强核心技术、关键技术、共性技术攻关,以先进技术支撑文化装备、软件、系统研制和自主发展,重视相关技术标准制定,加快科技创新成果转化,提高我国出版、印刷、传媒、影视、演艺、网络、动漫等领域技术装备水平,增强文化产业核心竞争力。依托国家高新技术园区、国家可持续发展实验区等建立国家级文化和科技融合示范基地,把重大文化科技项目纳入国家相关科技发展规划和计划。健全以企业为主体、市场为导向、产学研相结合的文化技术创新体系,培育一批特色鲜明、创新能力强的文化科技企业,支持产学研战略联盟和公共服务平台建设。

4. 扩大文化消费

增加文化消费总量,提高文化消费水平,是文化产业发展的内生动力。要创新商业模式,拓展大众文化消费市场,开发特色文化消费,扩大文化服务消费,提供个性化、分众化的文化产品和服务,培育新的文化消费增长点。提高基层文化消费水平,引导文化企业投资兴建更多适合群众需求的文化消费场所,鼓励出版适应群众购买能力的图书报刊,鼓励在商业演出和电影放映中安排一定数量的低价场次或门票,鼓励网络文化运营商开发更多低收费业务,有条件的地方要为困难群众和农民工文化消费提供适当补贴。积极发展文化旅游,促进非物质文化遗产保护传承与旅游相结合,发挥旅游对文化消费的促进作用。

(七) 文化繁荣发展的体制机制构建

1. 深化国有文化单位改革

以建立现代企业制度为重点,加快推进经营性文化单位改革,培育合格市场主体。科学界定文化单位性质和功能，区别对待、分类指导，循序渐进、逐步推开，推进一般国有文艺院团、非时政类报刊社、新闻网站转企改制，拓展出版、发行、影视企业改革成果，加快公司制股份制改造，完善法人治理结构，形成符合现代企业制度要求、体现文化企业特点的资产组织形式和经营管理模式。创新投融资体制，支持国有文化企业面向资本市场融资，支持其吸引社会资本进行股份制改造。着眼于突出公益属性、强化服务功能、增强发展活力，全面推进文化事业单位人事、收入分配、社会保障制度改革，明确服务规范，加强绩效评估考核。创新公共文化服务设施运行机制，吸纳有代表性的社会人士、专业人士、基层群众参与管理。推动党报党刊、电台电视台进一步完善管理和运行机制。推动一般时政类报刊社、公益性出版社、代表民族特色和国家水准的文艺院团等事业单位实行企业化管理，增强面向市场、面向群众提供服务的能力。

2. 健全现代文化市场体系

促进文化产品和要素在全国范围内合理流动，必须构建统一开放竞争有序的现代文化市场体系。要重点发展图书报刊、电子音像制品、演出娱乐、影视剧、动漫游戏等产品市场，进一步完善中国国际文化产业博览交易会等综合交易平台。发展连锁经营、物流配送、电子商务等现代流通组织和流通形式，加快建设大型文化流通企业和文化产品物流基地，构建以大城市为中心、中小城市相配套、贯通城乡的文化产品流通网络。加快培育产权、版权、技术、信息等要素市场，办好重点文化产权交易所，规范文化资产和艺术品交易。加强行业组织建设，健全中介机构。

3. 创新文化管理体制

深化文化行政管理体制改革，加快政府职能转变，强化政策调节、市场监管、社会管理、公共服务职能，推动政企分开、政事分开，理顺政府和文化企事业单位关系。完善管人管事管资产管导向相结合的国有文化资产管理体制。健全文化市场综合行政执法机构，推动副省级以下城市完善综合文化行政责任主体。加快文化立法，制定和完善公共文化服务保障、文化产业振兴、文化市场管理等方面法律法规，提高文化建设法制化水平。坚持主管主办制度，落实谁主管谁负责和属地管理原则，严格执行文化资本、文化企业、文化产品市场准入和退出政策，综合运用法律、行政、经济、科技等手段提高管理效能。深入开展"扫黄打非"，完善文化市场管理，坚决扫除毒害人们心灵的腐朽文化垃圾，切实营造确保国家文化安全的市场秩序。

4. 完善政策保障机制

保证公共财政对文化建设投入的增长幅度高于财政经常性收入增长幅度，提高文化支出占财政支出比例。扩大公共财政覆盖范围，完善投入方式，加强资金管理，提高资金使用效益，保障公共文化服务体系建设和运行。落实和完善文化经济政策，支持社会组织、机构、个人捐赠和兴办公益性文化事业，引导文化非营利机构提供公共文化产品和服务。加大财政、税收、金融、用地等方面对文化产业的政策扶持力度，鼓励文化企业和社会资本对接，对文化内容创意生产、非物质文化遗产项目经营实行税收优惠。设立国家文化发展基金，扩大有关文化基金和专项资金规模，提高各级彩票公益金用于文化事业比重。继续执行文化体制改革配套政策，对转企改制国有文化单位扶持政策执行期限再延长5年。

5. 推动中华文化走向世界

开展多渠道多形式多层次对外文化交流，广泛参与世界文明对话，促进文化相互借鉴，增强中华文化在世界上的感召力和影响力，共同维护文化多样性。创新对外宣传方式方法，增强国际话语权，妥善回应外部关切，增进国际社会对我国基本国情、价值观念、发展道路、内外政策的了解和认识，展现我国文明、民主、开放、进步的形象。实施文化走出去工程，完善支持文化产品和服务走出去政策措施，支持重点主流媒体在海外设立分支机构，培育一批具有国际竞争力的外向型文化企业和中介机构，完善译制、推介、咨询等方面扶持机制，开拓国际文化市场。加强海外中国文化中心和孔子学院建设，鼓励代表国家水平的各类学术团体、艺术机构在相应国际组织中发挥建设性作用，组织对外翻译优秀学术成果和文化精品。构建人文交流机制，把政府交流和民间交流结合起来，发挥非公有制文化企业、文化非营利机构在对外文化交流中的作用，支持海外侨胞积极开展中外人文交流。建立面向外国青年的文化交流机制，设立中华文化国际传播贡献奖和国际性文化奖项。

6. 积极吸收借鉴国外优秀文化成果

坚持以我为主、为我所用，学习借鉴一切有利于加强我国社会主义文化建设的有益经验、一切有利于丰富我国人民文化生活的积极成果、一切有利于发展我国文化事业和文化产业的经营管理理念和机制。加强文化领域智力、人才、技术引进工作。吸收外资进入法律法规许可的文化产业领域，保障投资者合法权益。鼓励文化单位同国外有实力的文化机构进行项目合作，学习先进制作技术和管理经验。鼓励外资企业在华进行文化科技研发，发展服务外包。开展知识产权保护国际合作。

（八）文化人才队伍建设途径

1. 造就高层次领军人物和高素质文化人才队伍

高层次领军人物和专业文化工作者是社会主义文化建设的中坚力量。要继续实施"四个一批"人才培养工程和文化名家工程，建立重大文化项目首席专家制度，造就一批人民喜爱、有国际影响的名家大师和民族文化代表人物。加强专业文化工作队伍、文化企业家队伍建设，扶持资助优秀中青年文化人才主持重大课题、领衔重点项目，抓紧培养善于开拓文化新领域的拔尖创新人才、掌握现代传媒技术的专门人才、懂经营善管理的复合型人才、适应文化走出去需要的国际化人才。创新人才培养模式，实施高端紧缺文化人才培养计划，搭建文化人才终身学习平台。鼓励和扶持高等学校和中等职业学校优化专业结构，与文化企事业单位共建培养基地。完善人才培养开发、评价发现、选拔任用、流动配置、激励保障机制，深化职称评审改革，为优秀人才脱颖而出、施展才干创造有利制度环境。重视发现和培养社会文化人才。对非公有制文化单位人员评定职称、参与培训、申报项目、表彰奖励同等对待。完善相关政策措施，多渠道吸引海外优秀文化人才。落实国家荣誉制度，抓紧设立国家级文化荣誉称号，表彰奖励成就卓著的文化工作者。

2. 加强基层文化人才队伍建设

基层文化人才队伍是文化改革发展的基础力量。要制定实施基层文化人才队伍建设规划，完善机构编制、学习培训、待遇保障等方面的政策措施，吸引优秀文化人才服务基层。配好配齐乡镇、街道党委宣传委员、宣传干事和乡镇综合文化站专职人员。设立城乡社区公共文化服务岗位，对服务期满的高校毕业生报考文化部门公务员、相关专业研究生实行定向招录。重视发现和培养扎根基层的乡土文化能人、民族民间文化传承人特别是非物质文化遗产项目代表性传承人，鼓励和扶持群众中涌现出的各类文化人才和文化活动积极分子，促进他们健康成长、发挥作用。壮大文化志愿者队伍，鼓励专业文化工作者和社会各界人士参与基层文化建设和群众文化活动，形成专兼结合的基层文化工作队伍。

3. 加强职业道德建设和作风建设

文化工作者要成为优秀文化的生产者和传播者，必须加强自身修养，做道德品行和人格操守的示范者。要引导广大文化工作者特别是名家名人自觉践行社会主义核心价值体系，增强社会责任感，弘扬科学精神和职业道德，发扬严谨笃学、潜心钻研、淡泊名利、自尊自律的风尚，努力追求德艺双馨，坚决抵制学术不端、情趣低俗等不良风气。鼓励文化工作者特别是文化名家、中青年骨干深入实际、深入生活、深入群众，拜人民为师，增强国情了解，增加基层体验，增进与群众之间的感情。文化工作者要相互尊重、平等交流、取长补短，共同营造风清气正、和谐奋进的良好氛围。

（九）党加强和改进对文化工作领导的途径

1. 切实担负起推进文化改革发展的政治责任

各级党委和政府要把文化建设摆在全局工作重要位置，深入研究意识形态和宣传文化工作新情况新特点，及时研究文化改革发展重大问题，加强和改进思想政治工作，牢牢把握意识形态工作主导权，掌握文化改革发展领导权。把文化建设纳入经济社会发展总体规划，与经济社会发展一同研究部署、一同组织实施、一同督促检查。把文化改革发展成效纳入科学发展考核评价体系，作为衡量领导班子和领导干部工作业绩的重要依据。制定社会主义核心价值体系建设实施纲要。在全党深入开展社会主义核心价值体系学习教育，使广大党员、干部成为实践社会主义核心价值体系的模范，做共产主义远大理想和中国特色社会主义共同理想的坚定信仰者。深入做好文化领域知识分子工作，充分尊重知识分子创造性劳动，善于同知识分子特别是有影响的代表人士交朋友，把广大知识分子紧紧团结在党的周围。

2. 加强文化领域领导班子和党组织建设

坚持德才兼备、以德为先用人标准，选好配强文化领域各级领导班子，把政治立场坚定、思想理论水平高、熟悉文化工作、善于驾驭意识形态领域复杂局面的干部充实到领导岗位上来，把文化领域各级领导班子建设成为坚强领导集体。加强领导班子思想政治建设，增强政治敏锐性和政治鉴别力，筑牢思想防线，确保文化阵地导向正确。各级领导干部要高度重视并切实抓好文化工作，加强文化理论学习和文化问题研究，提高文化素养，努力成为领导文化建设的行家里手。把文化建设内容纳入干部培训计划和各级党校、行政学院、干部学院教学体系。结合文化单位特点加强和创新基层党的工作，发挥文化事业单位、国有和国有控股文化企业党组织的领导核心和政治核心作用，重视文化领域非公有制经济组织、新社会组织党的组织建设。注重在文化领域优秀人才、先进青年、业务骨干中发展党员。文化战线全体共产党员要牢固树立党的观念、党员意识，讲党性、重品行、作表率，在推进文化改革发展中创先争优、发挥先锋模范作用。

3. 健全共同推进文化建设工作机制

推动社会主义文化大发展大繁荣是全党全社会的共同责任。要建立健全党委统一领导、党政齐抓共管、宣传部门组织协调、有关部门分工负责、社会力量积极参与的工作体制和工作格局，形成文化建设强大合力。文化领域各部门各单位要自觉贯彻中央决策部署，落实文化改革发展目标任务，发挥文化建设主力军作用。支持人大、政协履行职能，调动各部门积极性，支持民主党派、无党派人士和人民团体发挥作用，共同推进文化改革发展。推动文联、作协、记协等文化领域人民团体创新管理体制、组织形式、活动方式，履行好联络协调服务职能，加强行业自律，依法维护文化工作者权益。全面贯彻党的宗教工作基本方针，发挥宗教界人士和信教群众在促进文化繁荣发展中的积极作用。

4. 发挥人民群众文化创造积极性

人民是推动社会主义文化大发展大繁荣最深厚的力量源泉。要牢固树立马克思主义群众观点，自觉贯彻党的群众路线，为广大群众成为社会主义文化建设者提供广阔舞台。广泛开展群众性文化活动，提高社区文化、村镇文化、企业文化、校园文化等建设水平，引导群众在文化建设中自我表现、自我教育、自我服务。积极搭建公益性文化活动平台，依托重大节庆和民族民间文化资源，组织开展群众乐于参与、便于参与的文化活动。支持群众依法兴办文化团体，精心培育植根群众、服务群众的文化载体和文化样式。及时总结来自群众、生动鲜活的文化创新经验，推广大众文化优秀成果，在全社会营造鼓励文化创造的良好氛围，让蕴藏于人民中的文化创造活力得到充分发挥。

三、推动金融与文化产业对接的代表性政策文本

伴随着我国文化产业快速发展，文化产业融资难的问题日益显现，资金的匮乏已经严重地影响和制约了文化企业的生存与壮大，严重制约了文化产业的又好又快发展。为贯彻落实《国务院关于印发文化产业振兴规划的通知》精神，进一步改进和提升对我国文化产业的金融服务，支持文化产业振兴和发展繁荣，2010年4月8日《关于金融支持文化产业振兴和发展繁荣的指导意见》（以下简称《意见》）适时出台。

（一）金融支持文化产业振兴发展的重要意义

《意见》开宗明义，阐述了金融对文化产业发展的巨大意义：

（1）金融是现代经济的核心，在全面建设小康社会、加快现代化建设的进程中，金融引导资源配置，调节经济运行，服务经济社会，对国民经济的持续、健康、稳定发展具有重要作用。

（2）文化产业是国民经济的重要组成部分，近年来，中央实施重要战略部署和政策措施，深化文化体制改革，加快发展文化产业，文化产业呈现出良好的发展态势，正成为经济发展新的增长点，在保增长、扩内需、调结构、促发展中发挥着重要作用。

（3）加大金融业支持文化产业的力度，推动文化产业与金融业的对接，是培育新的经济增长点的需要，是促进文化大发展大繁荣的需要，是提高国

家文化软实力和维护国家文化安全的需要。

(二) 金融支持文化产业振兴发展的政策措施

针对金融如何支持文化产业这一问题，《意见》共提出七个方面的具体政策措施。

1. 银行业要积极开发适合文化产业特点的信贷产品，加大有效的信贷投放，完善授信模式，加强和改进对文化产业的金融服务

(1) 信贷产品：推动多元化、多层次的信贷产品开发和创新。对于具有稳定物流和现金流的企业，可发放应收账款质押、仓单质押贷款。对于租赁演艺、展览、动漫、游戏，出版内容的采集、加工、制作、存储和出版物物流、印刷复制，广播影视节目的制作、传输、集成和电影放映等相关设备的企业，可发放融资租赁贷款。对于具有优质商标权、专利权、著作权的企业，可通过权利质押贷款等方式，逐步扩大收益权质押贷款的适用范围。

积极开发文化消费信贷产品，为文化消费提供便利的支付结算服务。各金融机构应积极培育文化产业消费信贷市场，通过消费信贷产品创新，不断满足文化产业多层次的消费信贷需求。可通过开发分期付款等消费信贷品种，扩大对演艺娱乐、会展旅游、艺术品和工艺品、动漫游戏、数字产品、创意设计，图书、报刊、音像制品、电子出版物、网络出版、数字出版等出版产品与服务、印刷、复制、发行，高清电视、付费广播电视、移动多媒体广播电视、电影产品等综合消费信贷投放。加强网上银行业务推广，提高软件、网络及计算机服务，设计服务和休闲娱乐等行业的网络支付应用水平。进一步发挥人民银行支付清算和征信系统的作用，加快完善银行卡刷卡环境，推动文化娱乐、广播影视、新闻出版、旅游广告、艺术品交易等行业的刷卡消费，促进文化市场的繁荣发展。

(2) 贷款模式：积极探索适合文化产业项目的多种贷款模式。对于融资规模较大、项目较多的文化企业，鼓励商业银行以银团贷款等方式提供金融支持。探索和完善银团贷款的风险分担机制，加强金融机构之间的合作，有效降低单个金融机构的信贷风险。对处于产业集群或产业链中的中小文化企业，鼓励商业银行探索联保联贷等方式提供金融支持。

(3) 贷款利率：完善利率定价机制，合理确定贷款期限和利率。各金融机构应在风险可控、商业可持续原则的基础上，根据不同文化企业的实际情况，建立符合监管要求的灵活的差别化定价机制。针对部分文化产业项目周期特点和风险特征，金融机构可根据项目周期的资金需求和现金流分布状况，科学合理确定贷款期限。对于列入国家规划重点支持的文化产业项目或企业，金融机构在有效防范风险的基础上可适当延长贷款期限。

（4）信用评级：建立科学的信用评级制度。各金融机构在确定内部评级要素，设计内部评级指标体系、评级模型和计分标准的过程中，应充分考虑文化企业的特点，建立和完善科学、合理的信用评级和信用评分制度。要充分借鉴外部评级报告，建立内外部评级相结合的评级体系。

（5）业务考评：建立科学的业务考评体系。要进一步改进和完善业务考评程序和考核方法，建立专门针对文化产业金融服务的考评体系，将加强信贷风险管理和积极促进文化产业发展相结合，建立正向激励机制。在落实工作责任和考核整体质量及综合回报的基础上，对中小文化企业的贷款项目，根据实际情况和有关规定追究或免除有关责任人的相应责任，做到尽职者免责，失职者问责。

2. 积极培育和发展文化产业保险市场

（1）保险服务：进一步加强和完善保险服务。在现有工作基础上，各保险机构应根据文化企业的特点，积极开发适合文化企业需要的保险产品，并按照收益覆盖风险的原则合理确定保险费率。对于宣传文化部门重点扶持的文化企业和文化产业项目，应建立承保和理赔的便捷通道，对于信誉好、风险低的，可适当降低费率。加快培育和完善文化产业保险市场，提高保险在文化产业中的覆盖面和渗透度，有效分散文化产业的项目运作风险。

（2）保险产品：推动保险产品创新。各保险机构应在现有保险产品的基础上，探索开展知识产权侵权险，演艺、会展、动漫、游戏、各类出版物的印刷、复制、发行和广播影视产品完工险、损失险，团体意外伤害保险等适合文化企业特点和需要的新型险种和各种保险业务。鼓励保险公司探索开展信用保险业务，弥补现行信用担保体制在支持服务业融资方面的不足。进一步加强和完善针对文化出口企业的保险服务，对于符合《文化产品和服务出口指导目录》条件，特别是列入《国家文化出口重点企业目录》和《国家文化出口重点项目目录》的文化出口企业和项目，保险机构应积极提供出口信用保险服务，鼓励和促进文化企业积极参与国际竞争。

3. 继续完善文化企业外汇管理，提高文化产业贸易投资便利程度

便利文化企业的跨境投资，满足文化企业对外贸易、跨境融资和投资等合理用汇需求，提高外汇管理效率，简化优化外汇管理业务流程，促进文化企业提高外汇资金使用效率，降低财务成本，提高我国文化企业核心竞争力。

4. 进一步改进和完善对文化企业的金融服务

各金融机构要增强服务意识，设立专家团队和专门的服务部门，主动向文化企业提供优质的金融服务。对于国家重点支持的文化企业和项目，要优化简化审批流程，提高贷款审批效率。在满足金融机构授信客户准入标准的

前提下，可对举办培训的企业和接受培训的人员予以信贷支持。银行业金融机构与非银行业金融机构应积极加强合作，综合利用多种金融业务和金融产品，推出信贷、债券、信托、基金、保险等多种工具相融合的一揽子金融服务，做好文化企业从初创期到成熟期各发展阶段的融资方式衔接。

5. 大力发展多层次资本市场，扩大文化企业的直接融资规模

（1）上市融资：推动符合条件的文化企业上市融资。支持处于成熟期、经营较为稳定的文化企业在主板市场上市。鼓励已上市的文化企业通过公开增发、定向增发等再融资方式进行并购和重组。探索建立宣传文化部门与证券监管部门的项目信息合作机制，加强适合于创业板市场的中小文化企业项目的筛选和储备，支持其中符合条件的企业上市。

（2）债券融资：支持文化企业通过债券市场融资。支持符合条件的文化企业通过发行企业债、集合债和公司债等方式融资。积极发挥中债信用增进投资股份有限公司等专业机构的作用，为中小文化企业通过发行短期融资券、中期票据、集合票据等方式融资提供便利。对符合国家政策规定的中小文化企业发行直接债务融资工具的，鼓励中介机构适当降低收费，减轻文化企业的融资成本负担。对于运作比较成熟、未来现金流比较稳定的文化产业项目，可以以优质文化资产的未来现金流、收益权等为基础，探索开展文化产业项目的资产证券化试点。

（3）多元资金：鼓励多元资金支持文化产业发展。发挥保险公司机构投资者作用和保险资金融资功能，在风险可控的前提下，鼓励保险公司投资文化企业的债权和股权，引导符合条件的保险公司参与文化产业投资基金。适当放宽准入条件，鼓励风险投资基金、私募股权基金等风险偏好型投资者积极进入处于初创阶段、市场前景广阔的新兴文化业态。

6. 建立健全有利于金融支持文化产业发展的配套机制

（1）公司治理：推进文化企业建立现代企业制度，完善公司治理结构。按照创新体制、转换机制、面向市场、增强活力的原则，推动文化企业建立现代企业制度，引入现代公司治理机制和现代企业财务会计制度，规范会计和审计流程，提高信息披露透明度，增强财务管理能力，为金融支持文化产业发展奠定良好的制度基础。

（2）专项资金：通过财政设立专项资金保证。中央和地方财政可通过文化产业发展专项资金等，对符合条件的文化企业给予贷款贴息和保费补贴。支持设立文化产业投资基金，由财政注资引导，鼓励金融资本依法参与。

（3）风险分担：建立多层次的贷款风险分担和补偿机制。鼓励各类担保机构对文化产业提供融资担保，通过再担保、联合担保以及担保与保险相结合等方式多渠道分散风险。研究建立企业信用担保基金和区域性再担保机构，以参股、委托运作和提供风险补偿等方式支持担保机构的设立与发展，服务文化产业融资需求。探索设立文化企业贷款风险补偿基金，合理分散承贷银行的信贷风险。

（4）知识产权：完善知识产权法律体系，切实保障各方权益。抓紧制定和完善专利权、著作权等无形资产评估、质押、登记、托管、流转和变现的管理办法，根据《中华人民共和国物权法》修订有关质押登记规定。积极培育流转市场，充分发挥上海文化产权交易所、深圳文化产权交易所等交易平台的作用，为文化企业的著作权交易、商标权交易和专利技术交易等文化产权交易提供专业化服务。进一步加强对文化市场的有效监管和知识产权保护力度，完善各类无形资产二级交易市场，切实保障投资者、债权人和消费者的权益。

7. 加强政策协调和实施效果监测评估

（1）政策协调：加强信贷政策和产业政策的协调。制定并定期完善《文化产业投资指导目录》，发布更新文化产业发展的项目信息。加大对符合产业政策导向的文化企业的信贷支持，对纳入《文化产业投资指导目录》"鼓励类"的文化产业项目，金融机构优先予以信贷支持，对"限制类"的文化产业项目要从严审查和审批贷款。

（2）公共平台：建立多部门信息沟通机制，搭建文化产业投融资服务平台。建立文化企业投融资优质项目数据库，通过组织论坛、研讨会、洽谈会等形式，加强文化项目和金融产品的宣传、推介，促进银、政、企合作，对纳入数据库并获得宣传文化部门推荐的优质项目，金融机构应重点支持。

（3）政策评估：加强政策落实督促评估。人民银行各分支机构会同同级宣传、文化、财政、银监、证监、保监等部门，根据《意见》精神，结合辖区实际，制定和完善金融支持文化产业发展的具体实施意见或办法，切实抓好贯彻实施工作。各金融机构要逐步建立和完善金融支持文化产业发展的专项统计制度，加强对文化产业贷款的统计与监测分析。人民银行各分支机构可根据辖区实际情况，建立金融支持文化产业发展的专项信贷政策导向效果评估制度。

四、推动文化企业发展的代表性政策文本

文化产业是由其产业链条上的众多文化企业构成的，对于我国文化产业发展来说，文化企业转制是一个关键性问题。文化产业的市场化发展，首先就要求文化企业的市场主体身份清晰。然而，长期以来，由于历史原因带来的局限，我国大量经营性文化事业单位并不具备市场主体地位，这不利于激

发其自身的发展积极性，也不利于我国文化产业体制机制的整体性改革。为了有效推动经营性文化事业单位转制的进程，2014年4月，国务院办公厅印发了《文化体制改革中经营性文化事业单位转制为企业的规定》和《进一步支持文化企业发展的规定》两个政策性文件。

（一）经营性文化事业单位转制

1. 关于国有文化资产管理

（1）按照政企分开、政事分开原则，推动政府部门由办文化向管文化转变，推动党政部门与其所属的文化企事业单位进一步理顺关系。建立党委和政府监管国有文化资产的管理机构，实行管人管事管资产管导向相统一。

（2）经营性文化事业单位转制为企业，要认真做好资产清查、资产评估、产权登记等基础工作，依法落实原有债权债务。资产变动事项经主管部门审核同意后，报同级国有文化资产管理机构审批，并按有关规定办理；其中，涉及重大国有文化资产变动事项的，应由文化行政主管部门审核后报请党委宣传部门审查把关。国有资产监督管理机构监管企业所属的经营性文化事业单位转制为企业，应当报该国有资产监督管理机构审批，并按有关规定办理资产变动等事项。

2. 关于资产和土地处置

（1）经营性文化事业单位在转制过程中，对于清查出的资产损失按规定报经批准后进行核销；切实维护银行合法债权安全，严肃处理各类借转制之名逃废银行债务行为，维护金融安全稳定。转制后财务制度应执行《企业财务通则》，会计制度应执行《企业会计准则》或《小企业会计准则》。

（2）转制为企业的出版、发行单位，转制时可按规定对其库存积压待报废的出版物进行资产处置，对经确认的损失可以在净资产中予以扣除；对于出版、发行单位处置库存呆滞出版物形成的损失，允许据实在企业所得税前扣除。

（3）经营性文化事业单位转制涉及的原划拨土地，转制后用途符合《划拨用地目录》的，可继续以划拨方式使用；不符合《划拨用地目录》的，应当依法实行有偿使用。经省级以上人民政府批准，经营性文化事业单位转制为授权经营或国有控股企业的，原生产经营性划拨用地，经批准可采用国家出资（入股）方式配置；经营性文化事业单位转制为一般竞争性企业的，原生产经营性划拨用地可采用协议出让或租赁方式进行土地资产处置。

3. 关于收入分配

（1）转制后执行企业的收入分配制度。职工工资收入与岗位责任、个人贡献以及企业效益密切挂钩，参照劳动力市场价位，合理拉开差距。加强对转制后的国有文化企业收入分配的指导和调控，合理确定工资总额。

（2）国有控股企业和国有独资企业的负责人收入分配按国家有关规定执行，建立并完善国有文化企业负责人薪酬管理机制。

4. 关于社会保障

（1）转制后自工商注册登记的次月起按企业办法参加社会保险。转制时在职人员按国家规定计算的连续工龄，视同缴费年限，不再补缴基本养老保险费。

（2）转制前已经离退休的人员，原国家规定的离退休费待遇标准不变，转制后这类人员离退休待遇支付和调整的具体办法，按原劳动和社会保障部、原国家经济贸易委员会、科技部、财政部《关于国家经贸委管理的10个国家局所属科研机构转制后有关养老保险问题的通知》（劳社部发〔2000〕2号）和原劳动和社会保障部、原人事部、财政部、科技部、原建设部《关于转制科研机构和工程勘察设计单位转制前离退休人员待遇调整等问题的通知》（劳社部发〔2002〕5号）相关政策执行。

（3）转制前参加工作、转制后退休的人员，基本养老金的计发和调整，按企业办法执行。在转制后5年过渡期内，按企业办法计发的基本养老金，如低于按原事业单位退休办法计发的退休金，其差额部分采取加发补贴的办法解决，所需费用从基本养老保险基金中支付，具体办法按"劳社部发〔2000〕2号"文件的相关规定执行。各地在做好社会保障政策衔接的同时，应结合本地实际，采取切实可行的措施，解决好企业与事业单位退休待遇差问题。

（4）离休人员的医疗保障继续执行现行办法，也可按照所在统筹地区相关规定纳入离休人员医药费单独统筹，所需资金按原渠道解决；转制前已退休人员中，原享受公费医疗的，在享受基本医疗保险待遇的基础上，可以参照国家公务员医疗补助办法，实行医疗补助。

（5）转制后具备条件的企业可按照有关规定为职工建立企业年金和补充医疗保险，并通过企业年金等方式妥善解决转制后退休人员的养老待遇问题。企业根据国家有关政策规定，为在本企业任职或者受雇的全体员工支付的补充养老保险费、补充医疗保险费，分别在不超过职工工资总额5%标准内的部分，在计算应纳税所得额时准予扣除；超过的部分，不予扣除。

（6）中央各部门各单位设在地方的出版单位、中央各部门各单位的出版单位在地方的派出（分支）机构的人员，转制后按规定纳入当地社会保障体系。

5. 关于人员分流安置

（1）对转制时距国家法定退休年龄 5 年以内的人员，在与本人协商一致的基础上，可以提前离岗，离岗期间的工资福利等基本待遇不变，单位和个人继续按规定缴纳各项社会保险费，达到国家法定退休年龄时，按企业办法办理退休手续，按转制过渡期退休人员办法享受退休待遇。

（2）转制时，要按照《中华人民共和国劳动合同法》的规定，自工商注册登记之日起与在职职工全部签订劳动合同。职工在事业单位的工作年限合并计算为转制后企业的工作年限。转制后根据经营方向确需分流人员的，应按照《中华人民共和国劳动合同法》第四十条、第四十一条、第四十二条规定处理劳动关系，对符合支付经济补偿条件的，应依法支付经济补偿。

（3）转制企业应当切实保障职工的合法权益。转制时，对提前离岗人员所需的基本待遇及各项社会保险费、分流人员所需的经济补偿金，可从评估后的净资产中预留或从国有产权转让收入中优先支付。净资产不足的，财政部门也可给予一次性补助。

6. 关于财政税收

（1）财税部门应认真落实适用于转制企业的现行财税优惠政策。

（2）原事业编制内职工的住房公积金、住房补贴中由财政负担部分，转制后继续由财政部门在预算中拨付；转制前人员经费由财政负担的离退休人员的住房补贴尚未解决的，转制时由财政部门一次性拨付解决；转制前人员经费自理的离退休人员以及转制后离退休人员和在职职工住房补贴资金，由转制单位按照所在地市、县级人民政府有关企业住房分配货币化改革政策以及企业财务会计制度的规定，从本单位相应资金渠道列支。转制后原有的正常事业费继续拨付，主要用于解决转制前已经离退休人员的社会保障问题。

（3）为确保转制工作顺利进行，同级财政可一次性拨付一定数额的资金，主要用于资产评估、审计、政策法律咨询等。

（4）经营性文化事业单位转制为企业后，免征企业所得税。

（5）由财政部门拨付事业经费的经营性文化事业单位转制为企业，对其自用房产免征房产税。

（6）对经营性文化事业单位转制中资产评估增值、资产转让或划转涉及的企业所得税、增值税、营业税、城市维护建设税、契税等，符合现行规定的享受相应税收优惠政策。

（7）党报、党刊将其发行、印刷业务及相应的经营性资产剥离组建的文化企业，所取得的党报、党刊发行收入和印刷收入免征增值税。

7. 关于法人登记

（1）转制后的企业名称，应当符合企业名称登记管理的规定。原单位名称中冠以"中国""中华""全国""国家""国际"等字样的，按有关规定经批准可继续注册使用。

（2）转制后须核销事业编制，注销事业单位法人，并依法办理企业工商注册登记。

8. 关于党的建设

根据中央要求，经营性文化事业单位在转制过程中，要按照党章规定，根据转制后企业的实际情况和工作需要，经上级党组织批准，同步组建、改建或更名党的基层组织，选配好党组织负责人。转制后企业内部的党组织设置，也要随着企业组织结构和党员分布状况的变化，及时进行充实调整，充分发挥转制后企业党组织和党员的作用。转制后企业党组织的领导关系要按照有利于加强党的领导和开展党的工作，有利于促进企业改革和发展的原则确定。

（二）支持文化企业发展的优惠政策

1. 财政税收优惠政策

（1）中央财政和地方财政应安排文化产业发展专项资金，有条件的应扩大专项资金规模，创新资金投入方式，完善政策扶持体系，采取贴息、补助、奖励等方式，支持文化企业发展。

（2）对电影制片企业销售电影拷贝（含数字拷贝）、转让版权取得的收入，电影发行企业取得的电影发行收入，电影放映企业在农村的电影放映收入免征增值税。一般纳税人提供的城市电影放映服务，可以按现行政策规定，选择按照简易计税办法计算缴纳增值税。

（3）2014年1月1日至2016年12月31日，对广播电视运营服务企业收取的有线数字电视基本收视维护费和农村有线电视基本收视费免征增值税。

（4）落实和完善有利于文化内容创意生产、非物质文化遗产项目经营的税收优惠政策。

（5）对国家重点鼓励的文化产品出口实行增值税零税率。对国家重点鼓励的文化服务出口实行营业税免税。结合营业税改征增值税改革试点，逐步将文化服务行业纳入改革试点范围，对纳入增值税征收范围的上述文化服务出口实行增值税零税率或免税。享受上述税收优惠政策的国家重点鼓励的文化产品和服务的具体范围由财政部、税务总局会同有关部门确定。为承担国家鼓励类文化产业项目而进口国内不能生产的自用设备及配套件、备件，在政策规定范围内，免征进口关税。

（6）在国务院批准的中国服务外包示范城市从事服务外包业务的文化企业，符合现行税收优惠政策规定的技术先进型服务企业相关条件的，经认定后，可享受有关税收优惠政策。

（7）对从事文化产业支撑技术等领域的文化企业，按规定认定为高新技术企业的，减按15%的税率征收企业所得税；开发新技术、新产品、新工艺发生的研究开发费用，允许按国家税法规定，在计算应纳税所得额时加计扣除。文化产业支撑技术等领域的具体范围和认定工作由科技部、财政部、税务总局商中央宣传部等部门另行明确。

（8）经认定并符合软件企业相关条件的动漫企业，可申请享受国家现行鼓励软件产业发展的所得税优惠政策；2017年底前，符合条件的动漫企业，按规定享受增值税优惠政策；经认定的动漫企业自主开发、生产动漫直接产品，确需进口的商品可按现行规定享受免征进口关税和进口环节增值税的优惠政策。

（9）加大财政对文化科技创新的支持，将文化科技纳入国家相关科技发展规划和计划，积极鼓励文化与科技深度融合，促进文化企业、文化产业转型升级，发展新型文化业态。

（10）通过政府购买、消费补贴等途径，引导和支持文化企业提供更多文化产品和服务，鼓励出版适应群众购买能力的图书报刊，鼓励在商业演出和电影放映中安排低价场次或门票，鼓励网络文化运营商开发更多低收费业务。加大对文化消费基础设施建设、改造投资力度，完善政府投入方式，建立健全社会力量、社会资本参与机制，促进多层次多业态文化消费设施发展。

（11）认真落实支持现代服务业、中小企业特别是小微企业等发展的有关优惠政策，促进中小文化企业发展。

2. 投资和融资优惠政策

（1）对投资兴办文化企业的，有关行政主管部门应当提高行政审批效率，并不得收取国家规定之外的任何附加费用。

（2）在国家许可范围内，鼓励和引导社会资本以多种形式投资文化产业，参与国有经营性文化事业单位转企改制，参与重大文化产业项目实施和文化产业园区建设，在投资核准、银行贷款、土地使用、税收优惠、上市融资、发行债券、对外贸易和申请专项资金等方面给予支持。

（3）鼓励国有文化产业投资基金作为文化领域的战略投资者，对重点领域的文化企业进行股权投资。创新基金投资模式，更好地发挥基金的引导和杠杆作用，推动文化企业跨地区、跨行业、跨所有制兼并重组，切实维护国家文化安全。

（4）进一步促进文化与金融对接，鼓励文化企业充分利用金融资源，投资开发战略性、先导性文化项目，进行文化资源整合，推动文化出口，中央财政和地方财政可给予一定的贴息。

（5）针对文化企业的特点，研究制定知识产权、文化品牌等无形资产的评估、质押、登记、托管、投资、流转和变现等办法，完善无形资产和收益权抵（质）押权登记公示制度，鼓励金融机构积极开展金融产品和服务方式创新。在风险可控、商业可持续原则下，进一步推广知识产权质押融资、供应链融资、并购融资、订单融资等贷款业务，加大对文化企业的有效信贷投入。鼓励和支持政策性金融充分发挥扶持、引导作用，加大对重点企业和项目的信贷支持。鼓励开发文化消费信贷产品。

（6）通过公司制改建实现投资主体多元化的文化企业，符合条件的可申请上市。鼓励已上市文化企业通过公开增发、定向增发等再融资方式进行并购和重组。鼓励文化企业进入中小企业板、创业板、"新三板"融资。鼓励符合条件的文化企业通过发行企业债券、公司债券、非金融企业债务融资工具等方式扩大融资，实现融资渠道多元化。

（7）探索国有文化企业股权激励机制，经批准允许有条件的国有控股上市文化公司按照国家有关规定开展股权激励试点。

（8）对按规定转制的重要国有传媒企业探索实行特殊管理股制度，经批准可开展试点。

（9）探索建立符合文化企业特点的信用评级制度。鼓励各类担保机构对文化企业提供融资担保，通过再担保、联合担保以及担保与保险相结合等方式分散风险，探索设立文化企业融资担保基金。

3. 资产和土地处置优惠政策

（1）发生分立、合并、重组、改制、撤销等经济行为涉及国有资产或产权结构重大变动的文化企业，应当按照国家有关规定进行清产核资，清产核资工作中发现的资产损失经确认后应当依次冲减未分配利润、盈余公积、资本公积、实收资本。

（2）对于出版、发行单位处置库存呆滞出版物形成的损失，允许据实在企业所得税前扣除。

（3）文化企业改制涉及的原划拨土地，改制后用途符合《划拨用地目录》的，可继续以划拨方式使用；不符合《划拨用地目录》的，应当依法实行有偿使用。经省级以上人民政府批准，国有文化企业改制为授权经营或国有控股企业的，原生产经营性划拨用地，经批准可采用国家出资（入股）方式配置。文化企业改制为一般竞争性企业的，原生产经营性划拨用地可采用协议出让或租赁方式进行土地资产处置。

（4）利用划拨方式取得的存量房产、土地兴办文化产业的，其用地手续办理符合《划拨用地目录》的，可按划拨方式办理；不符合《划拨用地目录》的，在符合国家有关规定的前提下可采取协议出让方式办理。

4. 工商管理优惠政策

允许投资人以知识产权等无形资产评估作价出资组建文化企业，具体按国家法律规定执行。国有文化企业要加快公司制股份制改造，推进董事会、监事会建设，规范总会计师管理，健全协调运转、有效制衡的公司法人治理结构，形成符合现代企业制度要求、体现文化企业特点的资产组织形式和经营管理模式，确保把社会效益放在首位，实现社会效益和经济效益相统一。

第二节 我国文化产业法律概述

如前所述，文化业可以区分为文化事业和文化产业。相应地，随着我国法治化进程的不断深入，文化事业法律和文化产业法律都将成为文化事业和文化产业有序发展的必要保障。本教材重点关注的是文化产业领域的法律保护问题。

一、我国文化产业法及其构成

文化产业法很难用传统法理学中有关法律部门的定义来界定，它打破了部门法的概念，给我们展示了一片新的法学发展领域。近年来，在法学界，一个新的名词被提出来，它就是"领域法学"。所谓领域法学，是指以问题为导向，以特定社会领域内具有共性的法律现象为研究对象，综合运用人文社会科学方法对这些领域法现象进行归纳、解释与预测的法律科学。通过聚焦问题领域，领域法学在横向上整合传统法律部门要素，消解不同部门法规范之间的效力冲突；在纵向上消除哲学社会科学学科壁垒，通过不同研究方法来探索不同社会现象以及之间的相互交融和发生化学反应的普遍规律，形成具有针对性、内生性、协同性的立体研究空间，并与部门法学形成同构而又互补的关系。① 虽然目前有关"领域法学"是否构成一个法律部门并未在学界达成共识，且仍旧有很多不同意见存在，但是，随着我国法学领域中一些类似文化产业法这样的法学与其他学科交叉的新兴学科不断产生，这一研

---

① 刘剑文：《论领域法学——一种立足新兴交叉领域的法学研究范式》，http://www.cftl.cn/ArticleInfo.aspx?Aid=48964&LevelId=002002001002，访问日期：2016年12月12日。

究范式已经客观地在不断被应用。基于这一认识，本教材认为文化产业法是指在我国现有法律体系框架下，不同法律部门中适用于文化产业领域的各类法律规则的总称。

我国文化产业法大致由三部分构成：一是知识产权类法律规则。可以说，知识产权法是文化产业发展中的基础性法律，尤其是其中有关的著作权法律保护制度，更是文化产业发展的根本性法律保障。二是民法、刑法、诉讼法等法律规范中适用于文化产业领域的法律规则。三是专门针对文化产业发展而制定的具体法律。比如，正在起草中的《文化产业促进法》以及已经制定并发布的规范文化产业某一具体领域的法律、法规、规章。

二、我国文化产业法律发展现状

近些年来，我国通过各层次的文化产业立法完善了文化产业宏观指导、调控政策，及时调整了文化产业的准入、融资、税收等制度，加强了知识产权保护，基本构建了知识产权法律保护机制和文化产业市场发展的法律机制。这一切表明我国文化产业的立法保护体系已具雏形，我国的文化产业正逐步纳入制度化、规范化的轨道。但是，从总体上看，我国文化领域的立法数量总体偏少。据不完全统计，截至2015年8月，我国法律法规总数38000多件，其中，文化法律法规有1042件，占全部法律法规总量的2.7%，而文化法律仅占全部法律的1.7%。① 显然，具体到文化产业方面的立法数量则更少，文化产业发展缺乏更加完善的强有力的法制保障。

（一）规范较为分散，效力层次低

经过多年不懈的努力，以宪法为核心的中国特色社会主义法律体系基本形成。当代中国的法律体系，部门齐全，层次分明，结构协调，体例科学，主要由七个法律部门和三个不同层级的法律规范构成。七个法律部门是：宪法及宪法相关法、民法商法、行政法、经济法、社会法、刑法、诉讼与非诉讼程序法。三个不同层级的法律规范是：法律，行政法规，地方性法规、自治条例和单行条例。目前，我国规范文化产业的条文散见于上述七个法律部门当中。举例来说，宪法关于国家基本制度和发展文化事业及保障公民享有从事文化活动的权利的规定，为文化法制建设提供了基本原则和立法依据；民法通则、合同法、著作权法等为文化产品的权利归属与流转等做出了一定的规范。更加值得我们关注的是，我国文化产业相关立法多数集中在行政法

---

① 《中国文化领域立法挂挡提速　目前文化立法层次低》，http://www.chinanews.com/gn/2015/08-22/7483005.shtml，访问日期：2016年12月13日。

规、规章的效力层级上；在法律层面，虽有所突破，但多数针对文化产业领域法律层级上的立法工作仍旧处于调研或起草阶段，这显然与我国现阶段文化产业快速崛起的现实不相适应，需要加速立法进程。①

（二）法律规范之间的冲突现象

法律规范之间的冲突一直是法理学关注的一个问题，它是指同一法律事实被多个法律规范所指涉时，不同法律规范的法律效果不同并且彼此之间无法相容的情形。② 对于这一问题，法理学中有一些解决的方法和原则，比如，上位法优于下位法、新法优于旧法、特别法优于一般法等。目前，在我国文化产业领域的立法存在冲突的现象，主要表现在三个方面，即行政法规与地方性法规之间的冲突，行政法规与部门规章之间的冲突，部门规章与部门规章之间的冲突。造成这一现状的原因主要是由于我国缺少文化产业的法律层面的立法，亦没有《文化产业促进法》这样的宏观文化立法作指引。

（三）文化立法盲点多

虽然我国已经制定了一定数量的文化产业方面的法律法规，但是一些领域的立法盲点依旧存在，具体表现在以下三方面：一是作为文化产业基本法的《文化产业促进法》尚未出台。二是文化产业领域新问题、新现象不断出现。比如，网络的迅速发展带来的电影等作品的网络侵权问题、新媒体体育赛事转播的侵权问题等，但未有相关法律加以处罚。三是由于我国长期以来在文化管理体制上倾向于行政化管理，因此，有关确立文化企业市场主体地位，理顺其在税收、投资等方面市场化运作的法律法规都相对处于欠缺的状态。

三、我国文化产业法律发展方向

（一）尽快颁行法律层级上的文化产业发展宏观法律制度

尽快出台文化产业基本法是我国文化产业立法工作的首要任务。基本文化产业法律是在它所涉及的领域内起统帅作用的法律，基本文化产业法律制约着该领域内的各项单行文化产业法律法规。国家即使制定了大量单行文化产业法律法规，但缺乏能对这些文化产业法律法规起统帅作用的基本文化产

---

① 2016年11月7日通过并于2017年3月1日起施行的《中华人民共和国电影产业促进法》是我国文化产业领域的第一部法律，实现了文化产业法在法律效力层级上的突破。

② 参见刘志刚《法律规范冲突的解决方法》，载《政法论丛》2014年第5期，第3~14页。

业法律,那么这种文化产业法律体系还不能说是完备的。① 2014年10月28日中共十八届四中全会审议通过的《中共中央关于全面推进依法治国若干重大问题的决定》明确指出,制定文化产业促进法,把行之有效的文化经济政策法定化,健全促进社会效益和经济效益有机统一制度规范。为贯彻党的十八届四中全会精神,落实《十二届全国人大常委会立法规划》,推动文化立法工作,建立各部门间沟通协调机制,2015年9月6日,文化部牵头在北京召开《文化产业促进法》起草工作会,正式启动《文化产业促进法》起草工作。但是,到目前为止,该法的草案尚未形成,因此,适时加速立法进程是目前的当务之急。

(二)完善三个层级的文化立法,完善我国文化产业法律体系

由于我国目前文化产业立法主要集中在法规和规章层面,因此,应当争取在尽快出台有关文化产业法律的基础上,针对文化产业诸领域的具体特点,梳理完善该领域三个层级的文化产业法律法规,建构一个由文化产业基本法、文化产业市场主体法、文化产业市场主体行为法、文化市场管理法等为统帅,文化产业行政法规和部门规章为主体,文化产业地方性立法为补充的独具特色的文化产业法律体系。

(三)坚持文化产业立法过程中的系统性原则

在具体进行文化产业立法的过程中,必须十分重视并采取切实可行的措施避免和减少法律冲突和重复性立法。对于这一问题,除了按照法理学解决法律冲突的原则进行处理外,还要从立法源头抓起,将文化产业立法当作一项系统性的工程,尽快出台《文化产业促进法》,并以此为龙头,梳理已经制定的各个层级的文化产业法律法规,及时修订或废止存在法律冲突和重复性立法的内容。

(四)重视对地方文化产业立法经验的吸取

在文化产业立法中,要高度重视地方文化产业立法经验的吸取,因为有的地方文化产业立法是极具代表性的,起着示范的作用。比如,早在2008年7月,深圳市第四届人大常委会第20次会议就表决通过了《深圳市文化产业促进条例》(以下简称《条例》)。《条例》特色鲜明,明确将从创业发展、出口、资金、人才培养与引进等方面支持深圳文化产业的发展。《条

---

① 黄桂英:《关于加强社会主义文化法制建设的若干思考》,载《上海大学学报》2002年第9期,第88~91页。

例》规定深圳市、区政府应当在土地、资金、人才等方面,优先支持发展新兴和原创文化产业,重点扶持特色和优势文化产业,积极促进民族和传统文化产业化,并鼓励和支持非公有制文化企业的发展。在文化产业发展上,深圳将采取鼓励出口的政策。赴境外开展音乐、戏剧等商业演出及商业展览将大受鼓励。同时,深圳也对文化企业和境外合作充满期待,鼓励和支持文化企业与国际著名机构合作,利用境外合作者的资金、技术和营销渠道,生产制作科技含量高、资金密集型的出口文化产品和服务,开展国际营销。在资金方面,深圳"文化产业发展专项资金"将重点扶持发展新兴文化产业和特色品牌文化企业,以及文化企业的文化创意、成果转化、重大文化项目和文化人才的培养。令人瞩目的是,《条例》规定金融机构、担保机构、产权交易机构以及中介机构应当为文化企业提供相关服务。同时,深圳也积极支持文化企业通过发行债券、股票等方式在国内外资本市场筹集资金。

(五)关注国际文化产业立法新动态

目前,我国文化产业面临的一个关键问题就是,如何实现"走出去"战略。从法律的角度来看,文化产业要走向国际,就要遵循国际通行的文化产业领域的"游戏规则"。因此,我们在进行国内文化产业立法的时候,要重视和参考有关文化产业方面的国际条约和惯例。同时,我们还要积极关注国际文化产业立法最新动态,从而使我国的文化产业立法始终与国际接轨,从而为文化产业走出去提供坚实的法律保障。

延伸阅读 >>>

美国文化产业法律体系

美国已经形成了定位明确、层级清晰、相互衔接、体系完备的文化产业发展的法律体系。该体系由宪法、文化产业发展基金法、知识产权法、针对文化产业的行业法律及其他相关法律等五类法律组成。

1. 宪法是美国文化产业发展的根本法,其具体内容中,多处涉及了文化产业法律方面的基本规定

一是美国宪法明确了文化自由权和平等权是公民的合法文化权益。美国宪法第一修正案规定,国会不得立法剥夺公民的言论自由和出版自由,这不仅明确了公民享有基本文化权益的基本权利,国家具有通过法治化途径对公民合法文化权益给付和保护义务,而且成为政府不直接经营文化产业、文化产业得以按照市场经济规律自由发展的法律基础和政治保障。二是美国宪法明确了对专利和版权的鼓励和保护。美国《宪法》第一条第八款规定国会有权"保障著作家和发明人对各自的著作和发明在一定的期限内的专有权利,以促进科学和实用艺术之进步"。

2. 制定文化产业发展基金法，明确规定政府直接负有支持基本文化事业发展的义务

1965年，美国国会通过了《国家艺术及人文事业基金法》，这是美国制定的第一部支持文化艺术事业发展的法律。依据该法，创立了国家艺术基金会与国家人文基金会，上述机构是美国历史上首个致力于艺术与人文事业、独立运作的机构，主要以资金支持和补贴方式促进美国艺术与人文事业的发展。按照该法的规定，美国政府每年都应在政府财政预算中拨付相应比例的资金支持文化和艺术事业，但该资金仅限于支持文化艺术事业建设，而不能用于庞大的文化行政机构的运行或转作他途。该法还明确规定了政府对文化艺术给予有限支持的方式是对非营利性质的文化艺术团体和公共电台、公共电视台免征所得税，并减免为其提供赞助的个人和公司的税额。该法界定了政府在文化产业发展中的职责定位，明确了政府对文化产业负有政策引导、资金扶持、政策推动的责任。

3. 建立严格的、体系完备的知识产权保护法律制度

美国是世界上实行知识产权制度最早、对知识产权保护最严格的国家之一。美国将知识产权分为商标、专利、版权和商业秘密等四类。从建国伊始，美国就把知识产权视为文化产业的核心价值，树立了把知识产权视同私有财产的价值观、保护知识产权就是鼓励创新的理念，把知识产权保护作为文化产业崛起、发展的重要基础及促进文化改革和科技进步的根本目标。因此，美国政府以保护著作权人和本国版权业的利益、促进本土文化和经济发展作为核心宗旨，建立了本土化保护和国际化保护的知识产权法律体系。在本土化知识产权保护方面，美国已经建立了以保护版权为核心、以注册登记制和财产权保护制为途径的完善的法律体系，主要包括《专利法》《商标法》《版权法》《反不正当竞争法》。1790年，美国颁布实施了第一部《专利法》，之后又对《专利法》进行了多次修订。此后，根据经济、科技和社会发展的需要，美国不断地对《版权法》加以调整和完善。1976年对《版权法》进行了全面修改，修改后的《版权法》构成了美国现行《版权法》的基本法律框架。《版权法》自1976年实施至2000年，共经历了46次修正。1998年《版权法保护延长法》将个人著作权保护期从著作权人终生及死后50年延长至70年，公司版权保护期从75年延长至95年。1982年通过《反盗版和假冒修正案》，严厉打击电影、录音制品的侵权盗版行为。在加强国内相关立法的同时，美国还积极加入国际版权保护体系。随着互联网和数字技术在经济领域的不断推广，数字知识产权应运而生。为了适应数字化时代对美国版权产业发展的要求，弥补文化领域的法律空白，美国积极实施数字化版权保护战略。美国政府于1980年就颁布实施了《计算机软件保护法》，成为最早采用版权制度来保护软件知识产权的国家。为了适应数字化时代对文化产业发展的需要，美国在1997年后还相继制定了《计算机软件保护法》《半导体芯片保护法》《跨世纪数字版权法》《电子盗版禁止法》《伪造访问设备和计算机欺骗滥用法》等相关版权法律，以更好地保护数字版权。这一系列法律、法规的颁布和实施，使美国形成了全球保护范围最广、相关规定最为详尽、体系最完备的知识产权保护法律体系，不仅加强了美国对创新意识和创新能力的保护，而且为其文化产业的发展开辟了广阔的国际市场。

4. 制定针对文化产业的行业性法律

鉴于美国文化产业门类众多，美国还根据不同行业的特点制定了针对性强的行业性法律。如《无线电法》（1927）、《通信法》（1934）、《图书馆服务和技术法》（1956）、《国家艺术及人文事业基金法》（1965）、《版权法》（1976）、《国际广播法》（1994）、《博物馆图书馆事业法》（1996）、《1996年联邦电信法》（1996）、《数字千年版权法》（1998）、《防止数字化侵权及强化版权赔偿法》（2000）等。这些行业性法律为不同文化产业的发展提供了更详尽、更具针对性的法律规范。

5. 制定其他与文化产业密切相关的法律

在美国的法律体系中，有许多法律并非专门针对文化产业而设的，但它们与美国文化产业的发展息息相关、不可或缺。这些法律主要包括《联邦税法》《合同法》《统一商法》《公平交易法》《劳工法》《公司法》《反垄断法和消费者权益保护法》等。其中《联邦税法》《合同法》与文化产业发展关系尤为密切。如美国政府分别针对公民个人、特定的文化产业、区域性的文化产业及特殊文化产业制定了税收优惠政策，对营利性与非营利性文化产业实行区别对待或减免政策。税法对文化产业发展的相应规定有效地起到了杠杆调节作用。这些法律与宪法以及专门针对文化产业的法律相互衔接，一起构成了美国文化产业发展的法律支持体系，推动了文化市场环境良性健康发展。

（刘恩东：《美国文化产业发展法律体系》，载《中外文化交流》2015年第10期，第12～13页）

思考与实训题

1. 2015年11月3日，福建省文化产业发展基金理事会第一次会议召开，该基金总规模20亿元，共分为两期：第一期计划2015年募资8亿元，第二期计划2016年募资12亿元。基金首期合伙人包括福建省财政厅、福建海峡文化产业股权投资基金、海峡出版发行集团、福建广电网络集团、兴业银行，并将采取定向募集的方式，向具有长期股权投资能力的省内外机构投资者募集社会资本14亿元。基金的设立得到财政部的大力支持，2015年中央财政文化产业专项资金对该基金出资5000万元。该基金将用于支持福建省文化产业重点项目建设、龙头文化企业做大做强和小微文化企业发展，主要投资领域包括文化创意、文化旅游、出版（含数字出版）、印刷发行、广播影视、演艺娱乐、广告、动漫等文化产业。

以上述材料为基础，依据《关于金融支持文化产业振兴和发展繁荣的指导意见》，并收集整理近年来我国发布的其他最新文化产业金融领域的政策文本，试述金融在文化产业发展中所起的作用。

2. 据统计，我国非物质文化遗产资源近87万项，进入国家、省、市、县四级非物质文化遗产名录体系的非遗项目有7万项之多，其中包括1028项"国家非物质文化遗产名录"、7109项"省级非物质文化遗产名录"、

18186 项"地市非物质文化遗产名录"和 53776 项"县级非物质文化遗产名录";文化部公布了 3488 名国家级项目传承人,各省、市、自治区公布了 6332 名地方项目传承人。此外,我国还建立了闽南、徽州、四川羌族等 10 个文化生态保护实验区,有 520 多座专题博物馆和 197 座民俗博物馆。然而,我国非物质文化遗产保护法律长期处于缺位的状态。

2011 年 2 月 25 日《中华人民共和国非物质文化遗产法》经全国人大常委会审议通过,于 6 月 1 日起施行。这是中国特色社会主义政治、经济、社会、文化四位一体战略布局中颁布的一部重要法律,是非物质文化遗产保护从政策引导到法律保护的飞跃,体现了党和国家对文化建设的高度重视。立法保护是根本保护,《中华人民共和国非物质文化遗产法》的出台,不仅提升了文化立法的层次和水平,而且丰富了我国法律体系的内容,在文化建设立法中具有里程碑意义,也为文化领域其他立法提供了有益借鉴。

2011 年 11 月 10—19 日,由四川省政府法制办汇集的 68 项《拟列入省政府 2012 年立法计划的项目》在省政府网站、四川在线、成都全搜索网站登载,并向社会各界公开征集意见。其中,地方性法规项目 36 件,省政府规章项目 32 件。在省政府网站上公布的 68 件项目,《四川省非物质文化遗产条例》跻身 36 件地方性法规项目中,而《四川省成都片区大遗址保护管理办法》则被列入 32 件省政府规章项目。

结合我国非物质文化遗产领域的立法进程,谈谈我国文化产业法律体系现状及发展方向。

推荐阅读书目

1. [英]奥布赖恩著:《文化政策:创意产业中的管理、价值和现代性》,魏家海、余勤译,东北财经大学出版社 2016 年版
2. 胡惠林、单世联、凌金铸主编:《文化政策与治理》,上海人民出版社 2015 年版
3. 张辉娟著:《美国文化产业政策研究》,学苑出版社 2015 年版
4. 李思屈等著:《中国文化产业政策研究》,浙江大学出版社 2012 年版
5. 杨吉堂主编:《中国文化产业发展政策与法规参考》,法律出版社 2014 年版
6. 李德成编著:《文化创意产业法律操作实务》,法律出版社 2010 年版

第三章 文化产业与著作权

● 知识目标

1. 了解文化产业和知识产权的密切关系。
2. 熟悉《中华人民共和国著作权法》的制定情况及其具体内容。
3. 重点掌握著作权客体、主体、取得与内容、侵权行为表现形式等。

● 能力目标

具备运用《中华人民共和国著作权法》分析文化产业诸领域中发生的与著作权相关的案例的能力。

陈喆诉余征著作权侵权案

原告陈喆（笔名：琼瑶）诉被告余征（笔名：于正）等侵害著作权纠纷一案于 2014 年 5 月 28 日由北京市第三中级人民法院受理后，依法组成合议庭进行了审理。

原告诉称其于 1992—1993 年间创作完成了电视剧本及同名小说《梅花烙》，并自始完整、独立享有该作品著作权（包括但不限于改编权、摄制权等）。原告作品在中国大陆地区多次出版发行，拥有广泛的读者群与社会认知度、影响力。2012—2013 年间，被告未经原告许可，擅自采用原告作品核心独创情节进行改编，创作电视剧本《宫锁连城》，被告湖南经视公司、东阳欢娱公司、万达公司、东阳星瑞公司共同摄制了电视连续剧《宫锁连城》（又名《凤还巢之连城》），原告作品全部核心人物关系与故事情节几乎被完整套用于该剧，严重侵害了原告依法享有的著作权。在发现被告侵权之前，原告正在根据其作品《梅花烙》潜心改编新的电视剧本《梅花烙传奇》，被告的侵权行为给原告的剧本创作与后续的电视剧摄制造成了实质性妨碍，使原告的创作心血毁于一旦，给原告造成了极大的精神伤害，而被告却从其版权侵权行为中获得巨大收益。原告诉请法院：①认定五被告侵害了原告作品剧本及小说《梅花烙》的改编权、摄制权；②判令五被告停止电视剧《宫锁连城》的一切电视播映、信息网络传播、音像制售活动；③判令被告余征在新浪网、搜狐网、乐视网、凤凰网显著位置发表经原告书面认可的公开道歉声明；④判令五被告连带赔偿原告2000万元；⑤判令五被告承担原告为本案支出合理费用共计313000元；⑥判令五被告承担本案全部诉讼费用。

被告辩称：第一，对于原告的著作权人身份存疑，电视剧《梅花烙》的编剧署名是林久愉，林久愉应为剧本《梅花烙》的作者及著作权人，原告在本案中的诉讼主体不适格。剧本《梅花烙》从未发表过，被告不存在与该剧本内容发生接触的可能，电视剧《梅花烙》的播出也不构成剧本《梅花烙》的发表。第二，原告所主张的著作权客体混乱，所谓《梅花烙》"剧本""小说""电视剧"既无法证明各自的著作权归属，也不能证明被告曾有过接触，因此原告的指控没有事实和法律基础。原告提交的剧本《梅花烙》是在本案起诉后才进行认证，这个剧本有可能是在电视剧《宫锁连城》播映后，比照该剧进行的修改，这样比对下来相似度肯定非常高。因此，剧本《梅花烙》内容的真实性存疑。第三，原告指控被告侵权的人物关系、所谓"桥段"及"桥段组合"属于特定场景、公有素材或有限表达，不受著作权法保护。这一点已经有了大量案例，不能因为本案原告写过言情戏这样的主题，这样的表达就被原告垄断。这些桥段被告不承认是作为作品的表达，在本案中这些桥段也是原告根据自己的想象归纳出的思想，不是作品的表达。第四，原告指控的被告改编原告作品的事实根本不存在，被告的作品是独立创作。被告有证据证明是在自己的大量创作素材的基础上，独立创作出来的《宫锁连城》剧本，是受法律保护的作品。原告主张的作品主题、思想不是著作权法保护的对象。综上，原告主张的人物关系、相关情节、情节整体均不受著作权法保护；剧本及电视剧《宫锁连城》的具体情节表达与剧本及小说《梅花烙》并不相似，情节顺序与原告诉称也不一致；即便有相似之处，也不属于著作权法保护范畴，或另有创作来源。因此，原告的所有诉讼请求均没有事实和法律基础，应予驳回。

[参见北京市第三中级人民法院民事判决书（2014）三中民初字第07916号]

知识产权，英文表达为Intellectual Property 或 Intellectual Property Right，我国法学界曾长期采用"智力成果权"的说法。1986年《中华人民共和国民法通则》颁布后，开始正式使用"知识产权"的称谓。我国台湾地区称之为"智慧财产权"。知识产权概念的内涵是受规则制约的特许权，这些特许权规范着在人类许多活动领域内对抽象物的拥有和使用。① 知识产权的外延是动态变化的，随着知识产权法研究的不断深入，加之社会发展和科技进步，知识产权的外延在不断扩大，除了著作权、商标权、专利权三种传统知识产权外，植物新品种权、集成电路布图设计权、商业秘密权、地理标志权、商号权、域名权等也逐步进入知识产权的外延当中。

文化产业与知识产权有着密切的关系，可以这样说，知识产权是文化产业这座大厦的地基，如果没有完善的知识产权法律制度作为保障，文化产业的发展将成为无源之水、无本之木。文化产业简单来说是以文化产品为生产经营对象的众多文化企业的集合，它与知识产权的关系最少可以表现在如下三个方面：①作为文化企业，其生存的基础就是文化产品。比如影院上映的电影、出版社出版的图书、演艺晚会上呈现的歌曲和舞蹈等，这些文化产品和传统的有形物不同，都具有无形性的特点，可以同时被不同的主体利用，复制成本极低，侵权的隐蔽性极强，这就需要通过保护作品的方式对著作权加以保护。②文化企业在经营的过程中，需要消费者将自己与同类文化产品经营者相区分，同时，需要树立企业形象，提升企业知名度，所有这些无疑都与商标权密不可分。③文化产业的发展总是和科技的发展息息相关，科学技术的进步会带来文化产品的创新，文化企业的盈利能力又无不与商业模式创新息息相关，这些创新的技术和商业模式都需要专利权的保护（见下图）。

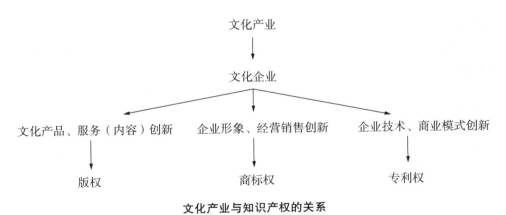

文化产业与知识产权的关系

对比著作权、商标权、专利权与文化产业的密切程度，著作权又是这三者当中与文化产业关系最为密切的。理由很简单，对于文化产业来说，最为

---

① ［澳］彼得·德霍斯著：《知识财产法哲学》，周林译，商务印书馆2008年版，第15页。

核心的就是文化产品及其创新，文化企业的品牌形象、技术更新、商业模式创新都要围绕着文化产品展开。因此，以保护文化产品为主要目标的著作权法就成为文化产业知识产权法律保护制度的重中之重。也正因为这样，文化产业在西方直接被称为版权产业，即 Copyright Industry。

著作权是大陆法系的概念，其原意是 Author's Right，即作者权，认为著作权的权利内容包含作者精神权利和经济权利。英美法系观念中与著作权相对应的概念是 Copyright，即版权，侧重点放在经济利益（复制）上。目前这两个专有名词经常被混用，但是，版权制度与著作权制度的差异依旧没有消失。

我国使用"著作权"一词，始于第一部著作权法律《大清著作权律》，自此以后，在正式立法中一直使用"著作权"。在起草1991年的著作权法前后，围绕着法律的名称应该确定为著作权法还是版权法曾经出现过激烈的争论，这场论战以《中华人民共和国著作权法》（以下简称《著作权法》）第五十六条的规定"本法所称的著作权即版权"而告终。

著作权即版权，是指作者或其他著作权人依法对文学、艺术和科学作品所享有的各项专有权利的总称。著作权有广义与狭义之分。广义著作权包括作者就其所创作的作品而享有的权利以及作品的传播者，比如表演者、录音录像制作者和广播组织者，因传播作品而享有的相关权利。狭义著作权仅指作者就其所创作的作品而享有的权利。

1986年4月12日，由第六届全国人民代表大会第四次会议通过的《中华人民共和国民法通则》第一次明确规定了我国的著作权制度。2017年3月15日第十二届全国人民代表大会第五次会议通过的《中华人民共和国民法总则》第一百二十三条再次明确规定了作品是知识产权的重要客体之一。

1990年9月7日，《著作权法》经第七届全国人民代表大会常务委员会第十五次会议审议通过，并于1991年6月1日正式实施；2001年10月27日，第九届全国人民代表大会常务委员会第二十四次会议通过了《著作权法》修正案，并于同日公布实施；2010年2月26日，第十一届全国人民代表大会常务委员会第十三次会议通过《著作权法》修正案，并予以公布，自2010年4月1日起施行。

《中华人民共和国著作权法实施条例》于2002年8月2日以中华人民共和国国务院令第359号公布，自2002年9月15日起施行。2011年1月8日《国务院关于废止和修改部分行政法规的决定》对该条例进行了第一次修订。2013年1月30日《国务院关于修改〈中华人民共和国著作权法实施条例〉的决定》公布，对该条例进行了第二次修订，1991年5月24日国务院批准、1991年5月30日国家版权局发布的《中华人民共和国著作权法实施细则》则予以废止。

第一节　著作权客体

著作权的对象或者说著作权法的保护对象是作品。作品是不同形式的对思想观念的表达。著作权法的一个基本原则就是只保护对于思想观念的表达（expression），而不保护思想观念（idea）本身，即思想无版权。

表达形式是将思想表达于外部，并使他人能够接受、理解该思想信息的形式。相同的思想，可通过多种形式来体现，即通过不同作品表达形式来表达相同的思想。比如，通过音乐、舞蹈两种不同的表达形式来表达《孔乙己》这部小说；甲、乙二人都去泰山看了日出，留下美好回忆，甲写了一篇描写泰山日出的散文，乙画了一幅泰山日出图；梁山伯与祝英台的爱情故事这一主题，我们常见的表达形式有电影《梁山伯与祝英台》、小提琴协奏曲《梁祝》。

一、作品

（一）概念

《中华人民共和国著作权法实施条例》（以下简称《实施条例》）第二条规定："作品是指文学、艺术和科学领域内，具有独创性并能以某种有形形式复制的智力成果。"从中我们可以看出作品的含义包括三个方面：首先，作品是一种智力成果；其次，作品必须是文学、艺术和科学领域内的智力成果；最后，作品应该具备独创性和可复制性这两个实质要件。

（二）作品应具备的法定要件

法定要件 { 实质要件 { 独创性 / 可复制性 / 形式要件：属于《著作权法》或其他法律、行政法规所规定的作品种类之一

二、作品的实质要件

（一）独创性

独创性是构成作品的实质性要件之一，是司法实践中判断客体是否构成

著作权法意义上的作品的重要依据。《最高人民法院关于审理著作权民事纠纷案件适用法律若干问题的解释》第十五条规定:"由不同作者就同一题材创作的作品,作品的表达系独立完成并且有创作性的,应当认定作者各自享有独立著作权。"从这一司法解释中不难看出,所谓独创性即独立创作,具体来说包括两个方面的含义:独立完成和创作性。

1. 关于"独立完成"

所谓独立完成,主要是指作品必须是作者独立完成,非抄袭或剽窃。

2. 关于"创作性"

(1)"创作性"的含义。《实施条例》第三条规定:"著作权法所称创作,是指直接产生文学、艺术和科学作品的智力活动。为他人创作进行组织工作,提供咨询意见、物质条件,或者进行其他辅助工作,均不视为创作。"具体来说,这种智力活动要能够体现作者独特的智力判断与选择,展示作者的个性并达到一定的智力创作高度,而不是对现有作品的简单复制、再现。

在对某一智力成果是否具有独创性的判断中,要注意作者权益与公共利益的平衡,不能因过度降低独创性标准从而使作者不适当地垄断本属于公共领域的信息、知识,也不能因过度提高独创性标准从而损害本应该专属于作者的权利。①

两大法系对独创性中的"创"的要求有所不同。以摄影作品为例,英美法系对于创造性要求较低,即有一点点就足够了,只要不是微不足道的。比如,只要照片不是完全由机器自动拍摄的,或者不是纯粹翻拍他人的照片,就符合"独创性"的标准。大陆法系对于创造性要求较高。比如德国著作权法是区分照片和摄影作品的,只有表达了摄影师的艺术观点与创造力的照片才会被认为属于摄影作品。而平庸的业余爱好者们所摄制的照片,以及在企业中如应付公事般制作出来的照片,由于创造性较低,并不能作为摄影作品受到狭义著作权保护。②

延伸阅读 >>>

"创作性"标准实例比较

一个幼儿园的小朋友,在美术课上用蜡笔信手画出了一张"春天来了"的图画,这张图画非常简单,就是一个太阳和一片点缀着几朵小花的草地。请问,该小朋友的这幅

---

① 参见北京市朝阳区人民法院民事判决书(2011)朝民初字第 31507 号。
② 王迁著:《著作权法》,中国人民大学出版社 2015 年版,第 34 页。

图画是否可以构成著作权法意义上的作品？

甲是一名记者，在一个故事会上，甲运用速记的方法忠实、准确地记录下了其中一位参会人所讲的故事，请问甲是否对这份故事的记录稿具有著作权？

A 电话公司出版了包括其服务所覆盖区域的电话号码簿，以字母顺序列出了电话用户的姓名、所在城市名称以及电话号码。后 B 出版公司出版了全国的电话号码簿。B 出版公司的电话号码簿覆盖全国 6 个公共电话公司服务区域，6 个公共电话公司只有 A 电话公司不愿意与 B 出版公司合作。故 B 出版公司在未获得 A 电话公司许可的情况下，剔除了自己不需要的号码后，聘请工作人员对余下的 4935 个号码进行核实，并增加了号码用户所在街道的信息。但是在 B 出版公司电话号码簿 46878 个电话号码中仍有 1309 个电话号码是与 A 电话公司出版的电话号码簿中的号码完全一致，其中还有 4 个号码是 A 电话公司为试探抄袭而有意设置的虚构号码。A 电话公司是否可以诉 B 出版公司侵犯其电话号码簿的著作权？

（黄武双：《知识产权法案例与图表》，法律出版社 2010 年版，第 38 页）

（2）独创性中的"创"的种类。独创性中的"创"主要包括两类：①从无到有、独立创作出来的作品；②基于他人已有的作品进行再创作而产生的作品。这类作品的创作性体现在作者对相关素材的取舍、选择、设计或组合上。

延伸阅读 >>>

"火柴棍小人"诉美国耐克"黑棍小人"案

网络闪客甲先后创作完成了含有"火柴棍小人"形象的诸多动漫作品，并在省版权局进行了美术作品的著作权登记。他创作的这些 Flash 作品的主人公形象均为"火柴棍小人"，其特征为：头部为黑色圆球体，没有面孔；身体的躯干、四肢和足部均由黑色线条构成；小人的头和身体呈相连状。

耐克公司、耐克（苏州）体育用品公司为举办"NIKE—freestyle 酷炫之王全国大搜索"活动及宣传推广其新产品"NIKE SHOXSTATUSTB"，分别在新浪等网站、大街、地铁站台及电视台发布广告。这些广告中使用了"黑棍小人"形象，其特征为：头部为黑色圆球体，没有面孔；身体的躯干、四肢和足部均由黑色线条构成；小人的头和身体呈分离状；小人的四肢呈拉长状。

甲认为耐克公司的"黑棍小人"剽窃了他的"火柴棍小人"形象，将美国耐克公司、耐克（苏州）体育用品公司、广告经营者北京元太世纪广告公司、发布者新浪公司告上法庭，要求停止播放广告并承担 200 万元赔偿责任。

耐克一方则表明其所涉及的广告形象"Stickman"由耐克及其广告代理公司原创，类似的形象在日常生活中早已多见，例如人行道指示灯里表示"停"和"行"的小人等。"火柴棍小人"和"黑棍小人"都是从通用的"线条小人"演化而来，一个这样简单的图形不具有著作权法要求的独创性，因此也不应该受到保护。

北京市第一中级人民法院做出一审判决，判令被告耐克公司、耐克（苏州）体育用品有限公司立即停止侵权行为，并在新浪网首页就其侵权行为发表致歉及消除影响的声明，连带赔偿原告甲经济损失 30 万元。被告不服提起上诉，北京市高级人民法院做出终审判决，认为甲主张的是静态的"火柴棍小人"的著作权。"黑棍小人"和"火柴棍小人"形象有相同之处，但相同部分主要存在于公有领域，不应得到著作权法保护。不能认定"黑棍小人"使用了"火柴棍小人"形象的独创性劳动，"黑棍小人"没有侵犯"火柴棍小人"的著作权，耐克公司、广告经营者北京元太世纪广告公司和发布者不承担侵权责任，故判决驳回甲的诉讼请求。

甲作品"火柴棍小人"形象

耐克公司广告"黑棍小人"形象

（《"火柴棍小人"著作权纠纷案》，http://www.cnipr.net/article_show.asp?article_id = 7166，访问日期：2017 年 3 月 13 日）

（二）可复制性

大陆法系国家在规定独创性的同时，还要求作品能以有形形式复制，即可以被人们直接或借助某种机械或设备感知，并以某种有形物质载体复制。英美法系国家的版权法除强调独创性这一要件外，还将固定性作为作品受法律保护的要件。例如，美国《联邦版权法》规定："作品必须以现在已知或以后发展的方法固定于其中的物体，通过该物体可直接或借助机器或装置感知、复制或用其他方式传播该作品。"我国的做法与大陆法系相同。

三、作品的形式要件

我国《著作权法》第三条、第六条将文学、艺术和科学领域内的作品分为10类。

（一）文字作品

文字作品是小说、诗词、散文、论文等以文字形式表现的作品。文字作品一般通过汉字、英文、数字、符号等写成。文字作品不同于文学作品，前者比后者范围广。

（二）口述作品

口述作品是指即兴的演说、授课、法庭辩论等以口头语言形式表现的作品。它是未以任何物质载体固定的作品。

（三）表演类作品

表演类作品包括音乐、戏剧、曲艺、舞蹈、杂技艺术作品。

1. 音乐作品

音乐作品是指歌曲、交响乐等能够演唱或者演奏的带词或者不带词的作品。

2. 戏剧作品

戏剧作品是指话剧、歌剧、地方戏等供舞台演出的作品。具体来说，戏剧作品主要指由对话、旁白、音乐、配词等构成的剧本，而不是指舞台上的表演。①

3. 曲艺作品

曲艺作品是指以相声、快书、大鼓、评书等以说唱为主要形式表演的作品。它是我国独有的一类作品。

4. 舞蹈作品

舞蹈作品是指通过连续的动作、姿势、表情等表达思想感情的作品。舞蹈作品主要指以文字、草图、画面等形式固定下来的舞蹈的动作设计，而不是指舞台上的表演。②

---

① 参见湖北省高级人民法院民事判决书（1999）鄂民终字第44号。
② 参见湖北省高级人民法院民事判决书（1999）鄂民终字第44号。

延伸阅读 >>>

《千手观音》案

2005年7月,某公司舞蹈总监刘某起诉到法院,称《千手观音》是2000年她一手编创出来的。第一批12名演员中,有7位为她作了证。而在接受凤凰卫视采访时,刘某也一直被看作《千手观音》舞蹈的编导。刘某要求法院确认其为《千手观音》的作者,判令被告支付精神抚慰金5万元。

被告张某某则认为,刘某只是负责该舞蹈排练的老师,自己才是《千手观音》的创作者。2000年5月,被告接受中国残疾人艺术团邀请,出任总编导和艺术指导,策划、创作一台赴美演出的晚会,并将构思已久的"观音舞蹈"提供给总撰稿赵某,最后定名为《千手观音》。一审海淀法院驳回了原告的诉讼请求,原告不服而上诉到北京市第一中级人民法院。

北京市第一中级人民法院审理后认为,仅凭草图无法证明谁是《千手观音》的创作者,而在大量证词中,原告方面的证词均未能具体说明原告是"如何编排"的舞蹈,编排了哪些内容,修改部分又是什么内容;相比之下,被告一方的证词则指出了被告对《千手观音》舞蹈动作的具体设计内容。

最终,法院认定《千手观音》舞蹈是边编导、边修改、边排练而完成的,编导与排练无法截然分开,但编导的意志决定了排练者和舞蹈表演者的意志。据此,法院做出了驳回原告诉讼请求的判决。

(《刘某与张某某侵犯著作权纠纷案》,http://www.cnipr.net/article_show.asp?article_id=7166,访问日期:2017年3月13日)

5. 杂技艺术作品

杂技艺术作品是指杂技、魔术、马戏等通过形体动作和技巧表演的作品。杂技艺术作品是指脚本,而不是指活的表演,虽然绝大多数杂技没有脚本,但这不影响杂技艺术作品即指脚本这一定义。对杂技艺术作品的保护,主要是保护杂技艺术中的艺术部分,而非杂技表演中的技巧部分。

(四) 美术、建筑作品

1. 美术作品

美术作品是指绘画、书法、雕刻等以线条、色彩或其他方式构成的有审美意义的平面或立体的造型艺术作品,包括书法、绘画、雕塑等纯美术作品和陶瓷、雕花的家具等实用美术作品。

2. 建筑作品

建筑作品是指以建筑物或者构筑物的形式表现的有审美意义的作品。

（五）摄影作品

摄影作品是指借助器械在感光材料或者其他介质上记录客观物体形象的艺术作品。传统的介质主要是胶卷、相纸，随着科技的发展，软盘、光盘直至数字化的介质得到不断更新。纯复制性的摄影作品，如翻拍文件、书刊等，因不具备独创性，故不受著作权法保护。

（六）影视作品

影视作品包括电影作品以及以类似摄制电影的方法创作的作品。是指摄制在一定介质上，由一系列有伴音或者无伴音的画面组成，并借助适当装置放映或者以其他方式传播的作品。2016年11月7日通过的《电影产业促进法》第二条第二款对电影进行了更详细的定义，即，电影是指运用视听技术和艺术手段摄制、以胶片或者数字载体记录、由表达一定内容的有声或者无声的连续画面组成、符合国家规定的技术标准、用于电影院等固定放映场所或者流动放映设备公开放映的作品。

（七）图形作品和模型作品

1. 图形作品

图形作品是指为施工、生产绘制的工程设计图、产品设计图，以及反映地理现象、说明事物原理或者结构的地图、示意图等作品。

2. 模型作品

模型作品是指为展示、试验或者观测等用途，根据物体的形状和结构，按照一定比例制成的立体作品。

延伸阅读 >>>

他们拥有著作权吗

工程师甲、乙各自完成了对一种电子产品的设计图，甲创造性地设计了一种全新的技术方案，不但使该电子产品轻巧灵便，而且能够大大降低耗电率。乙的设计则有致命的缺陷，按照其设计图制造的电子产品不仅庞大笨重，而且很容易因漏电导致使用者死亡。请问，甲、乙是否能获得对各自设计图的著作权？

"事实不受版权法保护"。那么，既然地图、示意图（比如人体解剖图）都是反映客观存在的事实，为什么就可以成为一类作品而能得到保护呢？

（八）计算机软件

为了保护计算机软件著作权人的权益，调整计算机软件在开发、传播和使用中发生的利益关系，鼓励计算机软件的开发与应用，促进软件产业和国民经济信息化的发展，根据《著作权法》，2001 年 12 月 20 日中华人民共和国国务院令第 339 号公布了《计算机软件保护条例》。2011 年 1 月 8 日、2013 年 1 月 30 日分别对该条例进行了第一次和第二次修订。

（九）民间文学艺术作品

《著作权法》第六条规定："民间文学艺术作品的著作权保护办法由国务院另行规定。"为保护民间文学艺术作品的著作权，保障民间文学艺术作品的有序使用，鼓励民间文学艺术传承和发展，根据《著作权法》，按照《国务院 2014 年立法工作计划》，国家版权局起草了《民间文学艺术作品著作权保护条例（征求意见稿）》，按照民主立法和科学立法的原则，于 2014 年 9 月 2 日面向社会各界公开征求意见。

（十）法律、行政法规规定的作品

虽然《著作权法》列举了九种作品类型，但是，现实的情况是千差万别的，随着经济与科技的发展，还有可能出现新的作品类型。因此，《著作权法》做出了留有余地的规定，即不属于其中所列举的作品也可以通过其他法律或行政法规的规定而受到《著作权法》的保护。

四、不受著作权法保护的对象

（一）不受著作权法保护的作品

1. 依法禁止传播的作品

著作权人行使著作权，不得违反宪法和法律，不得损害公共利益。国家对作品出版、传播依法进行监督管理。

著作权法的立法目的之一就是鼓励有益于社会主义精神文明和物质文明建设的作品的广泛传播，促进社会主义文化和科学事业的发展和繁荣。因此，对于违反宪法和法律、依法禁止传播的作品，著作权法不予保护。

2. 超过保护期的作品

为了平衡作者的私人利益与社会的公共利益，著作权法对作品的保护期限做出了设定，这一制度设计使得作者可以在法定的时间内享有作品的垄断权，从而获得相应的经济利益，保护并激发作者的创作欲望；同时，在法定时间届满后，该作品即进入社会公共领域，可以不经作者同意便进行传播，从而满足推动优秀文化传播这一公共利益。

延伸阅读 >>>

《著作权法》关于作品保护期的规定

第二十条　作者的署名权、修改权、保护作品完整权的保护期不受限制。

第二十一条　公民的作品，其发表权、本法第十条第一款第（五）项至第（十七）项规定的权利的保护期为作者终生及其死亡后五十年，截止于作者死亡后第五十年的12月31日；如果是合作作品，截止于最后死亡的作者死亡后第五十年的12月31日。

法人或者其他组织的作品、著作权（署名权除外）由法人或者其他组织享有的职务作品，电影作品和以类似摄制电影的方法创作的作品、摄影作品，其发表权、本法第十条第一款第（五）项至第（十七）项规定的权利的保护期为五十年，截止于作品首次发表后第五十年的12月31日，但作品自创作完成后五十年内未发表的，本法不再保护。

3. 法律、法规及官方文件

不受著作权保护的法律、法规及官方文件主要指法律、法规，国家机关的决议、决定、命令和其他具有立法、行政、司法性质的文件，及其官方正式译文。具体来说，所谓立法、行政、司法性质的文件，是指全国人大及其常委会制定的法律，国务院制定的行政法规，各省、自治区、直辖市人大及其常委会制定批准的地方性法规，民族自治地区的自治条例和单行条例，国务院各部委和地方政府依法制定的行政规章，各级立法机关、行政机关、人民法院和人民检察院做出的决议、决定、命令和其他具有立法、行政、司法性质的文件。

从内容上看，这类客体一般都可以达到著作权法所保护的作品的要求，但是世界上大多数国家都对这些客体不给予保护。[①]

（二）不受著作权法保护的非作品

1. 思想

思想无版权是国内外与著作权相关的规范性法律文本都遵循的基本原则。简单来说，所谓思想无版权，意思就是著作权的保护不延及思想，也就是通常所说的思想表达二分法原则。举个例子来说，美术系甲同学在头脑中构思出了一幅山水画的场景，于是他兴奋地把这个想法详细地告诉了舍友

---

① 李明德主编：《知识产权法》，北京师范大学出版社2011年版，第36页。

乙。乙同学听了这些想法，感觉非常棒，用一周的时间画出了这幅山水，从其画面表现来看与甲同学的叙述如出一辙。按照思想无版权原则，乙同学并未侵犯甲同学的著作权。美国《版权法》第一百零二条第二款规定：在任何情况下，对作者的独创作品的版权保护，绝不扩大到任何思想、程序、方法、体系、操作方法、概念、原理或发现。《与贸易有关的知识产权协定》（TRIPS）第九条规定：版权保护应延及表达，而不延及思想、工艺、操作方法或数学概念之类。我国现行《著作权法》虽然没有明文规定这一原则，但是在我国司法实践中这一原则一直被遵守。

延伸阅读 >>>>

郑维江起诉吴冠中案

贵州农民画家郑维江诉称，他于2001年陆续创作了《白日依山尽……》和"无题"系列美术作品，并在书法江湖网等网站上发表。他认为他的作品是一种"独创模式文字画"。郑维江称曾在2001年冬季给吴冠中寄过一些包括此类作品在内的作品照片20余幅，向吴冠中请教，但未收到回复。2007年3月，郑维江在"中国书法家论坛"网上看到一篇介绍吴冠中的帖子，浏览后郑维江认为，吴冠中于2005—2006年创作的文字画《画里阴晴》《霸王不别姬》等作品与他的"独创模式文字画"在作品观念和手法上完全吻合。郑维江认为，吴冠中的作品已经构成了对他作品的抄袭，他起诉请求法院判令吴冠中在《美术报》上赔礼道歉。

北京市第二中级人民法院经审理认为，作品包括思想与表达，由于人的思维和创造力是无法限定的，因此对作品的保护不延及思想，只延及思想的表达。在著作权法的保护范围中，不包括思想、工艺、方法、步骤、概念、原则或发现，无论上述内容以何种形式被描述、展示或体现。因此，著作权法只保护表达，不保护创意或构思，著作权人不能阻止他人使用其作品中所反映出的思想或信息。本案中，郑维江在原审中主张吴冠中的涉案行为侵犯了其创作的"独创模式文字画"的观念、风格和手法，而美术作品的创作观念、风格和手法属于创意或构思等思想范畴，不属于我国著作权法保护的内容，郑维江据此提起诉讼，不属于人民法院受理知识产权案件的范围。二审期间，郑维江又主张将其创作的"独创模式文字画"作品的文字、色彩和模式作为其提起诉讼的权利依据，但该主张超出了其原审诉讼主张的范围，依据我国法律的相关规定，本院对该主张不予处理。综上，上诉人郑维江提出的上诉理由不成立，本院不予支持。原审裁定认定事实清楚，适用法律正确，应予维持。本院依《中华人民共和国民事诉讼法》第一百五十四条之规定，裁定如下：驳回上诉，维持原裁定。本裁定为终审裁定。

吴冠中作品

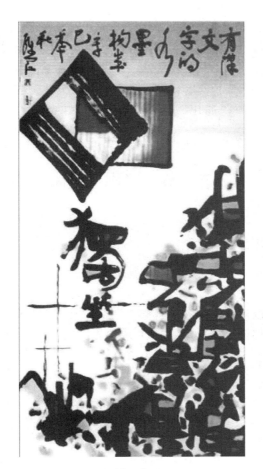

郑维江作品

[参见北京市第二中级人民法院民事裁定书（2007）二中民终字第 17838 号]

2. 时事新闻

《实施条例》第五条规定："时事新闻，是指通过报纸、期刊、广播电台、电视台等媒体报道的单纯事实消息。"《最高人民法院关于审理著作权民事纠纷案件适用法律若干问题的解释》第十六条规定："通过大众传播媒介传播的单纯事实消息属于著作权法第五条第（二）项规定的时事新闻。传播报道他人采编的时事新闻，应当注明出处。"

超出了上述范围，例如，记者进一步分析了事件发生的深层原因，采访了当事人或公众等人员，这篇报道就不再是时事新闻，而成为一篇独立的新闻作品。

3. 历法、通用数表、通用表格和公式

历法、通用数表、通用表格和公式之所以不受著作权法保护，一是因为思想无版权，历法、通用数表、通用表格和公式这些客体通常只有一种或有限的几种表达方式，如果允许某人就这类客体享有著作权，就会将相关思想观念专有化。二是因为这类客体有很多已经属于公共领域的内容。比如，通用数表和通用表格中"通用"两个字，表明这些客体已经处于公有领域当中。①

第二节 著作权主体

一、概念和分类

（一）概念

著作权主体也称著作权人，是指依法对作品享有著作权的人，自然人、法人、其他组织都可以成为著作权主体。著作权主体包括作者和其他著作权人。

（二）分类②

1. 原始主体与继受主体

原始主体，是指在作品创作完成后，直接根据法律的规定或者合同的约定对作品享有著作权的人。继受主体，是指通过受让、继承、受赠或其他法

---

① 李明德主编：《知识产权法》，北京师范大学出版社2011年版，第36页。
② 参见吴汉东著《知识产权法》（第三版），法律出版社2009年版，第58～60页。

定方式从著作权原始主体手中取得著作权的人。

2. 完整的著作权主体与部分的著作权主体

（1）完整的著作权主体，是指拥有作品中的全部财产权及全部人身权的主体。如作者。

（2）部分的著作权主体，是指仅拥有作品中的部分财产权利的主体，它不能享有全部的著作权。如著作权的继受主体。

3. 内国主体与外国主体

内国主体包括中国公民、法人或其他组织。外国主体包括外国人和无国籍人。

延伸阅读 >>>

外国人、无国籍人的作品在我国获得著作权保护的条件

《著作权法》第二条第二款　外国人、无国籍人的作品根据其作者所属国或者经常居住地国同中国签订的协议或者共同参加的国际条约享有的著作权，受本法保护。

《著作权法》第二条第三款　外国人、无国籍人的作品首先在中国境内出版的，依照本法享有著作权。

《著作权法》第二条第四款　未与中国签订协议或者共同参加国际条约的国家的作者以及无国籍人的作品首次在中国参加的国际条约的成员国出版的，或者在成员国和非成员国同时出版的，受本法保护。

二、作者

（一）自然人

我国《著作权法》第十一条第二款规定："创作作品的公民是作者。"

（二）视为作者的法人或其他组织（单位作者）

我国《著作权法》第十一条第三款规定："由法人或其他组织主持，代表法人或者其他组织意志创作，并由法人或者其他组织承担责任的作品（单位作品），法人或者其他组织视为作者。"

延伸阅读 >>>

作者的认定

1. 如无相反证明，在作品上署名的公民、法人或者其他组织为作者。

2. 作者身份不明的作品，由作品原件的所有人行使除署名权以外的著作权。作者身份确定后，由作者或者其继承人行使著作权。

3. 创作作品的行为是事实行为，而不是法律行为，因此创作者无论是否具有行为能力都可以作为作者享有著作权。

三、其他著作权人

（一）因继承、遗赠或其他法定方式取得著作权的人

我国《继承法》第三条规定："遗产是公民死亡时遗留的个人合法财产，包括……公民的著作权、专利权中的财产权利……"

我国《继承法》第三十一条规定："公民可以与扶养人签订遗赠扶养协议。按照协议，扶养人承担该公民生养死葬的义务，享有受遗赠的权利。公民可以与集体所有制组织签订遗赠扶养协议。按照协议，集体所有制组织承担该公民生养死葬的义务，享有受遗赠的权利。"

（二）因合同转让取得著作权的人

著作权转让是指著作权人将著作权中的全部或部分财产权有偿或者无偿转移给他人所有的法律行为。《著作权法》第二十五条规定："转让《著作权法》第十条第一款第（五）项至第（十七）项规定的权利，应当订立书面合同。权利转让合同包括下列主要内容：（一）作品的名称；（二）转让的权利种类、地域范围；（三）转让价金；（四）交付转让价金的日期和方式；（五）违约责任；（六）双方认为需要约定的其他内容。"著作权合同转让的结果是使得受让人在法律上成为著作财产权的所有人，受让人可以以自己的名义行使权利，在侵权行为发生时以自己的名义提起诉讼。

延伸阅读 >>>

著作权许可使用

《著作权法》第二十四条规定："使用他人作品应当同著作权人订立许可使用合同，《著作权法》规定可以不经许可的除外。许可使用合同包括下列主要内容：（一）许可使用的权利种类；（二）许可使用的权利是专有使用权或者非专有使用权；（三）许可使用的地域范围、期间；（四）付酬标准和办法；（五）违约责任；（六）双方认为需要约定的其他内容。"

(三) 特殊的著作权主体——国家

根据《继承法》第三十二条、《著作权法》第十九条第二款规定，如果公民死亡后无人继承又无人受遗赠，或法人、其他组织变更、终止后无其他单位承受其权利义务的，则著作财产权归国家所有。如果死亡的公民生前是集体所有制组织成员的，则归集体所有制组织享有。

四、特殊作品的著作权的归属与行使

(一) 职务作品

1. 职务作品的概念

所谓职务作品，是指公民为完成法人或其他组织的工作任务所创作的作品。

2. 职务作品的权利归属

(1) 主要是利用法人或其他组织的物质技术条件（即专门资金、设备或资料等）创作，并由法人或其他组织承担责任的工程设计图、产品设计图、地图、计算机软件等职务作品，以及法律、行政法规或合同约定著作权由法人或其他组织享有的职务作品，作者享有署名权，著作权的其他权利由法人或其他组织享有。

(2) 公民为完成法人或其他组织工作任务所创作的其他职务作品，其权利归作者享有，但法人或其他组织在其业务范围内优先使用。作品完成两年内，未经单位同意，作者不得许可第三人以与单位使用的相同方式使用该作品。

(二) 演绎作品

1. 演绎作品的概念

演绎作品是指改编、翻译、注释、整理已有作品而产生的作品。

2. 演绎作品的权利归属

演绎作品的著作权由改编、翻译、注释、整理人享有，但不得损害原作者的权利，且第三人在使用演绎作品时，应征求原作者与演绎作品作者的同意。

(三) 合作作品

1. 合作作品的概念

合作作品是指两个以上的作者经过共同创作所形成的作品。

2. 合作作者必须具备的条件

（1）必须有共同的创作愿望，他们对创作行为及后果有明确认识，目标一致。

比如，未经许可而在他人创作的乐曲上添上歌词而创作的歌曲就不是合作作品，而曹雪芹和高鹗也并不是《红楼梦》的合作作者。

（2）必须都参加了创作劳动。

3. 合作作品的组成

合作作品包括可以分割的合作作品和不可分割的合作作品（即不能单独使用）。

可以分割的合作作品即作者对各自创作的部分可以单独享有著作权，但不得侵犯合作作品整体的著作权。比如，一首歌的词与曲如果分别由两个人创作，那么，词作者和曲作者分别对各自创作的词和曲享有独立的著作权。不可分割的合作作品是指作品不可拆分，合作作者不可单独行使著作权。比如，两个画家共同创作的一幅海上日出图，显然，画家不可能将此画中自己创作的部分拆解下来，行使所谓的著作权。

延伸阅读 >>>

合作作品组成实例

甲作曲家应邀为一部电影创作主题歌中的乐曲部分，该作曲家在创作时并不知道将由谁来填写歌词，但甲清楚地知道自己创作的乐曲会被配上歌词，请问这首主题歌词曲创作完成后是否为合作作品？

乙诗人创作了一首短诗，发表之后，电影公司在经过诗人许可后，为短诗配上乐曲，制作成电影的主题歌，请问该主题歌是否为合作作品？

资深摄影师丙带领学生进行拍摄，丙在拍摄对象、角度、焦距、明暗等方面给予具体指示，学生完全根据这些指示摆放和调整照相机并按下快门，请问该照片是否属于合作作品？

4. 合作作品的权利归属

两人以上合作创作的作品，著作权由合作作者共同享有。没有参加创作的人，不能成为合作作者。合作作品可以分割使用的，作者对各自创作的部分可以单独享有著作权，但行使著作权时不得侵犯合作作品整体的著作权。合作作品不可以分割使用的，其著作权由各合作作者共同享有，通过协商一致行使；不能协商一致又无正当理由的，任何一方不得阻止他方行使除转让权以外的其他权利，但是所得收益应当合理分配给所有合作作者。

延伸阅读

合作作品权利归属实例

甲、乙、丙、丁四人合作创作一部小说,甲欲将该小说许可给某电影制片厂改编后拍成电影,乙则想把它许可给某网站在网络上传播,丙对这两种做法均表示反对,丁则不置可否。对此,下列哪一选项是正确的?

A. 如果丙坚持反对,甲、乙均不能将作品许可他人使用
B. 甲、乙有权不顾丙的反对,将作品许可他人使用
C. 如果丁同意,则甲、乙可以不顾丙的反对将作品许可他人使用
D. 如果丁也表示反对,则甲、乙不能将作品许可他人使用

(四) 汇编作品

1. 汇编作品的概念

汇编作品是指汇编若干个作品、作品的片段,或者不构成作品的资料或其他材料,对其内容的选择或者编排体现独创性的作品。

2. 汇编作品的分类

(1) 汇编若干作品或作品片段而形成的新作品,即被汇编的材料本身就是作品。例如学术期刊、各类文摘集等。

(2) 将原来就不受著作权保护的事实、数据等材料通过具有创造性的选择和编排汇集在一起。例如将某个城市的餐饮企业信息汇集成册出版发行。

3. 汇编作品的权利归属

汇编作品的著作权由汇编人享有,但是汇编人在行使著作权时,不得侵犯原作品的著作权。

(五) 影视作品

影视作品的著作权由制片者享有。编剧、导演、摄影、作词、作曲等作者享有署名权,并有权按照与制片者签订的合同获得报酬。影视作品中剧本、音乐等可以单独使用的作品的作者有权单独行使其著作权。

(六) 委托作品

1. 委托作品的概念

委托作品是指受托人根据委托人的委托而创作的作品。比如新婚夫妇赴

影楼拍摄结婚照。

2. 委托作品的权利归属

委托作品著作权的归属由委托人和受托人通过合同约定，合同未明确约定或未订立合同的，著作权属于受托人。如果委托作品著作权归属于受托人，则委托人在约定的使用范围内享有使用作品的权利；双方没有约定使用作品范围的，委托人可以在委托创作的特定目的范围内免费使用该作品。

延伸阅读 >>>

委托作品权利归属有关规定

1. 由本人提供素材、他人代为执笔或整理的自传作品的著作权归属

《最高人民法院关于审理著作权民事纠纷案件适用法律若干问题的解释》规定："当事人合意以特定人物经历为题材完成的自传体作品，当事人对著作权权属有约定的，依其约定；没有约定的，著作权归该特定人物享有，执笔人或整理人对作品完成付出劳动的，著作权人可以向其支付适当的报酬。"

2. 由他人执笔，本人审阅定稿并以本人名义发表的报告、讲话等作品著作权归属

《最高人民法院关于审理著作权民事纠纷案件适用法律若干问题的解释》规定："由他人执笔、本人审阅定稿并以本人名义发表的报告、讲话等作品，著作权归报告人或者讲话人享有。著作权人可以支付执笔人适当的报酬。"

（七）美术作品

美术等作品原件所有权的转移，不视为作品著作权的转移，但美术作品原件的展览权由原件所有人享有。

第三节 著作权的取得与内容

一、著作权自动取得制度

《伯尔尼公约》规定：作者自作品创作完成之时就自动取得著作权，而无需加注版权标记和办理登记手续。目前包括我国在内的世界绝大多数国家都采用这一制度。美国1988年加入《伯尔尼公约》，但是，美国《版权法》中规定：美国公民如果没有将其作品在美国版权局进行版权登记，则无法在

其版权受到侵害之时获得损害赔偿。

　　我国《著作权法》在实行著作权自动取得制度的同时，还以版权自愿登记为补充。作者所取得的作品登记证书可以作为证明其作者身份的依据之一。

延伸阅读 >>>

作品登记申请表和作品登记证书

作品登记申请表

<table>
<tr><td rowspan="2">作品信息</td><td>作品名称</td><td colspan="7"></td></tr>
<tr><td>作品类别</td><td colspan="7">○ 文字 ○ 口述 ○ 音乐 ○ 戏剧 ○ 曲艺 ○ 舞蹈 ○ 杂技艺术 ○ 美术 ○ 建筑 ○ 摄影 ○ 电影和类似摄制电影方法创作的作品 ○ 图形 ○ 模型 ○ 其他
说明：</td></tr>
<tr><td rowspan="4">著作权人</td><td>姓名或名称</td><td>类别</td><td>证件类型</td><td>证件号码</td><td>国籍</td><td>省份</td><td>城市</td><td>署名情况</td></tr>
<tr><td></td><td></td><td></td><td></td><td></td><td></td><td></td><td></td></tr>
<tr><td></td><td></td><td></td><td></td><td></td><td></td><td></td><td></td></tr>
<tr><td></td><td></td><td></td><td></td><td></td><td></td><td></td><td></td></tr>
<tr><td rowspan="7">作品基本信息</td><td>作者姓名或名称</td><td colspan="4"></td><td>作品署名</td><td colspan="2"></td></tr>
<tr><td>作者姓名或名称</td><td colspan="4"></td><td>作品署名</td><td colspan="2"></td></tr>
<tr><td>作者姓名或名称</td><td colspan="4"></td><td>作品署名</td><td colspan="2"></td></tr>
<tr><td>作品创作性质</td><td colspan="7">○ 原创 ○ 改编 ○ 翻译 ○ 汇编 ○ 注释 ○ 整理 ○ 其他
说明：</td></tr>
<tr><td>创作/制作完成日期</td><td colspan="4"></td><td colspan="3">创作/制作完成地点</td></tr>
<tr><td>发表状态</td><td colspan="7">○已发表 ○未发表
首次发表日期：　　　　　发表地点国家：　　　　城市：</td></tr>
</table>

续上表

权利状况说明	权利取得方式	○ 原始　○ 继承　○ 承受　○ 其他 说明：
	权利归属方式及其说明	○ 个人作品　○ 合作作品　○ 法人作品　○ 职务作品　○ 委托作品 说明：
	权利拥有状况及其说明	○ 全部 ○ 部分 ○发表权 ○署名权 ○修改权 ○保护作品完整权 ○复制权 ○发行权 ○出租权 ○展览权 ○表演权 ○放映权 ○广播权 ○信息网络传播权 ○摄制权 ○改编权 ○翻译权 ○汇编权 ○其他 说明：
存留样本	电子介质	共＿＿件
	纸介质	共＿＿张
申请人信息	申请方式	○由著作权人申请　○由代理人申请
	姓名或名称	电话
	详细地址	邮编
	联系人	手机
	E-mail	传真
代理人信息	申请人委托下述代理人办理登记事宜，具体委托事项如下：	
	姓名或名称	电话
	详细地址	邮编
	联系人	手机
	E-mail	传真
	申请人认真阅读了填表说明，准确理解了所需填写的内容，保证所填写的内容真实。 　　　　　　　　　　　　　　　　　　　　申请人签章： 　　　　　　　　　　　　　　　　　　　　　年　　月　　日	

作品登记证书样本

二、著作权的内容

著作权的内容指著作权人享有的专有权利的总和,是著作权法中最为核心的部分。

(一)著作人身权

著作人身权(精神权利)是指作者对作品中体现出的人格和精神所享有的权利。

1. 发表权

发表权是指决定将作品公之于众的权利,即作者决定作品是否公之于众,何时、何地以及以何种方式公之于众的权利。

(1)公之于众。《最高人民法院关于审理著作权民事纠纷案件适用法律若干问题的解释》第九条规定:"公之于众是指著作权人自行或者经著作权人许可将作品向不特定的人公开,但不以公众知晓为构成条件。"

(2)发表权的特点[①]。

1)发表权只能行使一次,一旦使作品置于为公众知晓的状态,即完成

---

① 参见李正华主编《知识产权法实务》,武汉大学出版社2010年版,第72~73页。

了发表权的行使,其后任何对作品公之于众的行为均不受发表权控制。

2)如果作者已转让著作财产权或许可他人以特定方式行使著作财产权,通常可以视情况推定作者许可发表作品。比如,甲许可乙将自己的小说拍摄成电影,甲就不能阻止乙以任何形式发表、放映该电影。

3)作者对发表权的行使还可能受到他人民事权利的制约。如,摄影师为模特拍摄了人体艺术照片,该摄影师发表该作品的时候应该征得该特定模特的许可,否则,行使发表权会侵犯模特的肖像权。

4)发表权在特殊情况下,可以由非著作权人行使。

《实施条例》第十三条规定:作者身份不明的作品,由作品原件的所有人行使除署名权以外的著作权。作者身份确定后,由作者或者其继承人行使著作权。

《实施条例》第十七条规定:"作者生前未发表的作品,如果作者未明确表示不发表,作者死亡后五十年内,其发表权可由继承人或者受遗赠人行使;没有继承人又无人受遗赠的,由作品原件的所有人行使。"

2. 署名权

署名权是指作者为了表明身份、在作品上注明其姓名或名称的权利。

(1)主张作者身份的权利。

(2)署名和不署名两方面的权利。

(3)有权决定署名方式:署真名、笔名、艺名、别名、化名或不署名。

(4)关于署名顺序。《最高人民法院关于审理著作权民事纠纷案件适用法律若干问题的解释》第十一条规定:"因作品署名顺序发生的纠纷,人民法院按照下列原则处理:有约定的按约定确定署名顺序;没有约定的,可以按照创作作品付出的劳动、作品排列、作者姓氏笔画等确定署名顺序。"

延伸阅读 >>>

新闻作品署名的特殊性

《关于新闻采编人员从业管理的规定》第三条 新闻采编人员要坚持真实、全面、客观、公正的原则,确保新闻事实准确。要认真核实消息来源,杜绝虚假不实报道。新闻报道在新闻媒体刊发时要实行实名制,即署作者的真名实姓。

3. 修改权

修改权是指修改或者授权他人修改作品的权利。

(1)根据编辑惯例,编辑对文章的错别字、标点符号、断句等的修改,以及为了更好地利用该作品所作的必要修改不受修改权的控制。

（2）若保持原文章的基本表达，加入创造性劳动产生新的作品，该种对原文章的改动行为受改编权的控制，而不受此处修改权的控制。

（3）对文章作基本修改，但是，如果该修改有歪曲、篡改的成分，则该行为受保护作品完整权的控制，自然也不受修改权的控制。

综上，此处的修改权仅指非改编、非篡改、非别字标点改动的一种基本改动权，这种权利范围很狭窄。①

4. 保护作品完整权

保护作品完整权是指保护作品内容完整，使作品不受歪曲、篡改的权利。

在认定是否侵害保护作品完整权的时候，一般要加上一个要件，即该种行为是否会对作者声誉造成损害。如果仅仅是一般的改动，并没有损害作者的声誉，一般不认为侵害了作者的保护作品完整权。

延伸阅读 >>>

大陆法系国家规定的其他著作人身权

1. 收回作品权

即使作者已经转让了经济权利或者许可其行使，如因其所表达的思想感情发生了变化而希望修改作品或者不希望原作品继续流传，可以收回已转让或许可的权利。

2. 接触作品权

即使作品原件或者复制件已为他人所合法取得，作者为了有效行使其著作权，仍然有权接触该作品原件或者复制件。但作者对作品原件或复制件的接触应当尽量避免对合法占有人造成不便。

3. 追续权

也称为"转售提成权"。视觉艺术作品的作者在其作品被转卖时，有权从中分得一定比例的份额。艺术家的作品最初问世时，其艺术价值并不为世人所欣赏，导致作品售价很低。但随着时间的流逝，其价值却逐渐被人们所认识，价格也随之高涨，但艺术家如果早年已将其低价售出，就无法从中再得到经济回报。

《法国文学艺术产权法》第四十二条规定，绘画与造型艺术作品的作者，即使全部转让了原作，仍有不可剥夺的权利分享该作品以公开拍卖或通过商人进行销售的收益。作者死后，在作者去世当年和以后的50年中，上述追续权仍然存在，由作者继承人享有……提取所得比例统一为3%，只适用于售价在10000法郎（100新法郎）以上的销售。追续权所得从每一件作品的售价和未作任何扣除的全部价格中提取。

《德国著作权法》第二十六条第（一）款规定，如果美术著作的原作被再次让与并

---

① 李正华主编：《知识产权法实务》，武汉大学出版社2010年版，第74页。

且有艺术商或拍卖商作为受让人，让与人或中间人参与，让与人应将所得收入的5%付给著作人。让与所得收入少于100马克的取消该项义务。

（二）著作财产权

著作财产权（经济权利）是指著作权人自己使用或者授权他人以一定方式使用作品而获取物质利益的权利。

1. 复制权

复制权是指以印刷、复印、拓印、录音、录像、翻录、翻拍等方式将作品制成一份或者多份的权利。复制行为应当满足两个要件：一是该行为应当在有形物质载体之上再现作品；二是该行为应当使作品被相对稳定和持久地"固定"在有形物质载体之上，形成作品的有形复制件。

2. 发行权

发行权是指以出售或者赠与方式向公众提供作品的原件或者复制件的权利。发行行为应当满足两个要件：一是该行为应当面向公众提供作品的原件或复制件；二是该行为应当以转载作品载体所有权的方式提供作品的原件或复制件。

延伸阅读 >>>

发行权一次用尽

首次销售原则（英美法系提法）、权利穷竭原则（大陆法系提法）或发行权一次用尽原则是著作权法中限制版权人专有权利的重要原则。其含义是：虽然著作权人享有以所有权转移方式向公众提供作品原件或复制件的发行权，但作品原件和经授权合法制作的作品复制件经著作权人许可，首次向公众销售与赠与之后，著作权人就无权控制该特定原件或复制件的再次流转了。合法获得该作品原件或复制件的所有权的人可以不经著作权人许可将其再次出售或赠与。

3. 出租权

出租权是指著作权人有偿许可他人临时使用电影作品和以类似摄制电影的方法创作的作品、计算机软件的权利。

4. 表演权

表演权是指著作权人享有公开表演作品（现场表演）以及用各种手段公开播送作品的表演（机械表演）的权利。

5. 放映权

放映权是指通过放映机、幻灯机等技术设备公开再现美术、摄影、电影和以类似摄制电影的方法创作的作品等的权利。

6. 广播权

广播权是指以无线方式公开广播或者传播作品，以有线传播或者转播的方式向公众传播广播的作品，以及通过扩音器或者其他传送符号、声音或者图像的类似工具向公众传播广播的作品的权利。广播权包括以下三种情况①：

（1）无线广播。这是指行为人将作品转化为电磁波，由发射装置将该电磁波通过无线的方式、空中电波方式传送到远端，在远端（客户端）安装接收装置接收并还原该无线电波。

无线广播的核心特征是通过无线、电磁波方式传播作品，如果是通过有线方式传播，则不受无线广播的控制。

（2）有线广播。这是指通过接收装置接收到他人的无线广播节目，再将该广播节目通过有线网络系统对外传播的行为。此处的有线方式仅仅是转播他人的广播节目，是所谓的"二次广播"，也就是说有线广播以他人的无线广播存在为前提。

（3）公开播放接收到的广播。这是指通过接收装置接收到他人的无线广播节目，再将该广播节目通过一定的装置公开播放。

7. 信息网络传播权

信息网络传播权是指以有线或者无线方式向公众提供作品、使公众可在其个人选定的时间和地点获得作品的权利。为保护著作权人、表演者、录音录像制作者的信息网络传播权，鼓励有益于社会主义精神文明、物质文明建设的作品的创作和传播，根据《著作权法》，2006年5月10日国务院第135次常务会议通过了《中华人民共和国信息网络传播权保护条例》（以下简称《信息网络传播权保护条例》），2013年1月30日进行了第一次修订。

8. 展览权

展览权是指公开陈列展出美术作品、摄影作品的原件或复制件的权利。

9. 摄制权

摄制权是指以摄制电影或者以类似摄制电影的方法将作品固定在载体上的权利。

10. 改编权

改编权是指在原作品的基础上，通过改变作品的表现形式，创作出具有独创性的新作品的权利。

---

① 李正华主编：《知识产权法实务》，武汉大学出版社2010年版，第81~82页。

11. 翻译权

翻译权是指将作品从一种语言文字转换成另一种语言文字的权利。

12. 汇编权

汇编权是指将作品或者作品的片段进行选择或者编排，汇集成新作品的权利。

第四节 邻接权

一、概述

（一）邻接权的概念

邻接权是指与著作权有关的权利，即作品传播者所享有的权利，这种权利是以他人的创作为基础而衍生出来的一种传播权，虽不同于著作权，但与之相关。① 在《与贸易有关的知识产权协定》中，邻接权被称为相关权。我国《著作权法》中将邻接权称为与著作权有关的权利。根据我国《著作权法》的规定，邻接权包括表演者权、录音录像制作者权、广播组织权、版式设计权。

（二）邻接权产生的原因

对他人的作品进行表演、出版、录制、广播等行为会形成一定的劳动成果，该成果与原作品相比，不具有独创性，不能形成新作品，但是对上述劳动成果也应该予以保护。

二、表演者权

（一）表演者权的概念

表演者权是指表演者对其表演活动所享有的专有权利。

---

① 吴汉东主编：《知识产权法》（第三版），法律出版社2009年版，第86页。

延伸阅读 >>>

表演权与表演者权的不同

表演权是指著作权人享有公开表演作品（现场表演）以及用各种手段公开播送作品的表演（机械表演）的权利。

表演者权是指表演者对其表演活动所享有的专有权利。表演者是对他人的作品所为的表演，表演者在表演他人作品时应取得作者的同意，否则构成侵权。表演者在表演过程中，会根据其个人的特点及表演技巧，进行演绎性的创造，这是表演者受保护的原因。

（二）表演者权的主体——表演者

表演者是指演员、演出单位或者其他表演文学、艺术作品的人。

（三）表演者权的客体——表演活动

表演活动是指表演者通过自己对作品的理解和阐释，以声音、动作、表情等将作品的内容传达出来，或者借助一定的工具如乐器、道具等将作品的内容传达出来。

（四）表演者的权利

1. 表明表演者身份权
2. 保护表演形象不受歪曲权
3. 现场直播权
4. 首次固定权（许可他人录音录像）
5. 复制发行权
6. 信息网络传播权

（五）表演者的义务

1. 征得著作权人同意并支付报酬的义务。
2. 征得原著作权人和演绎权人双重同意并支付报酬的义务。
3. 举办者的获权义务。

延伸阅读 >>>

表演者权保护期限

《著作权法》第三十九条 本法第三十八条第一款第（一）项、第（二）项规定的权利的保护期不受限制。本法第三十八条第一款第（三）项至第（六）项规定的权利的保护期为50年，截止于该表演发生后第50年的12月31日。

三、录音录像制作者权

（一）录音录像制作者权的概念

录音录像制作者权是指录音、录像制品的制作者对其制作的录音、录像制品享有的专有权利。

（二）录音录像制作者权的主体

这一权利的主体就是录音录像制品的制作者。录音录像制品的制作者是指首次制作录音、录像制品的人。

（三）录音录像制作者权的客体

这一权利的客体是指录音制品和录像制品。录音制品是指任何对表演的声音和其他声音的录制品；录像制品是指电影作品和以类似摄制电影的方法创作的作品以外的任何有伴音或者无伴音的连续相关形象、图像的录制品。

（四）录音录像制作者的权利

录音录像制作者具有以下五项权利：①复制权；②发行权；③信息网络传播权；④出租权；⑤许可电视台播放权。

（五）录音录像制作者的义务

录音录像制作者的义务是：①取得著作权人许可并支付报酬；②征得表演者同意并支付报酬；③使用他人已经合法录制为录音录像制品的应当支付报酬。

延伸阅读 >>>

录音录像制作者权保护期

录音录像制作者权保护期为 50 年,截止于录音、录像制品首次制作完成后第五十年的 12 月 31 日。

四、广播组织权

(一)广播组织权的概念

广播组织权是指广播组织就自己播放的节目信号享有的专有权利。

(二)广播组织权的主体

广播组织权的主体是广播组织,它是指广播电台、电视台、卫星广播组织、有线广播组织等。

(三)广播组织权的客体

广播组织权的客体是指广播组织播放的节目信号,不能将之等同于广播组织制作的广播、电视节目。

(四)广播组织的权利

广播组织拥有的权利包括:①转播权;②对广播信号的录制和复制权。

(五)广播组织的义务

广播组织应履行以下义务:①播放未发表作品应征得同意并支付报酬;②播放已发表作品应支付报酬;③播放录像制品和电影作品均应征得同意并支付报酬。

延伸阅读 >>>

广播组织权的保护期

广播组织权的保护期为 50 年,截止于该广播、电视首次播放后第五十年的 12 月 31 日。

五、版式设计权

版式设计是指对印刷品的版面格式的设计，包括对版心、排式、用字、行距、标点等版面布局因素的安排。出版者有权许可或者禁止他人使用其出版的图书、期刊的版式设计。

延伸阅读 >>>

版式设计权保护期

版式设计权保护期为 10 年，截止于使用该版式设计的图书、期刊首次出版后第十年的 12 月 31 日。

第五节 著作权的限制、集体管理与侵权行为

一、著作权的限制

著作权的限制是指为了平衡著作权人权益与社会公共利益而对著作权的权利行使范围进行一定的约束或对他人实施著作权的行为予以豁免的制度。

著作权法规定了著作权人的财产权利，以此鼓励人们的创作积极性，但是，著作权法的立法目的并非仅仅为了保护著作权人的个体权益，还在于通过对个体权益的保护来促进社会科学文化艺术的发展，为社会提供更加丰富的文化艺术产品，满足广大公众的精神文化需求，这才是其最终目的。因此，著作权法需要在著作权人的个体权益与社会公共利益之间寻找平衡，著作权限制制度正是这种利益平衡的产物。

我国著作权的限制包含两类：著作权保护期制度和著作权行使限制制度（合理使用和法定许可），本节主要讲解著作权合理使用制度和法定许可制度。

（一）著作权的合理使用

著作权的合理使用是指在特定条件下，法律允许他人自由使用享有著作权的作品而不必征得著作权人的同意、也不必向著作权人支付报酬的制度。根据我国《著作权法》第二十二条和《信息网络传播权保护条例》的规定，合理使用包括以下几种情形。

1. 个人使用

为个人学习、研究或欣赏,使用他人已经发表的作品。

(1) 使用目的:仅限于学习、研究或欣赏,而不能用来出版、出租和作其他营业性的使用。

(2) 使用主体:只能为个人实现上述目的,而不扩展至第三人或者家庭、单位等。

(3) 使用的作品的范围:已经发表过的作品。未发表的作品,不在"合理"之列。

2. 适当引用

为介绍、评论某一作品或者说明某一问题,在作品中适当引用他人已经发表的作品。

(1) 引用目的:通常是为了说明自己的思想观点或情感而引用。

(2) 引用的要求:应当比例适当,否则,很可能转化为抄袭。

(3) 要求被引用的作品必须是已经发表的,引用他人未发表的作品,有可能导致侵犯他人对其作品的发表权。

(4) 引用他人的作品,应当说明作品出处和作者姓名。

3. 时事新闻报道中的使用

为报道时事新闻,在报纸、期刊、广播电台、电视台等媒体中不可避免地再现或引用已经发表的作品。

(1) 使用目的仅限于报道时事新闻。

(2) 被使用的作品必须是已经发表的。

(3) 符合"引用"的数量限度。

(4) 在报道中应当注明被引用的作品的出处。

4. 对时事性文章的使用

报纸、期刊、广播电台、电视台等媒体刊登或播放其他报纸、期刊、广播电台、电视台等媒体已经发表的关于政治、经济、宗教问题的时事性文章,但作者声明不许刊登、播放的除外。

(1) 使用对象是关于政治、经济、宗教问题的时事性文章,其他类别的文章均不在此列。

(2) 需为其他报纸、期刊、广播电台、电视台已经发表的作品,否则将涉及侵犯发表权。

(3) 作者可通过公开声明的方式明确表示排除此种使用方式。

5. 对公众集会上讲话的使用

报纸、期刊、广播电台、电视台等媒体刊登或播放在公共集会上发表的讲话,但作者声明不许刊登、播放的除外。

（1）缩小解释，将其范围限定在关于政治、经济和宗教方面的时事性讲话的范围内。

（2）使用对象为公众集会上发表的讲话，此种使用可扩大该讲话的宣传范围和影响。

（3）作者可通过公开声明的方式明确排除此种使用，如作者认为自己的讲话可能不完善或有缺陷，需要修改后才能传播，就应当尊重作者的意思表示。

6. 在课堂教学和科研中的使用

为进行学校课堂教学或科学研究，翻译或少量复制已经发表的作品，供教学或科研人员使用，但不得出版发行。

（1）学校课堂教学：学校的范围，既包括全日制学校，也包括非全日制学校，既包括小学中学，也包括大学，既包括公立学校，也包括私立学校；课堂应泛指进行教学活动的场所，并不局限于学校内部的教室；教学专指面授教学，函授、广播或电视教学不在此列。

（2）翻译或少量复制。

（3）使用人和使用目的仅限于教学科研人员为了课堂教学和科学研究，但不得出版发行。

7. 国家机关公务性使用

国家机关为执行公务在合理范围内使用已经发表的作品。

（1）对国家机关的范围，不得作任何扩大的解释。

（2）使用的方式仅限于执行公务的合理范围，完成国家机关职能。

8. 图书馆等对馆藏作品的特定复制和传播

图书馆、纪念馆、博物馆、档案馆、美术馆为陈列或保存版本的需要，复制本馆收藏的作品。此种合理使用最特别之处在于，被使用对象可以是已发表的作品，也可以是尚未发表的作品。

（1）所复制的作品仅限于本馆收藏的作品范围。

（2）无论是否已经发表，均可作此种复制。

（3）复制的目的仅限于本馆陈列和保存的版本，不得用于借阅、出售、出租或其他用途。

9. 免费表演

免费表演已经发表的作品，该表演未向公众收取费用，也未向表演者支付报酬。

目前，社会上经常有一些"义演"活动，均不是"免费表演"，这种表演的使用不属于"合理使用"。

10. 对室外艺术品的复制

对设置或陈列在室外公共场所的艺术作品进行临摹、绘画、摄影、录像，这是一种在原有艺术品基础上的再创作行为，把这些行为归为"合理使用"，是国际惯例。

11. 制作少数民族语言文字版本

将中国公民、法人、其他组织已经发表的以汉语言文字创作的作品翻译成少数民族语言文字作品在国内出版发行。

（1）此行为不可逆。
（2）翻译作品的出版发行范围限于中华人民共和国境内。
（3）译者对翻译作品享有新的独立的著作权。
（4）"将外国人已经发表的以汉族文字创作的作品，翻译成少数民族文字出版发行的，应当事先取得著作权人的授权。"

12. 制作盲文版本

将已经发表的作品改成盲文出版。

（二）著作权的法定许可

法定许可是指依著作权法的规定，使用者在使用他人已经发表的作品时，可以不经著作权人的许可，但应向其支付报酬，并尊重著作权人其他权利的制度。

1. 报刊转载的法定许可

作品（在报纸、期刊上）刊登后，除著作权人声明不得转载、摘编的外，其他报刊可以转载或者作为文摘、资料刊登，但应当按照规定向著作权人支付报酬。

2. 制作录音制品的法定许可

录音制作者使用他人已经合法录制为录音制品的音乐作品制作录音制品，可以不经著作权人许可，但应当按照规定支付报酬，著作权人声明不许使用的不得使用。

3. 播放作品的法定许可和播放录音制品的法定许可

广播电台、电视台播放他人已经发表的作品，可以不经著作权人许可，但应当支付报酬。广播电台、电视台播放已经出版的录音制品，可以不经著作权人许可，但应当支付报酬。当事人另有约定的除外。

4. 编写出版教科书的法定许可

为实施九年制义务教育和国家教育规划而编写出版教科书，除作者事先声明不许使用的外，可以不经著作权人许可，在教科书中汇编已经发表的作品片段或者短小的文字作品、音乐作品或者单幅的美术作品、摄影作品，但应当按照规定支付报酬，指明作者姓名、作品名称，并且不得侵犯著作权人依照著作权法享有的其他权利。

5. 制作和提供课件的法定许可

《信息网络传播权保护条例》第八条规定："为通过信息网络实施九年制义务教育或国家教育规划，可以不经著作权人许可，使用其已经发表作品的片段或者短小的文字作品、音乐作品或者单幅的美术作品、摄影作品制作课件，由制作课件或者依法取得课件的远程教育机构通过信息网络向注册学生提供，但应当向著作权人支付报酬。"

6. 通过网络向农村提供特定作品的准法定许可

《信息网络传播权保护条例》第九条规定："为扶助贫困，通过信息网络向农村地区的公众免费提供中国公民、法人或者其他组织已经发表的种植养殖、防病治病、防灾减灾等与扶助贫困有关的作品和适应基本文化需求的作品，网络服务提供者应当在提供前公告拟提供的作品及其作者、拟支付报酬的标准。自公告之日起30日内，著作权人不同意提供的，网络服务提供者不得提供其作品；自公告之日起满30日，著作权人没有异议的，网络服务提供者可以提供其作品，并按照公告的标准向著作权人支付报酬。网络服务提供者提供著作权人的作品后，著作权人不同意提供的，网络服务提供者应当立即删除著作权人的作品，并按照公告的标准向著作权人支付提供作品期间的报酬。"

二、著作权集体管理

著作权集体管理，是指著作权集体管理组织经权利人授权，集中行使权利人的有关权利并以自己的名义进行的下列活动：①与使用者订立著作权或者与著作权有关的权利许可使用合同；②向使用者收取使用费；③向权利人转付使用费；④进行涉及著作权或者与著作权有关的权利的诉讼、仲裁等。

著作权集体管理组织，是指为权利人的利益依法设立，根据权利人授权，对权利人的著作权或者与著作权有关的权利进行集体管理的社会团体。

我国《著作权法》第八条正式在法律上承认了这一制度，但是，由于《著作权法》规定得过于简单，导致许多问题无所依从。为此，2004年底国务院颁布了《著作权集体管理条例》，第一次详细地设计出了该制度的主要内容，该条例于2005年3月1日起实行。

延伸阅读 >>>

我国著作权集体管理的组织

1. 中国音乐著作权协会

中国音乐著作权协会成立于 1992 年 12 月 17 日，是由国家版权局和中国音乐家协会共同发起成立的目前我国大陆唯一的音乐著作权集体管理组织，是专门维护作曲者、作词者和其他音乐著作权人合法权益的非营利性机构。

2. 中国音像著作权集体管理协会

中国音像著作权集体管理协会是经国家版权局正式批准成立的我国唯一的音像集体管理组织，依法对音像节目的著作权以及与著作权有关的权利实施集体管理。

3. 中国文字著作权协会

中国文字著作权协会是依据《著作权法》和国务院颁布的《著作权集体管理条例》，由中国作家协会、国务院发展研究中心等 12 家著作权人比较集中的单位和 500 多位我国各领域著名的著作权人共同发起，并于 2008 年 10 月 24 日在北京成立。协会是以维护著作权人合法权益为宗旨，从事著作权服务、保护和管理的非营利性社会团体，已获得国家版权局正式颁发的《著作权集体管理许可证》，是我国唯一的文字作品著作权集体管理机构。

4. 中国电影著作权协会

中国电影著作权协会的前身是 2005 年 8 月成立的中国电影版权保护协会。经国家广播电影电视总局同意并报新闻出版总署（国家版权局）审核，于 2009 年 7 月批准中国电影版权保护协会由行业维权组织转变为著作权集体管理组织。2009 年 10 月，经民政部审批，正式更名为中国电影著作权协会。

5. 中国摄影著作权协会

中国摄影著作权协会是由中国摄影家协会联合全国性摄影团体和著名摄影家发起，经国家版权局同意并报国务院批准，于 2008 年在北京成立，是国家一级社团及非营利性组织。由广电总局主管、中国摄影家协会协办。

三、著作权侵权行为

著作权侵权行为是指未经作者或其他著作权人同意，又无法律上的根据，擅自对著作权作品进行利用或以其他非法手段行使著作权人专有权利的行为。

（一）著作权侵权行为的构成要件

著作权侵权行为构成要件具体包括：①行为具有违法性；②行为人主观上有过错；③行为人的行为给著作权人或者相关权利人造成了损害；④行为人的过错与权利人的损害之间存在因果关系。

（二）著作权侵权行为的种类

我国《著作权法》将著作权侵权行为分为两类 19 种，其中第一类侵权行为有 11 种、第二类侵权行为有 8 种。

1. 第一类侵权行为

第一类侵权行为是《著作权法》第四十六条规定的 11 种行为，有下列这些侵权行为的，应当根据情况，承担停止侵害、消除影响、赔礼道歉、赔偿损失等民事责任：

（1）未经著作权人许可，发表其作品的。

（2）未经合作作者许可，将与他人合作创作的作品当作自己单独创作的作品发表的。

（3）没有参加创作，为谋取个人名利，在他人作品上署名的。

（4）歪曲、篡改他人作品的。

（5）剽窃他人作品的。

（6）未经著作权人许可，以展览、摄制电影和以类似摄制电影的方法使用作品，或者以改编、翻译、注释等方式使用作品的。本法另有规定的除外。

（7）使用他人作品，应当支付报酬而未支付报酬的。

（8）未经电影作品和以类似摄制电影的方法创作的作品、计算机软件、录音录像制品的著作权人或者与著作权有关的权利人许可，出租其作品或录音录像制品的。本法另有规定的除外。

（9）未经出版者许可，使用其出版的图书、期刊的版式设计的。

（10）未经表演者许可，从现场直播或公开传送其现场表演，或者录制其表演的。

（11）其他侵犯著作权以及与著作权有关的权益的行为。

2. 第二类侵权行为

第二类侵权行为是应当承担民事责任、行政责任或者刑事责任的侵权行为。

（1）未经著作权人许可，复制、发行、表演、放映、广播、汇编、通过信息网络向公众传播其作品的，《著作权法》另有规定的除外。

（2）出版他人享有专有出版权的图书的。

（3）未经表演者许可，复制、发行录有其表演的录音录像制品，或者通过信息网络向公众传播其表演的，《著作权法》另有规定的除外。

（4）未经录音录像制作者许可，复制、发行、通过信息网络向公众传播其制作的录音录像制品的，《著作权法》另有规定的除外。

（5）未经许可，播放或者复制广播、电视的，《著作权法》另有规定的除外。

（6）未经著作权人或者与著作权有关的权利人许可，故意避开或者破坏权利人为其作品、录音录像制品等采取的保护著作权或者与著作权有关的权利的技术措施的，法律、行政法规另有规定的除外。

（7）未经著作权人或者与著作权有关的权利人许可，故意删除或者改变作品、录音录像制品等的权利管理电子信息的，法律、行政法规另有规定的除外。

（8）制作、出售假冒他人署名的作品的。

【思考与实训题】

1. 某人宣读他人已经写好的讲稿，朗诵他人创作的诗词，是否属于口述作品？为什么？

2. 体操、跳水、滑冰等能否成为著作权法所指的作品而受到著作权法的保护？为什么？

3. 以下两幅图片，左图为达·芬奇的《蒙娜丽莎》，右图为用作图软件制作的图片，认真观察两幅图片，试回答右图是否具备独创性中的"独"和"创"，是否可以构成一个享有著作权的新作品。

达·芬奇的《蒙娜丽莎》

软件制作的《蒙娜丽莎》

4. 下列图片中的建筑物可以作为建筑作品受著作权法保护吗？为什么？

5. 甲应电影制片厂之邀，将自己的一部小说改编成电影剧本。改编完成后，导演乙又请甲为其主题歌谱曲。电影拍完后未获审查通过，但此时无法联系上留学国外的甲。电影制片厂只好先后请丙、丁两人修改原剧本，其中，丁仅在丙修改稿的基础上略做改动，但电影仍未获通过。甲回国后，重新修改了剧本，导演乙遂以该修改稿为基础，参照丙、丁的修改稿，完成拍摄工作并获审查通过。该片上映前，甲应邀为一电视剧谱曲，甲将为该电影谱写的主题曲稍加改动又给了电视剧制作人。请回答：

（1）电影剧本的著作权应当归谁所有？为什么？

（2）甲是否可以将电影作品中自己谱写的主题曲许可他人使用？为什么？

推荐阅读书目

1. 姚林青著：《版权与文化产业》，经济科学出版社2012年版

2. 黄辉明主编：《文化产业知识产权案例点评》，知识产权出版社2014年版

3. ［德］M. 雷炳德著：《著作权法》，张恩民译，法律出版社2005年版

4. 郑成思著：《郑成思版权文集》（第一卷—第三卷），中国人民大学出版社2008年版

5. 国家版权局版权管理司主编：《著作权法执行实务指南》，法律出版社2013年版

第四章 广播电视产业政策与法律

● 知识目标

1. 了解广播电台电视台的发展历程。
2. 熟悉我国广播电视产业政策法律现状。
3. 掌握电台电视台设立、广播电视节目管理规定，广播电视广告管理规定，广播电台电视台播放录音制品付酬管理规定，电视剧管理规定，专网及定向传播视听节目服务管理规定。

● 能力目标

具备运用广播电视管理法律规定针对广播电视产业中发生的实际问题进行实务操作的能力。

广电总局：真人秀节目要避免过度明星化

2015 年 7 月 14 日新闻出版广电总局发出《关于加强真人秀节目管理的通知》（以下简称《通知》）要求对当前真人秀节目继续引导和调控，避免一窝蜂盲目引进，避免过度明星化，坚决抵制过度娱乐化和低俗化。同时，总局将通过黄金时段节目备案、各类评奖评优等管理机制，倡优抑劣，科学调控。

真人秀节目模式：谢绝"一窝蜂引进"

玩游戏、做任务、去穷游、谈恋爱、宿军营……随着数量的井喷，如今的真人秀题材似乎已经到了"只有想不到没有做不到"的阶段，但模式雷同的问题却总是如影随形。从《挑战者联盟》《极限挑战》《真心英雄》等明星挑战类节目，到《我们相爱吧》《加油吧新郎》等明星婚恋节目，再到内容形式颇为相似的《壮志凌云》《冲上云霄》等航空节目，观众拿着遥控器傻傻分不清的情况不断上演。同质化严重的问题背后，也折射出国内荧屏过度依赖"引进模式"的问题。综观荧屏，观众能叫得上名字的季播节目几乎都来自韩国，连一些标榜原创的节目身上也若有似无地带有韩国的影子，游走在"山寨"的边缘。对于这类现象，《通知》态度明确，积极鼓励具有鲜明中国特色、中国风格、中国气派的原创节目模式。要摆脱对境外节目模式的依赖心理，坚决纠正一窝蜂式的盲目引进，对于以合作方式变相引进的现象要坚决治理。有趣的是，不少制作公司似乎对此早已做出了应对。在北京成立的制作公司蓝色火焰，就引入了曾制作《爸爸去哪儿》和《我是歌手》的韩国"综艺教父"金荣希等韩国电视人，从"买版权"变为"买人"，其董事长胡刚透露，国内综艺节目大多周期短，并且是购买外国版权，成功率越来越低，未来发展方向还是制作具有社会责任感和主流价值观的节目，"中国的节目不是只会拿来主义，不是只会走捷径，只有原创才有立身之本"。

明星：告别高片酬和"作秀"

除了在根本上对模式创新发展提出要求，记者注意到，《通知》中也有一些针对当下真人秀拼明星、开天价等怪现象的批评。其中，《通知》中明确指出要摒弃"靠明星博收视"的错误认识，不能把节目变成拼明星和炫富的场所，不能助长高片酬、高成本的不良风气。

其实，这两年明星与真人秀的关系的确有些"相爱相杀"，一方面，制作方看重明星的影响力和话题度，另一方面又为明星的高片酬和不可控言行而饱受压力。单说片酬，近两年一线明星的酬劳都高达数千万元，二三线明星也坐地起价。而难以预料的明星丑闻，更是节目的隐形炸弹。因此，对于明星在节目中的表现，《通知》也有一定的引导，认为真人秀节目要体现真实和真诚，特别要防止明星嘉宾作假作秀、愚弄观众。同时还应注意加强对未成年人的保护，尽量减少未成年人参与，对少数有未成年人参与的节目要坚决杜绝商业化、成人化和过度娱乐化的不良倾向以及侵犯未成年人权益的现象。

趋势：素人综艺正抬头

有调控，自然也有引导。对于真人秀未来发展方向，《通知》指出，真人秀节目要贴近火热现实生活，挖掘与展示思想文化内涵和社会意义，同时坚持以人民为中心的创作导向，关注普通群众，提高普通群众参与真人秀节目的人数比例。这一方向似乎直指全素人真人秀，即完全没有明星的真人秀。其实，早在2015年上海电视节上，不少业界大腕就在论坛讨论时指出，素人真人秀会是未来内容探索的一种方向，它不仅能控制过高的明星成本，也能引发较好的社会关注度。从全球趋势来看，以素人为主力的室内竞技类真人秀也正重新抬头，成为欧美荧屏的主流。而从2015年三季度的表现来看，已经有一些素人真人秀开始萌芽：北京卫视率先在周五档推出聚焦普通人的真人秀《暖暖的新家》，用装修带入每个家庭温暖而动人的故事，首期就在竞争激烈的周末档表现不俗。浙江卫视周三档的《全能极限王》则主打素人挑战，同样表现不俗，制片人陈佃透露，素人节目最打动人的就是平常人的情感："参赛者来自各行各业，观众能在观看的过程中联想到自己。像《全能极限王》，它能激发平常人的潜能，能鼓励更多的年轻人不要再做宅男宅女，能走向户外，过健康积极的生活。"

（曾索狄：《广电总局：真人秀节目要避免过度明星化》，http://news.qq.com/a/20150723/006294.htm，访问日期：2017年3月15日）

第一节 我国广播电视产业发展及政策法律现状

一、广播电视的定义与发展历程

（一）广播电视的定义

广播是通过无线电波或导线，向一定范围播送声音、图像节目的大众传播媒介。按传输方式，可分为无线广播和有线广播。从传播信号看，只播送声音的，称为声音广播，简称广播；同时播送图像和声音的，称为电视广播，简称电视。[1]

国际电信联盟对广播的定义是：广播业务是用于向公众提供图像、声音、多媒体和数据的业务，包括有条件接收和交互性等业务特性；它充分利用"点对面"传送手段，通过通用接收机向公众传送信息；它使用典型非对称分配基础设施使信息大量地送到用户端，小容量信息反馈给业务提供者；这些业务可以使用演播室到传送节点的一次分配、到用户的二次分配和信息采集电路。[2]

澳大利亚《广播法》规定，广播电视是利用无线电频谱、电缆、光缆、卫星或其他手段，为拥有相应接收设备的人提供广播电视节目服务。[3]

加拿大《广播法》规定，广播服务是指利用无线或者其他通信手段为公众提供通过广播接收设备接收的加密的或者不加密的节目，但不包括专门为演示而传输的节目。[4]

---

[1] 参见周小普《广播定义溯源辨析》，载《中国广播电视学刊》1993年第3期，第33～36页。
[2] 陈晓宁著：《广播电视新媒体政策法规研究》，中国法制出版社2001年版，第455页。
[3][4] 转引自孟晓梅：《世界部分国家对广播电视的定义》，载《现代传播》2001年第1期，第16页。

日本《广播法》规定，广播是传送以公众直接接收为目的的无线电通信。①

在我国，广播电台、电视台是指采编、制作并通过有线、无线、卫星或其他方式向社会公众播放广播电视节目的广播电视播出机构（含广播电视台、教育电视台、广播影视集团、总台、具备独立法人资格的广播电台、电视台分台等）。

（二）广播电台电视台的发展历程

1. 广播电台的发展历程

1895年，俄国物理学家波波夫发明了不用导线传送信号的无线电接收装置——雷电指示器；与此同时，意大利工程师马可尼也获得了无线电通讯试验的成功。波波夫和马可尼发明了无线电通讯技术，第一次为人类提供了远距离传送信息的工具，开创了无线电传播信息的新纪元。

1906年12月25日，范斯顿的马萨诸塞实验电台首次广播，从广播工程技术标准上看，广播从此诞生。这次广播通过电波向空中播送圣经路加福音中的圣诞故事和音乐，这是人类第一次在空中传播自己的声音。

1920年6月15日，马可尼公司在英国举办了一次梅尔芭太太主演的"无线电—电话"音乐会，远至巴黎、意大利、挪威甚至希腊都能清晰地收听到。

1920年8月31日，美国底特律8M实验台广播了密执安州长初步获胜的新闻（这是最早的广播新闻）。

1920年10月27日，美国匹兹堡KDKA电台正式成立，这是世界上具有合法经营权的第一家电台，它的播音标志着世界广播事业的正式诞生。

1923年1月24日，美国人奥斯邦在上海设立了我国第一座广播电台，呼号为ECO。该电台设在上海广东路大赉洋行楼上，挂着"中国无线电公司"招牌，发射功率为50瓦。

1926年，哈尔滨无线电台台长刘翰建立了中国自办的第一座广播电台——哈尔滨广播电台。

1940年12月30日，延安新华广播电台开播，呼号XNCR，揭开了中国人民广播事业的第一页。

1949年12月5日，北京新华广播电台更名为中央人民广播电台。

1976年，中央人民广播电台对海外华侨节目改用北京广播电台的呼号。

1978年，北京广播电台改名为中国国际广播电台。

---

① 转引自魏永征、张鸿霞：《大众传播法学》，法律出版社2007年版，第372页。

1986年12月15日,广东电台创办了我国改革开放以来内地第一家经济广播电台——珠江经济广播电台,诞生了以大板块、热线电话、主持人直播为主要特征的新的播出模式——"珠江模式",在国内外产生了极其广泛深刻的影响。

1996年12月15日,广东珠江经济广播电台最早在中国内地开展网上实时广播。到2000年5月,据不完全统计,全国内地广播电台在网上建立独立站点的数量达到68个,以电台栏目名义单独建立网站的14个,跨媒体网站2个。①

2005年7月,中国国际广播电台举办"国际在线"网站,提供中文、英文、德文和日文的网络广播服务。同年7月,中央人民广播电台的"中国广播网"正式推出"银河台",这是一个集娱乐、资讯、知识、情感为一体的网络广播电台。②

随着互联网技术的发展,移动电台数量不断增加,目前,国内的移动电台APP下载量呈现出明显的三梯队格局,蜻蜓FM占据下载量首位,前三甲市场份额共占比超过50%。截至2015年3月31日,蜻蜓FM累计下载量以16713万次位列第一;考拉FM电台排名第二,下载量为13606万次;喜马拉雅听书以12290万次排在第三位。前三位均达到破亿的下载量。国外品牌TuneIn Radio排在第四位,累计下载量为6240万次。③

2. 电视台的发展历程

世界上最早的电视台(BBC)于1929年在英国试播,1936年正式开播,定时播出黑白电视节目。

1958年5月1日我国第一座电视台——北京电视台试验播出,1958年9月2日正式播出。

1978年5月1日,北京电视台正式改为中央电视台。

国家建设委员会、国家广播电视工业总局于1982年联合下发了《关于在部分民用建筑设计中试行安装共用天线电视系统的通知》,国务院办公厅于1986年印发了《〈关于旅游饭店闭路电视的管理办法〉的通知》,为我国有线电视发展奠定了政策基础。④ 经过不断的努力,我国有线电视得到长足

---

① 参见邓炘炘《网络传播环境下的中国广播发展》,载《国际新闻界》2006年第7期,第18~23页。
② 参见夏青《基于新媒体环境下的网络广播发展的思考》,载《武汉理工大学学报(哲学社会科学版)》2014年第3期,第358~361页。
③ 北京日报:《最近报告:我国移动电台用户达2.6亿人》,http://culture.people.com.cn/n/2015/0425/c172318-26902620.html,访问日期:2016年12月17日。
④ 参见涂昌波《中国有线电视业的发展历程及政策探讨》,载《中国有线电视》2000年第21期,第6~10页。

发展，如今已经成为我国最主要的视频收看途径。截至 2015 年 6 月底，我国的有线电视家庭用户总数达到 24070 万户，家庭入户率达到 54.70%，电视家庭用户覆盖率达到 56.90%。①

1984 年 4 月，我国发射 3 颗东方红 2 号试验通信卫星，进行了广播电视节目的传输试验。1985 年 8 月开始，我国正式通过租用国际通信卫星向全国传送中央电视台的节目，开始了卫星广播电视的新纪元，在中国广播电视史上写下了光辉的一页。1986 年国务院批准新疆维吾尔自治区的电视节目上星传送，从根本上解决了这一地广人稀的边远自治区电视节目传送难的问题。在随后的若干年里，各省级电视台纷纷上星，1999 年 10 月海南的电视节目上星，标志着全国所有省级电视台全部通过卫星播出。②

2014 年全国卫星电视频道覆盖人群累计达到 527.8 亿人次，较 2013 年增加 31.6 亿人次，再创历史新高。在 1999—2014 年这 16 年间保持高速增长，年均增长率达 10.6%。其中，中央电视台 17 家频道、中国教育电视台 3 家频道的全国覆盖人群共计 193.1 亿人次，年均增长率为 8.6%；46 家省/副省/市级卫视频道（新增上海纪实频道）的全国覆盖人群共计 334.7 亿人次，年均增长率为 12.2%。总体来看，卫视频道覆盖规模增势不减，但增幅趋缓。③

二、当前我国广播电视产业发展面临的挑战与趋势

中华人民共和国成立 60 多年来，特别是改革开放以来，我国的广播电视产业随着国家的经济发展、科技进步和人民生活水平的提高，取得了显著的成绩，得到了长足的发展，形成了相当的规模，具有了良好的产业发展基础。截至 2015 年底，全国广播综合人口覆盖率为 98.17%，电视综合人口覆盖率为 98.77%。有线电视用户 2.39 亿户，有线数字电视用户 2.02 亿户。2015 年全年生产电视剧 395 部 16560 集；生产电视动画片 134011 分钟；生产故事影片 686 部，科教影片 96 部，纪录影片 38 部，动画影片 51 部，特种影片 17 部。④ 然而，必须看到的是，虽然我国广播影视产业发展已有良

---

① 《2015 上半年中国有线电视发展数据分析》，http://www.tvhome.com/article/20111.html，访问日期：2016 年 12 月 17 日。

② 参见江澄《我国卫星广播电视发展和应用前景》，载《广播电视技术》2003 年第 5 期，第 28～33 页。

③ 参见北京美兰德媒体传播策略咨询公司《卫视覆盖现状与发展趋势报告》，载《传媒》2015 年第 7 期，第 8～11 页。

④ 《新闻出版广电总局 2015 统计公报》，http://gdtj.chinasarft.gov.cn/showtiaomu.aspx?ID=4dc0183c-e3e3-4715-81ef-6851fd2e844e，访问日期：2016 年 12 月 17 日。

好的基础和条件，但突出的困难和问题依旧存在。

（一）广播电视产业处于发展的初级阶段

从总体上看，我国广播电视产业还处于发展的初级阶段，产业发展不够充分，经济总量规模比较小，与发达国家相比实力还比较弱，国际竞争力还不够强，广播影视产品的进口大大超过出口。当前，应该抓住"三网融合"的契机，全面推动广播影视产业的内部整合，打造具有一定规模的广播影视集团，为我国广播电视产业"走出去"打下基础。

（二）广播电视实行计划事业型为主的体制

长期以来，我国广播电视实行计划事业型为主的体制，不区分经营性产业和公益性事业，广播电视按行政区划设置，条块分割严重，很不适应改革开放和社会主义市场经济的发展要求，不符合广播电视产业自身的特点和规律，严重影响和制约了广播电视产业发展。这种情况虽然已经有所改善，但是问题仍旧存在，广播电视的体制机制的进一步创新问题，已经成为广播影视产业发展的动力之源。

（三）广播电视产业发展很不平衡

东部、中部、西部，发达地区与不发达地区，城市与农村，差异很大。东部发达地区和城市产业发展比较好，效益也比较明显，西部不发达地区和农村则比较差。2011 年东部地区广播电视产业收入占比达到 55.58%，中部为 17.63%，西部为 9.31%。广播电视产业收入过百亿元的 7 个省（市）中，中西部的省份只有湖南 1 个，这一结构是广播电视产业资源特别是广告资源和人才资源不断向东部集中的结果。打破区域分割，实现广播电视产业资源跨区域整合运营，这既是中西部广电产业加快发展和全国广播电视产业整体推进的需要，也应是广播电视政策创新的重要目标。[①]

（四）版权管理有待加强，版权收入有待提高

值得关注的是，目前，从广播电视产业的收入结构来看，版权收入所占比例仍然较低，这与发达国家广播电视产业的实际情况正好相反。版权是电视产业发展的基石，当前，我国无论是在版权立法还是在执法与司法层面，都有了巨大的提高。因此，广播电视产业从业人员一定要抓住这个机会，努

---

① 参见杨明品《中国广播电视产业发展的创新与变革》，载《社会科学战线》2013 年第 1 期，第 167～172 页。

力开发版权产品,在不断创新节目形态的同时,加强维护版权利益,从而促进广播电视产业收入进一步良性提高。

(五)广播电视产业政策法律有待完善,执行力度有待加强

广播电视产业的发展,法制是保障。近年来,我国有关广播电视的政策法规不断出台,但主要还是集中在行政管理方面,推动产业发展的有关政策法律仍有待进一步完善,执行力度有待进一步加强。

当前,我国已进入全面建设小康社会、加快改革开放和社会主义现代化建设的新阶段。新阶段新形势对广播影视的产业发展提出了新要求。广播影视产业是文化产业的重要组成部分。党的十六大明确提出要积极发展文化产业,强调发展文化产业是市场经济条件下繁荣社会主义文化、满足人民群众精神文化需求的重要途径。社会主义市场经济的发展和经济体制改革的深化、国民经济结构的调整,迫切要求包括广播电视产业在内的文化产业的改革发展与之相适应,发展文化产业已经成为国民经济结构调整的一项重大战略任务。小康社会人民群众日益增长的精神文化需求,对广播电视产业发展也提出了新的更高的要求。世界范围内高科技的迅猛发展,要求广播电视加快数字化、网络化的发展步伐,迅速实现新一轮的产业优化升级。特别是加入世界贸易组织,扩大对外开放,我国将在更大范围和更深程度上参与经济全球化,参与国际竞争,国外文化产品、文化资本和文化价值观念的涌入,给我国广播电视产业的发展带来了严峻的挑战。我们必须深刻分析、正确把握广播电视产业发展面临的新形势,充分认识新形势下发展广播电视产业的极端重要性、必要性和紧迫性,解放思想,改革创新,大胆开拓,不断进取,紧紧抓住机遇,积极应对挑战,努力化解不利因素,切实解决好各种矛盾和问题,大力推进广播电视产业更快更好地发展,争取在较短的时间内把我国广播电视产业做强、做大。

三、我国广播电视产业的政策法律现状

在中华人民共和国成立后的很长一段时间内,我国广播电视领域主要是依靠党的政策进行引导和管理。随着我国提出建立社会主义法治国家的治国方略并不断进行法治实践,广播电视领域的立法工作受到了相当的重视,政策的法律化较之文化产业其他领域进程更快一些,一些规范性法律文件相继被制定并颁布施行。其中,1997年8月11日,《广播电视管理条例》经国务院第61次常务会议通过,这是我国第一部全面规范管理广播电视事业的行政法规,在我国广播电视管理法制化道路上具有里程碑意义。

我国广播电视领域的行政法规有《广播电视管理条例》《广播电台电视

台播放录音制品支付报酬暂行办法》《广播电视设施保护条例》《有线电视管理暂行办法》《卫星电视广播地面接收设施管理规定》《卫星地面接收设施接收外国卫星传送电视节目管理办法》等。

我国广播电视领域的部门规章有《广播电台电视台审批管理办法》《广播电视广告播出管理办法》《专网及定向传播视听节目服务管理规定》《广播电视安全播出管理规定》《广播电影电视行业统计管理办法》《广播电影电视系统内部审计工作规定》《广播电视无线传输覆盖网管理办法》《境外电视节目引进、播出管理规定》《中外合作制作电视剧管理规定》《广播影视节（展）及节目交流活动管理规定》《城市社区有线电视系统管理暂行办法》《广播电视编辑记者、播音员主持人资格管理暂行规定》《国家广播电影电视总局行政许可实施检查监督暂行办法》《广播电影电视立法程序规定》《广播电视节目制作经营管理规定》《广播电视视频点播业务管理办法》《广播电视节目传送业务管理办法》《广播电影电视行政处罚程序暂行规定》《境外机构设立驻华广播电视办事机构管理规定》《广播电视设备器材入网认定管理办法》《境外卫星电视频道落地管理办法》《卫星电视广播地面接收设施安装服务暂行办法》《卫星电视广播地面接收设施管理规定实施细则》《广播电影电视行政复议办法》《赴国外租买频道和设台管理暂行规定》《广播电视节目出品人持证上岗暂行规定》《电视剧管理规定》《电视剧内容管理规定》等。

第二节　广播电台电视台设立的法律制度

为规范广播电台、电视台管理，保障广播电视事业和产业的健康发展，规范境外机构设立驻华广播电视办事机构的管理，促进中外广播电视交流活动，根据《广播电视管理条例》，2004年6月15日国家广播电影电视总局局务会议分别通过了《广播电台电视台审批管理办法》以及《境外机构设立驻华广播电视办事机构管理规定》，明确了我国广播电台电视台以及驻华广播电视办事机构设立的法律制度。

一、广播电台电视台设立的申请与审批

（一）有权提出设立广播电台电视台申请的主体

广播电台、电视台原则上由县、不设区的市以上广播电视行政部门或经批准的广播影视集团（总台）设立，其中教育电视台可以由设区的市、自

治州以上教育行政部门设立。

国家禁止设立外资经营、中外合资经营和中外合作经营的广播电台、电视台。

（二）申请设立、合并广播电台电视台应当具备的条件

（1）符合国家广播电视事业和产业发展规划以及相关的国家、行业标准。

（2）有符合国家规定的广播电视专业人员、技术设备和必要的场所。

（3）有必要的基本建设资金和稳定的资金保障。

（4）有明确的频道定位和确定的传输覆盖范围。

（5）传输覆盖方式和技术参数符合国家广播电视传输覆盖网规划。

（三）申请设立、合并广播电台电视台须提交的材料

（1）申请书。

（2）可行性报告。报告应载明以下内容：①人力资源；②资金保障及来源；③场地、设备；④节目频道设置规划（含频道定位、栏目设置）；⑤传输覆盖范围、方式和技术参数；⑥运营规划。

（3）拟使用的台名、台标、呼号，并附台标设计彩色样稿、创意简述和电子文稿。

（4）本级人民政府同意设立、合并的批准文件。

（5）筹备计划。

延伸阅读 >>>

台名、台标、呼号

广播电台、电视台的台名、呼号等原则上应与国务院确定的行政区划名称一致。台标可以由图案、汉字、数字和字母组合而成，并与其他广播电台、电视台或其他机构已使用的标识有明显区别，播出时在屏幕左上角标出。广播电台、电视台所属节目频道的标识应以台标为主体，与频道名称或简称、序号等组合而成。

（四）广播电台电视台设立、合并的审批程序

国家广播电影电视总局（以下简称"广电总局"）负责制定全国广播电台、电视台的设立规划，确定广播电台、电视台的总量、布局和结构，负责全国广播电台、电视台的设立的审批和监督管理工作。

中央级广播电台、电视台的设立、合并和相关事项变更，直接报国家广播电影电视总局审批。

地方级广播电台、电视台的设立和变更，由本级广播电视行政部门向上级广播电视行政部门提出申请，逐级审核后，报国家广播电影电视总局审批。

教育电视台的设立、合并和相关事项的变更，由设区的市、自治州以上教育行政部门征得同级广播电视行政部门同意后，向上级教育行政部门提出申请，逐级审核后，经国务院教育行政部门审核同意，报国家广播电影电视总局审批。

二、广播电台电视台分台设立的申请与审批

（一）有权提出设立广播电台电视台分台申请的主体

这一主体为在合法存续期间的副省级城市以上广播电视行政部门或经批准的广播影视集团（总台）设立的广播电台、电视台，它们可以向本级广播电视行政部门申请在本行政区域范围内设立分台。

（二）申请设立、合并广播电台电视台分台须提交的材料

（1）申请书。
（2）可行性报告。报告应载明以下内容：①人力资源；②资金来源；③场地、设备；④节目频道设置规划（含频道定位、栏目设置）；⑤传输覆盖范围、方式和技术参数。
（3）台名、台标、呼号，并附台标设计彩色样稿、创意简述和电子文稿。

（三）广播电台电视台分台设立的审批程序

副省级城市以上广播电视行政部门或经批准的广播影视集团（总台）设立的广播电台、电视台在合法存续期间，可以向本级广播电视行政部门申请在本行政区域范围内设立分台，经逐级审核后，由国家广播电影电视总局审查批准。

广播电台、电视台设立的分台，应于开播前向所在地的广播电视行政部门备案，并接受所在地广播电视行政部门的属地管理。

三、广播电台电视台的成立

广电总局对经批准设立的广播电台、电视台颁发《广播电视播出机构

许可证》，并同时对批准开办的每套广播电视节目颁发《广播电视频道许可证》。许可证有效期为3年，自颁发之日起计算。期满后如需继续开办，须于有效期届满180日前按照前述审批程序规定提出申请，经逐级审核同意后换发许可证。

四、境外机构驻华广播电视办事机构的设立

（一）境外机构申请设立驻华广播电视办事机构应当具备的条件

（1）申请机构在所在国（地）为合法存续的机构。

（2）申请机构对中国友好，具有良好信誉。

（3）业务范围符合中国法律、行政法规、规章的规定和申请设立的目的。

（二）境外机构申请设立驻华广播电视办事机构须提交的材料

申请设立驻华广播电视办事机构须提交的材料

序号	提交材料名称	原件/复印件	份数	纸质/电子	要求
1	申请机构法定代表人签署的申请书	原件	1份	纸质	内容包括：机构简况、设立驻华办事机构的目的、驻华办事机构的名单、派驻人员（首席代表、代表）、业务范围、驻在期限、办公地址等
2	申请机构在所在国（地）合法存续的证明	原件	1份	纸质	
3	银行出具的资信证明	原件	1份	纸质	
4	由申请机构法定代表人签署的委任驻华办事机构首席代表和代表的授权书、首席代表和代表的简历及身份证件复印件	原件/复印件	1份	纸质	

注：申请人可通过邮寄、自送等方式提交材料。

上述规定适用于香港特别行政区、澳门特别行政区和台湾地区的机构在内地（大陆）设立广播电视办事机构的活动。

延伸阅读 >>>

境外机构设立的驻华广播电视办事机构的首席代表或代表应当满足的条件

驻华广播电视办事机构的首席代表或代表，应当是符合下列条件之一的人员：
（1）持合法普通护照的外国公民（不含外国在中国的留学生）。
（2）在境外已经获得长期居住资格的中国内地公民。
（3）持有效身份证件的香港、澳门、台湾人员。

第三节　广播电视节目管理法律制度

为坚持广播电视节目正确导向，促进广播电视节目制作产业繁荣发展，服务社会主义物质文明和精神文明建设，同时也为了规范引进、播出境外电视节目的管理，促进中外广播电视交流，满足人民群众精神文化生活的需要，根据《广播电视管理条例》，2004年6月15日国家广播电影电视总局局务会议分别通过了《广播电视节目制作经营管理规定》。2015年8月28日国家新闻出版广电总局①（以下简称"新闻出版广电总局"）颁布了《关于修订部分规章和规范性文件的决定》，对《广播电视节目制作经营管理规定》进行了修订。同样是在2004年6月15日，国家广播电影电视总局局务会议通过了《境外电视节目引进、播出管理规定》，上述两个法律文件对我国广播电视的内容管理方面做出了相应的规定。

一、我国广播电视节目制作经营许可制度

在我国，新闻出版广电总局负责制定全国广播电视节目制作产业的发展规划、布局和结构，管理、指导、监督全国广播电视节目制作经营活动。县级以上地方广播电视行政部门负责本行政区域内广播电视节目制作经营活动的管理工作。

---

① 2013年成立的新闻出版广电总局是国务院直属机构，由国家新闻出版总署和国家广播电影电视总局（简称"广电总局"）合并组建而成。本教材中，若所涉及的法律法规为2013年国家新闻出版广电总局成立之前制定并颁布实施的，则统一使用"国家广播电影电视总局"或其简称"广电总局"，若涉及的法律法规为2013年国家新闻出版广电总局成立之后制定并颁布实施的，则统一使用"国家新闻出版广电总局"或其简称"新闻出版广电总局"。特此说明。

国家对设立广播电视节目制作经营机构或从事广播电视节目制作经营活动实行许可制度。设立广播电视节目制作经营机构或从事广播电视节目制作经营活动应当取得《广播电视节目制作经营许可证》。

但依法设立的广播电台、电视台制作经营广播电视节目无需另行申领《广播电视节目制作经营许可证》。

延伸阅读 >>>

广播电视节目制作经营许可证样本

（一）申请《广播电视节目制作经营许可证》应具备的条件

（1）符合国家有关广播电视节目制作产业发展规划、布局和结构。

（2）具有独立法人资格，有符合国家法律、法规规定的机构名称、组织机构和章程。

（3）有适应业务范围需要的广播电视及相关专业人员和工作场所。①

（4）在申请之日前3年，其法定代表人无违法违规记录或机构无被吊销过《广播电视节目制作经营许可证》的记录。

（5）法律、行政法规规定的其他条件。

---

① 2015年修订时，删除了"资金"和"其中企业注册资金不少于300万元人民币"的规定。

（二）申请《广播电视节目制作经营许可证》须提交的材料①

（1）《广播电视节目制作经营许可证》申请表。

（2）广播电视节目制作经营机构章程。

（3）主要人员材料。①法定代表人身份证明（复印件）及简历；②主要管理人员（不少于 3 名）的广播电视及相关专业简历、业绩或曾参加相关专业培训证明等材料；③办公场地证明；④企事业单位执照。

延伸阅读 >>>

《广播电视节目制作经营许可证》申请表

制作机构名称＿＿＿＿＿＿＿＿＿＿＿＿＿＿＿＿＿＿＿＿
申领编号＿＿＿＿＿＿＿＿＿＿＿＿＿＿＿＿＿＿＿＿＿＿
许可证编号＿＿＿＿＿＿＿＿＿＿＿＿＿＿＿＿＿＿＿＿＿
填表日期＿＿＿＿＿＿＿＿＿＿＿＿＿＿＿＿＿＿＿＿＿＿

制作机构名称			经济性质		
地　　址					
法定代表人	联系电话			邮编	
	传真				
注册资金（万元）		总计	流动资金		固定资产
主要从业人员		姓名	职称	现任职务	主要业绩
	管理人员				
	专业人员				

---

① 2015 年修订时，删除了"注册资金或验资证明"的规定。

续上表

申请机构负责人意见	负责人（签字）　　　　机构公章 　　　　　　　　　　　　年　月　日	
县级以上新闻出版广电行政部门（业务主管部门）初核意见	负责人（签字）　　　管理部门（盖章） 　　　　　　　　　　　　年　月　日	
审批机关审核意见	负责人（签字）　　　管理部门（盖章） 　　　　　　　　　　　　年　月　日	
领证人	姓名	就职机构	联系电话
发证日期	年　月　日	
有效期限	年　月　日至　年　月　日	
备注		
填表注意事项	1. 本表须如实填写，如填写不下，可另加附页 2. 本表一式两份，一份发证机关留存，一份报总局备案	

（三）审批程序

在京的中央单位及其直属机构申请《广播电视节目制作经营许可证》，报新闻出版广电总局审批；其他机构申请《广播电视节目制作经营许可证》，向所在地广播电视行政部门提出申请，经逐级审核后，报省级广播电视行政部门审批。

审批机关应在收到齐备的申请材料之日起的20个工作日内做出批准或不批准的决定。对符合规定的，应为申请机构核发《广播电视节目制作经营许可证》；对不批准的，应向申请机构书面说明不予批准的理由。

省级广播电视行政部门应在做出批准或不批准决定之日起的一周内，将审批情况报新闻出版广电总局备案。

《广播电视节目制作经营许可证》由新闻出版广电总局统一印制，有效期为两年。

经批准取得《广播电视节目制作经营许可证》的企业，凭许可证到工商行政管理部门办理注册登记或业务增项手续。

延伸阅读 >>>

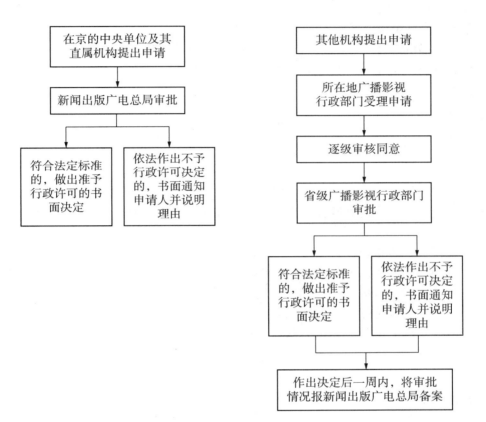

广播电视节目审批程序

（四）分支机构的设立

已经取得《广播电视节目制作经营许可证》的机构需在其他省、自治区、直辖市设立具有独立法人资格的广播电视节目制作经营分支机构的，须按规定向分支机构所在地的省级广播电视行政部门另行申领《广播电视节目制作经营许可证》，并向原审批机关备案；设立非独立法人资格分支机构的，无需另行申领《广播电视节目制作经营许可证》。

二、我国广播电视节目内容管理制度

（一）基本原则

取得《广播电视节目制作经营许可证》的机构应严格按照许可证核准的制作经营范围开展业务活动。

广播电视时政新闻及同类专题、专栏等节目只能由广播电视播出机构制作，其他已取得《广播电视节目制作经营许可证》的机构不得制作时政新闻及同类专题、专栏等广播电视节目。

（二）禁止制作经营的节目内容

（1）反对宪法确定的基本原则的。
（2）危害国家统一、主权和领土完整的。
（3）泄露国家秘密、危害国家安全或者损害国家荣誉和利益的。
（4）煽动民族仇恨、民族歧视，破坏民族团结，或者侵害民族风俗、习惯的。
（5）宣扬邪教、迷信的。
（6）扰乱社会秩序，破坏社会稳定的。
（7）宣扬淫秽、赌博、暴力或者教唆犯罪的。
（8）侮辱或者诽谤他人，侵害他人合法权益的。
（9）危害社会公德或者民族优秀文化传统的。
（10）有法律、行政法规和国家规定禁止的其他内容的。

延伸阅读 >>>>

国家广播电影电视总局
《关于进一步加强广播影视节目版权保护工作的通知》

1. 统一思想，提高认识。各级广播电视行政管理部门要充分认识保护知识产权工作的重要性，从广播电视发展的全局出发，将知识产权保护工作作为一项长期性的工作任务来抓，贯彻管理工作始终。有条件的地方要尽快建立"知识产权保护工作领导小组"，由主管领导挂帅，辖区内播出机构负责人参加，制定相应的管理制度和监管措施，指导和监管辖区内各播出机构的知识产权保护工作，发现问题及时纠正，形成长效工作机制。

2. 健全制度，严格审查。各级广播影视版权管理部门要切实督促各播出机构做好播出节目的审查把关工作，要在机构内部建立健全管理制度，规范节目播出行为。要认真落实节目"三审制"和重播重审制度，确保节目内容导向正确，坚决杜绝播出存在违反《广播电视管理条例》规定和总局有关规定内容的影视节目。

3. 认真审验各项手续。各播出机构在播出非本机构制作的电影、电视剧、动画片和其他电视节目时，要严格按照《广播电视管理条例》和总局有关规定，认真审核所播节目的许可证手续或批准文件，要确保所播节目具备合法《广播电视节目制作经营许可证》《动画片发行许可证》《电视剧发行许可证》或《电影片公映许可证》。对于未按规定提供合法批准文件或相应发行许可的节目，坚决不得安排播放。

4. 取得合法授权。各播出机构在购买已经取得上述合法批准文件或相应发行许可的节目，还须同时取得著作权持有者的合法播出授权，并依合同、协议在授权许可播放的时间和地域范围内进行播放。未取得合法播放权利的节目，一律不得安排播放。

在境外落地的国内电视频道，要妥善解决好落地国家或地区的节目合法版权问题，避免版权纠纷。

各播出机构开办的各类介绍境内、外电影或电视剧的影评、剧评资讯栏目，使用电影、电视剧片段超出合理使用范围的，须事先依法取得著作权使用许可。

5. 认真进行清理。自本通知下发之日起，各播出机构要对照本通知要求，立即对本机构备播节目进行对照清理和认真自查。全面清理未取得合法播出授权和批准文件的节目，重点清查各类非法播出境内外电影或电视剧的栏目，对于违规行为要立即停止并认真进行整改，对清理情况要进行登记，并报当地省级广播电视行政管理部门备案。

6. 切实加强监管工作。各级广播电视行政管理部门要继续加大监管力度，充分利用现有监播手段加强对辖区内播出机构所播节目的监看工作和节目备案及抽查工作。发现问题及时纠正，并督促相关播出机构认真做好整改工作。对屡教不改，侵权、盗播情况严重的播出机构和广播电视节目制作经营机构，要依照《广播电视管理条例》等规定严肃查处，查处情况上报总局社会管理司备案。

国家广播电影电视总局社会管理司自通知下发之日起，将对全国各台贯彻情况进行专项监看，对仍不改正的播出机构将依法依规从严处罚。

三、境外电视节目引进、播出管理制度

（一）境外电视节目的含义

境外电视节目是指供电视台播出的境外电影、电视剧（电视动画片）（以下称境外影视剧）及教育、科学、文化等其他各类电视节目。

（二）申请引进境外电视节目需要提交的材料

1. 申请引进境外影视剧应提交的材料

（1）《引进境外影视剧申请表》。

（2）引进合同（中外文）。

（3）版权证明（中外文）。
（4）具备完整的图像、声音、时码的大 1/2 录像带一套。
（5）每集不少于 300 字的剧情梗概。
（6）与样带字幕一致的片头、片尾中外文字幕。

2. 申请以卫星传送方式引进其他境外电视节目应提交的材料
（1）《引进其他境外电视节目申请表》。
（2）引进合同（中外文）。
（3）版权证明。

3. 申请引进其他境外电视节目应提交的材料
（1）《引进其他境外电视节目申请表》。
（2）引进单位对节目内容的审查意见。
（3）引进合同（中外文）。
（4）版权证明。

（三）主管机关及审批程序

1. 主管机关

广电总局负责境外影视剧引进和以卫星传送方式引进境外其他电视节目的审批工作。广电总局对引进境外影视剧的总量、题材和产地等进行调控和规划。

省级广播电视行政部门受广电总局委托，负责本辖区内境外影视剧引进的初审工作和其他境外电视节目引进的审批和播出监管工作。

地（市）级广播电视行政部门负责本辖区内播出境外电视节目的监管工作。

未经广电总局和受其委托的广播电视行政部门审批的境外电视节目，不得引进、播出。

2. 审批程序

（1）申请引进境外影视剧和以卫星传送方式引进其他境外电视节目的审批程序。引进境外影视剧和以卫星传送方式引进其他境外电视节目，由广电总局指定的单位申报，引进单位应向省级广播电视行政部门提出申请。

省级广播电视行政部门正式受理申请后，应在行政许可法规定的期限内做出详细、明确的初审意见，报广电总局审查批准。

广电总局正式受理申请后，在行政许可法规定的期限内做出同意或不同意引进的行政许可决定。其中，引进境外影视剧的审查需要另行组织专家评审，评审时间为 30 日。同意引进的，发给《电视剧（电视动画片）发行许可证》或同意以卫星传送方式引进其他境外电视节目的批复；不同意引进的，应当书面通知引进单位并说明理由。同意以卫星传送方式引进其他境外电视节目的，引进单位凭广电总局批复办理《接收卫星传送的电视节目许可证》等相关手续。

（2）申请引进其他境外电视节目的审批程序。地（市）级电视台、省级电视台申请引进其他境外电视节目，报省级广播电视行政部门审查批准；题材涉及重大、敏感内容的，由省级广播电视行政部门报广电总局审批。省级广播电视行政部门正式受理申请后，应在行政许可法规定的期限内做出行政许可决定。同意引进的，发给相关的批准文件；不同意引进的，应当书面通知送审单位并说明理由。

第四节　广播电视广告管理法律制度

广告收入是我国各级电台电视台的重要收入之一，据《中国广播电影电视发展报告》显示，2015 年上半年，全国广播广告收入 74.87 亿元，电视广告收入 535.59 亿元。其中，省级卫视在广告时长同比缩减 3.5% 的情况下仍然实现广告收入 10% 的增长。在综艺节目时段的广告收入中，省级卫视广告收入同比增长 11%。各级电台电视台广告收入迅速增长的同时，诸如明星虚假代言、违法插播广告等事件亦频频发生，因此，对各级广播电台电视台播出广告进行有效的管理便成为一个十分重要的问题。为了规范我国广播电视广告播出秩序，促进广播电视广告业健康发展，保障公民合法权益，依据《中华人民共和国广告法》《广播电视管理条例》等法律、行政法规，2009 年 8 月 27 日广电总局局务会议审议通过了《广播电视广告播出管理办法》（2011 年 11 月 25 日《〈广播电视广告播出管理办法〉的补充规定》对其进行了修订）。

一、广告内容管理规定

（一）广播电视广告禁止包含的内容

（1）反对宪法确定的基本原则的。

（2）危害国家统一、主权和领土完整，危害国家安全，或者损害国家荣誉和利益的。

（3）煽动民族仇恨、民族歧视，侵害民族风俗习惯，伤害民族感情，破坏民族团结，违反宗教政策的。

（4）扰乱社会秩序，破坏社会稳定的。

（5）宣扬邪教、淫秽、赌博、暴力、迷信，危害社会公德或者民族优秀文化传统的。

（6）侮辱、歧视或者诽谤他人，侵害他人合法权益的。

（7）诱使未成年人产生不良行为或者不良价值观，危害其身心健康的。

（8）使用绝对化语言，欺骗、误导公众，故意使用错别字或者篡改成语的。

（9）商业广告中使用、变相使用中华人民共和国国旗、国徽、国歌，使用、变相使用国家领导人、领袖人物的名义、形象、声音、名言、字体或者国家机关和国家机关工作人员的名义、形象的。

（10）药品、医疗器械、医疗和健康资讯类广告中含有宣传治愈率、有效率，或者以医生、专家、患者、公众人物等形象做疗效证明的。

（11）法律、行政法规和国家有关规定禁止的其他内容。

（二）禁止播出的广播电视广告

1. 绝对禁止播出的广播电视广告

（1）以新闻报道形式发布的广告。

（2）烟草制品广告。

（3）处方药品广告。

（4）治疗恶性肿瘤、肝病、性病或者提高性功能的药品、食品、医疗器械、医疗广告。

（5）姓名解析、运程分析、缘分测试、交友聊天等声讯服务广告。

（6）出现"母乳代用品"用语的乳制品广告。

（7）法律、行政法规和国家有关规定禁止播出的其他广告。

2. 相对禁止播出的广播电视广告

（1）除福利彩票、体育彩票等依法批准的广告外，不得播出其他具有博彩性质的广告。

（2）除电影、电视剧剧场或者节（栏）目冠名标识外，禁止播出任何形式的挂角广告。

（3）播出商业广告应当尊重公众生活习惯。在6：30—7：30、11：30—12：30以及18：30—20：00的公众用餐时间，不得播出治疗皮肤病、痔疮、脚气、妇科、生殖泌尿系统等疾病的药品、医疗器械、医疗和妇女卫生用品广告。

（4）播出机构应当严格控制酒类商业广告，不得在以未成年人为主要传播对象的频率、频道、节（栏）目中播出。

（5）在中小学生假期和未成年人相对集中的收听、收视时段，或者以未成年人为主要传播对象的频率、频道、节（栏）目中，不得播出不适宜未成年人收听、收视的商业广告。

（三）人物专访、企业专题报道节目要求

有关人物专访、企业专题报道等节目中不得含有地址和联系方式等内容。

（四）投资咨询等投资性广告要求

投资咨询、金融理财和连锁加盟等具有投资性质的广告，应当含有"投资有风险"等警示内容。

（五）境外电视频道中的广告要求

经批准在境内落地的境外电视频道中播出的广告，其内容应当符合中国法律、法规和本办法的规定。

二、广告播出管理规定

（一）一般原则

广播电视广告播出应当合理编排。其中，商业广告应当控制总量、均衡配置。

广播电视广告播出不得影响广播电视节目的完整性。除在节目自然段的间歇外，不得随意插播广告。

转播、传输广播电视节目时，必须保证被转播、传输节目的完整性。不得替换、遮盖所转播、传输节目中的广告；不得以游动字幕、叠加字幕、挂角广告等任何形式插播自行组织的广告。

播出电视商业广告时不得隐匿台标和频道标识。

广告主、广告经营者不得通过广告投放等方式干预、影响广播电视节目的正常播出。

（二）播出时间的规定

1. 商业广告

播出机构每套节目每小时商业广告播出时长不得超过12分钟。其中，广播电台在11：00—13：00之间、电视台在19：00—21：00之间，商业广告播出总时长不得超过18分钟。

广播电台每套节目每小时播出的烈性酒类商业广告不得超过2条；电视

台每套节目每日播出的烈性酒类商业广告不得超过 12 条,其中 19:00—21:00 之间不得超过 2 条。

在执行转播、直播任务等特殊情况下,商业广告可以顺延播出。

播出电视剧时,不得在每集(以 45 分钟计)中间以任何形式插播广告。①

播出电影时,插播商业广告的时长和次数参照电视剧规定执行。

2. 公益广告

播出机构每套节目每日公益广告播出时长不得少于商业广告时长的 3%。其中,广播电台在 11:00—13:00 之间、电视台在 19:00—21:00 之间,公益广告播出数量不得少于 4 条(次)。

(三)关于冠名与冠名标识的规定

1. 冠名的禁止性规定

(1)时政新闻类节(栏)目不得以企业或者产品名称等冠名。

(2)电影、电视剧剧场或者节(栏)目不得以治疗皮肤病、癫痫、痔疮、脚气、妇科、生殖泌尿系统等疾病的药品或者医疗机构作冠名。

2. 电影、电视剧剧场等冠名标识的规定

电影、电视剧剧场或者节(栏)目冠名标识不得含有下列情形:

(1)单独出现企业、产品名称,或者剧场、节(栏)目名称难以辨认的。

(2)标识尺寸大于台标,或者企业、产品名称的字体尺寸大于剧场、节(栏)目名称的。

(3)翻滚变化,每次显示时长超过 5 分钟,或者每段冠名标识显示间隔少于 10 分钟的。

(4)出现经营服务范围、项目、功能、联系方式、形象代言人等文字、图像的。

三、监督管理规定

(一)主管机关

县级以上人民政府广播影视行政部门应当加强对本行政区域内广播电视

---

① 2011 年修订时,删除了"播出电视剧时,可以在每集(以 45 分钟计)中插播 2 次商业广告,每次时长不得超过 1 分 30 秒。其中,在 19:00—21:00 之间播出电视剧时,每集中可以插播 1 次商业广告,时长不得超过 1 分钟"的规定。

广告播出活动的监督管理，建立、完善监督管理制度和技术手段。

（二）监管手段

（1）县级以上人民政府广播影视行政部门应当建立公众举报机制，公布举报电话，及时调查、处理并公布结果。

（2）因公共利益需要等特殊情况，省、自治区、直辖市以上人民政府广播影视行政部门可以要求播出机构在指定时段播出特定的公益广告，或者做出暂停播出商业广告的决定。

（3）国务院广播影视行政部门推动建立播出机构行业自律组织。该组织可以按照章程的规定，采取向社会公告、推荐和撤销"广播电视广告播出行业自律示范单位"等措施，加强行业自律。

（三）播出机构的资质与义务

1. 资质

播出机构从事广告经营活动应当取得合法资质，非广告经营部门不得从事广播电视广告经营活动，记者不得借采访名义承揽广告业务。

2. 义务

（1）播出机构应当建立广告经营、审查、播出管理制度，负责对所播出的广告进行审查。

（2）播出机构应当加强对广告业务承接登记、审核等档案资料的保存和管理。

（3）药品、医疗器械、医疗、食品、化妆品、农药、兽药、金融理财等须经有关行政部门审批的商业广告，播出机构在播出前应当严格审验其依法批准的文件、材料。不得播出未经审批、材料不全或者与审批通过的内容不一致的商业广告。

（4）制作和播出药品、医疗器械、医疗和健康资讯类广告需要聘请医学专家作为嘉宾的，播出机构应当核验嘉宾的医师执业证书、工作证、职称证明等相关证明文件，并在广告中据实提示，不得聘请无有关专业资质的人员担当嘉宾。

第五节 广播电台电视台播放录音制品付酬管理制度

我国《著作权法》第四十四条规定，广播电台、电视台播放已经出版的录音制品，可以不经著作权人许可，但应当支付报酬。当事人另有约定的除外。具体办法由国务院规定。据此，为了既保障著作权人依法行使权利，又方便广播电台、电视台依法播放广播电视节目，2009年5月6日国务院第62次常务会议通过了《广播电台电视台播放①录音制品支付报酬暂行办法》（以下简称《暂行办法》），该办法已经根据2011年1月8日《国务院关于废止和修改部分行政法规的决定》进行了修订。

《暂行办法》在总体思路上把握了以下几点：首先是确定付酬水平要从我国实际情况出发，与我国的经济社会发展水平相适应，既保障著作权人的合法权益，又有利于优秀作品的传播，满足人民群众日益增长的精神文化需求。其次是以广播电台、电视台实际使用录音制品的多少为基础确定付酬标准，多播多付、少播少付。再次是具有可操作性，考虑到广播电台与电视台之间、不同地方的广播电台、电视台之间在播放录音制品时间、广告收入等方面的差异，付酬标准要具体清晰，对中西部地区以及全国专门对少儿、少数民族、农村地区等播出的专业频道（频率）要实行必要的减免。最后是尊重当事人意愿，为当事人协商解决付酬问题留下充分的余地。

一、适用范围

广播电台、电视台可以就播放已经发表的音乐作品向著作权人支付报酬的方式、数额等有关事项与管理相关权利的著作权集体管理组织进行约定。

广播电台、电视台播放已经出版的录音制品，如果已经与著作权人订立许可使用合同的，按照合同约定的方式和标准支付报酬；未经著作权人许可播放已经出版的录音制品的，按照《暂行办法》向著作权人支付报酬。

二、计酬方式

《暂行办法》根据国际通行做法规定了两种计酬方式，供当事人选择，作为约定或者协商支付报酬的基础。

（一）按约定支付固定数额的报酬

广播电台、电视台播放录音制品，可以与管理相关权利的著作权集体管理组织约定每年向著作权人支付固定数额的报酬。

（二）无约定或约定不成的情况下的计酬方式

没有就固定数额进行约定或者约定不成的，广播电台、电视台与管理相关权利的著作权集体管理组织可以以下列方式之一为基础，协商向著作权人

---

① 这里所说的播放，是指广播电台、电视台以无线或者有线的方式进行的首播、重播和转播。

支付报酬：

1. 按广播电台、电视台广告收入的一定比例计酬

以本台或者本台各频道（频率）本年度广告收入扣除15%成本费用后的余额，乘以如下付酬标准，计算支付报酬的数额：

（1）自《暂行办法》施行之日起5年内的付酬标准：

1）播放录音制品的时间占本台或者本频道（频率）播放节目总时间的比例（以下称播放时间比例）不足1%的，付酬标准为0.01%；[①]

2）播放时间比例为1%以上不足3%的，付酬标准为0.02%；

3）播放时间比例为3%以上不足6%的，相应的付酬标准为0.09%～0.15%，播放时间比例每增加1%，付酬标准相应增加0.03%；

4）播放时间比例为6%以上10%以下的，相应的付酬标准为0.24%～0.4%，播放时间比例每增加1%，付酬标准相应增加0.04%；

5）播放时间比例超过10%不足30%的，付酬标准为0.5%；

6）播放时间比例为30%以上不足50%的，付酬标准为0.6%；

7）播放时间比例为50%以上不足80%的，付酬标准为0.7%；

8）播放时间比例为80%以上的，付酬标准为0.8%。

（2）自《暂行办法》施行届满5年之日起，按照下列付酬标准协商支付报酬的数额：

1）播放时间比例不足1%的，付酬标准为0.02%；

2）播放时间比例为1%以上不足3%的，付酬标准为0.03%；

3）播放时间比例为3%以上不足6%的，相应的付酬标准为0.12%～0.2%，播放时间比例每增加1%，付酬标准相应增加0.04%；

4）播放时间比例为6%以上10%以下的，相应的付酬标准为0.3%～0.5%，播放时间比例每增加1%，付酬标准相应增加0.05%；

5）播放时间比例超过10%不足30%的，付酬标准为0.6%；

6）播放时间比例为30%以上不足50%的，付酬标准为0.7%；

7）播放时间比例为50%以上不足80%的，付酬标准为0.8%；

8）播放时间比例为80%以上的，付酬标准为0.9%。

2. 按广播电台、电视台播放录音制品的时间多少计酬

以本台本年度播放录音制品的时间总量，乘以《暂行办法》如下付酬标准，计算支付报酬的数额：

（1）广播电台的单位时间付酬标准为每分钟0.30元。

[①] 广播电台、电视台转播其他广播电台、电视台播放的录音制品的，其播放录音制品的时间按照实际播放时间的10%计算。

（2）电视台的单位时间付酬标准自《暂行办法》施行之日起5年内为每分钟1.50元，自《暂行办法》施行届满5年之日起为每分钟2元。

延伸阅读 >>>

优惠措施

中部地区的广播电台、电视台依照《广播电台电视台播放录音制品支付报酬暂行办法》（以下简称《暂行办法》）规定方式向著作权人支付报酬的数额，自《暂行办法》施行之日起5年内，按照依据《暂行办法》规定计算出的数额的50%计算。

西部地区的广播电台、电视台以及全国专门对少年儿童、少数民族和农村地区等播出的专业频道（频率），依照《暂行办法》规定方式向著作权人支付报酬的数额，自《暂行办法》施行之日起5年内，按照依据《暂行办法》规定计算出的数额的10%计算；自《暂行办法》施行届满5年之日起，按照依据本办法规定计算出的数额的50%计算。

三、广播电台、电视台在向著作权人支付报酬时应承担的义务

（1）广播电台、电视台向著作权人支付报酬，以年度为结算期。广播电台、电视台应当于每年度第一季度将其上年度应当支付的报酬交由著作权集体管理组织转付给著作权人。

广播电台、电视台通过著作权集体管理组织向著作权人支付报酬时，应当提供其播放作品的名称、著作权人姓名或者名称、播放时间等情况，双方已有约定的除外。

（2）广播电台、电视台播放录音制品，未向管理相关权利的著作权集体管理组织会员以外的著作权人支付报酬的，应当按照上述规定将应支付的报酬送交管理相关权利的著作权集体管理组织；管理相关权利的著作权集体管理组织应当向著作权人转付。

第六节　电视剧管理法律制度

1981年我国电视剧年产量110集，1982年330集，1984年1239集，1986年2336集……而2016年我国全年生产电视剧高达330部14768集。这说明，我国电视剧的产量正在以惊人的速度增长，而与此同时，越来越多的

专家开始呼吁，电视剧的生产不能只求数量而忽视质量。从法律的角度来看，电视剧从其生产，到与受众见面，这个过程已经形成了一个完整的产业链条，每年如此大规模数量的电视剧，显然需要有相应的制度对其进行管理，而这种管理将极大地有助于我国电视剧质量的提升。目前，我国有关电视剧的规范性法律文件主要是两个：《广播电视节目经营管理规定》和《电视剧内容管理规定》。其中，《电视剧内容管理规定》已根据2016年5月4日新闻出版广电总局发布的《关于修改部分规章的决定》进行了修订。

一、电视剧的制作

（一）有权制作电视剧的主体

（1）持有《广播电视节目制作经营许可证》的机构。
（2）地市级（含）以上电视台（含广播电视台、广播影视集团）。
（3）持有《摄制电影许可证》并事先取得《电视剧制作许可证》的电影制片机构。
（4）获得《电视剧制作许可证》的电视剧制作单位。

（二）电视剧制作许可制度

1.《电视剧制作许可证》的种类

电视剧制作许可证分为《电视剧制作许可证（乙种）》和《电视剧制作许可证（甲种）》两种，由广电总局统一印制。

《电视剧制作许可证（乙种）》仅限于该证所标明的剧目使用，有效期限不超过180日。特殊情况下经发证机关批准后，可适当延期。

电视剧制作机构在连续两年内制作完成6部以上单本剧或3部以上连续剧（3集以上/部）的，可按程序向广电总局申请《电视剧制作许可证（甲种）》资格。《电视剧制作许可证（甲种）》有效期限为两年，有效期届满前，对持证机构制作的所有电视剧均有效。

2. 申请《电视剧制作许可证》须符合的条件

（1）有与其业务相适应的组织机构和专业人员。
（2）有与其业务相适应的资金。
（3）有适应业务需要的专用设备。
（4）符合广电总局制定的电视剧制作发展规划。

3. 审批程序

（1）乙种证的审批程序。《电视剧制作许可证（乙种）》由省级以上广播电视行政部门核发。其中，在京的中央单位及其直属机构直接向广电总局提出申请，其他机构向所在地广播电视行政部门提出申请，经逐级审核后，报省级广播电视行政部门审批。

省级广播电视行政部门应在核发《电视剧制作许可证（乙种）》后的一周内将核发情况报广电总局备案。

延伸阅读 >>>

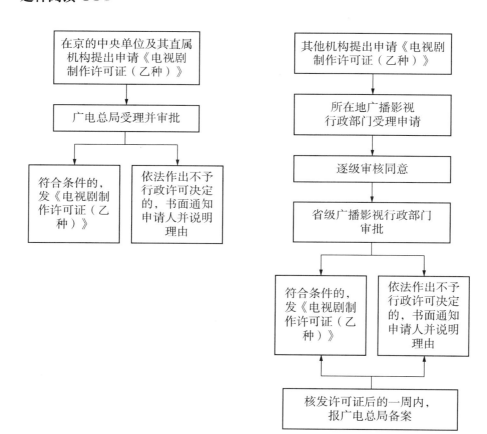

电视剧制作乙种证审批流程

（2）甲种证的审批程序。电视剧制作机构在连续两年内制作完成 6 部以上单本剧或 3 部以上连续剧（3 集以上/部）的，可经省级广播影视行政部门审核同意后，向广电总局申请《电视剧制作许可证（甲种）》。

延伸阅读 >>>

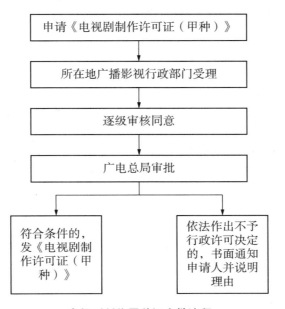

电视剧制作甲种证审批流程

4. 需要提交的资料

（1）申领乙种证需要提交的资料。申领《电视剧制作许可证（乙种）》，申请机构须提交以下申请材料：①《电视剧制作许可证（乙种）申请表》。②广电总局题材规划立项批准文件复印件。③编剧授权书。④申请机构与制片人、导演、摄像、主要演员等主创人员和合作机构（投资机构）等签订的合同或合作意向书复印件。其中，如聘请境外主创人员参与制作的，还需提供广电总局的批准文件复印件。⑤《广播电视节目制作经营许可证》（复印件）或电视台、电影制片机构的相应资质证明。⑥持证机构出具的制作资金落实证明。

延伸阅读 >>>

《电视剧制作许可证（乙种）》申请表

申领编号：＿＿＿＿＿＿＿＿＿＿＿＿＿＿＿＿

许可证号：＿＿＿＿＿＿＿＿＿＿＿＿＿＿＿＿

剧　　目：＿＿＿＿＿＿＿＿＿＿＿＿＿＿＿＿

申请机构名称：＿＿＿＿＿＿＿＿＿＿＿＿＿＿

填表日期：　　　年　　　月　　　日

机构名称						
负责人或法定代表人	姓名	职务	地址		联系电话	邮编
联系人						
剧目		名称		题材类别	长度	
					集× 分钟	
电视剧主创人员情况		姓名	国籍（地区）		就职机构	
	编剧					
	导演					
	摄像					
	主要演员					
	制片主任					
	制片人					
	监制					

续上表

资金情况（万元）	自有资金		资金使用预算	制片人：（签章）			
	融资资金						
	其他来源						
剧情梗概							
电视剧题材规划立项审批情况	_____年第_____批已批准立项						
境外主创人员审批情况（批准文号）							
合作机构情况	机构名称				经济性质		
	负责人	姓名		职务	联系电话		手机
合作方式	联合制作（　　） 　合资制作（　　） 　委托承制（　　）						
投资比例				版权情况			

续上表

审 批 情 况			
县级以上新闻出版广电行政部门（业务主管部门）初核意见	负责人（签字）　　　　管理部门（盖章） 　　　　　　　　　　　　年　　月　　日		
审批机关审核意见	负责人（签字）　　　　管理部门（盖章） 　　　　　　　　　　　　年　　月　　日		
发证日期		有效期限	年　　月至　　年　　月
领证人姓名	工作单位		联系电话
备注			
填表注意事项	1. 人员、设备、资金来源情况要如实填写。如属本单位所有，请单位人事部门、设备管理部门、财务部门分别提供说明，如系向外单位租（借）用，必须有提供方与制作单位的协议书 2. 本表所列空格如填写不下，可另加附页 3. 该表一式两份，一份发证机关留存，一份报总局备案		

（2）申领甲种证需要提交的资料。申领《电视剧制作许可证（甲种）》，申请机构须提交以下申请材料：①《电视剧制作许可证（甲种）申请表》；②最近两年申领的《电视剧制作许可证（乙种）》（复印件）；③最近两年持《电视剧制作许可证（乙种）》制作完成的电视剧目录及相应的《电视剧发行许可证》（复印件）。

延伸阅读 >>>

《电视剧制作许可证（甲种）》申请表

申领机构：　　　　　　　　　　　　（公章）
申领机构负责人签字：
申请日期：　　　年　　月　　日

机构名称					经济性质		
负责人	姓名	职务	地　　址		联系电话		邮编
联系人							
注册资金（万元）	合　　计	其　中					
		固定资产			流动资金		
主要从业人员	姓名	文化程度	现任职务	职称	主要业绩		
最近两年电视剧制作业绩	剧名	长度（集×分钟）		发行许可证编号		获奖情况	
省级新闻出版广电行政部门（业务主管部门）初核意见	负责人（签字）　　　　　管理部门（盖章） 　　　　　　　　　　　　　　　年　月　日						
备注	《电视剧制作许可证（甲种）》的申领，每两年统一审核一次，其他时间不单独受理相关申请						

（三）电视剧制作实行出品人制

制作电视剧实行出品人（即制作单位的法定代表人）负责制。出品人对本电视剧制作单位的全部制作活动负责。

（四）重大革命历史题材电视剧报批制

电视剧制作单位制作重大革命历史题材电视剧，必须按照广电总局的有关规定报批后，方可开展摄制工作。

二、电视剧的内容管理

（一）一般规定

1. 电视剧内容制作播出原则

电视剧内容的制作、播出应当坚持为人民服务、为社会主义服务的方向和百花齐放、百家争鸣的方针，坚持贴近实际、贴近生活、贴近群众，坚持社会效益第一、社会效益与经济效益相结合的原则，确保正确的文艺导向。

2. 电视剧内容的禁止性规定

电视剧不得载有下列内容：

（1）违反宪法确定的基本原则，煽动抗拒或者破坏宪法、法律、行政法规和规章实施的。

（2）危害国家统一、主权和领土完整的。

（3）泄露国家秘密，危害国家安全，损害国家荣誉和利益的。

（4）煽动民族仇恨、民族歧视，侵害民族风俗习惯，伤害民族感情，破坏民族团结的。

（5）违背国家宗教政策，宣扬宗教极端主义和邪教、迷信，歧视、侮辱宗教信仰的。

（6）扰乱社会秩序，破坏社会稳定的。

（7）宣扬淫秽、赌博、暴力、恐怖、吸毒，教唆犯罪或者传授犯罪方法的。

（8）侮辱、诽谤他人的。

（9）危害社会公德或者民族优秀文化传统的。

（10）侵害未成年人合法权益或者有害未成年人身心健康的。

（11）法律、行政法规和规章禁止的其他内容。

(二) 备案和公示

国产剧、合拍剧的拍摄制作实行备案公示制度。国务院广播影视行政部门负责全国拍摄制作电视剧的公示。省、自治区、直辖市人民政府广播影视行政部门负责受理本行政区域内制作机构拍摄制作电视剧的备案,经审核报请国务院广播影视行政部门公示。按照有关规定向国务院广播影视行政部门直接备案的制作机构,在将其拍摄制作的电视剧备案前,应当经其上级业务主管部门同意。

1. 申请电视剧拍摄制作备案公示的条件

符合下列条件之一的制作机构,可以申请电视剧拍摄制作备案公示:

（1）持有《电视剧制作许可证（甲种）》。
（2）持有《广播电视节目制作经营许可证》。
（3）设区的市级以上电视台（含广播电视台、广播影视集团）。
（4）持有《摄制电影许可证》。
（5）其他具备申领《电视剧制作许可证（乙种）》资质的制作机构。

2. 省、自治区、直辖市人民政府广播影视行政部门和直接备案制作机构向国务院广播影视行政部门申请电视剧拍摄制作备案公示应提交的材料

（1）《电视剧拍摄制作备案公示表》或者《重大革命和重大历史题材电视剧立项申报表》,并加盖对应的公章。
（2）如实准确表述剧目主题思想、主要人物、时代背景、故事情节等内容的不少于1500字的简介。
（3）重大题材或者涉及政治、军事、外交、国家安全、统战、民族、宗教、司法、公安等敏感内容的,应当出具省、自治区、直辖市以上人民政府有关主管部门或者有关方面的书面意见。

3. 公示程序

国务院广播影视行政部门对申请备案公示的材料进行审核,在规定受理日期后20日内,通过国务院广播影视行政部门政府网站予以公示。公示内容包括剧名、制作机构、集数和内容提要等。

电视剧公示打印文本可以作为办理相关手续的证明。

国务院广播影视行政部门对申请备案公示的电视剧内容违反本规定的,不予公示。

4. 内容变更备案公示程序

制作机构应当按照公示的内容拍摄制作电视剧。

制作机构变更已公示电视剧主要人物、主要情节的,应当依照本规定重新履行备案公示手续;变更剧名、集数、制作机构的,应当经省、自治区、直辖市人民政府广播影视行政部门或者其上级业务主管部门同意后,向国务院广播影视行政部门申请办理相关变更手续。

(三) 审查和许可

国产剧、合拍剧、引进剧实行内容审查和发行许可制度。未取得发行许可的电视剧,不得发行、播出和评奖。

1. 审查许可机构及其职责

国务院广播影视行政部门设立电视剧审查委员会和电视剧复审委员会。省、自治区、直辖市人民政府广播影视行政部门设立电视剧审查机构。

履行电视剧审查职责的广播影视行政部门,应当建立健全审查制度,规范审查程序,落实审查责任;聘请有较高学术水平、良好职业道德的专家对申请审查的电视剧履行审查职责。

审查人员应当按照有关规定履行职责,客观公正地提出审查意见。审查人员与送审方存在近亲属等关系、可能影响公正审查,或者参与送审剧目创作的,应当申请回避。

国务院广播影视行政部门电视剧审查委员会的职责是[①]:

(1) 审查直接备案制作机构制作的电视剧。

(2) 审查聘请相关国外人员参与创作的国产剧。

(3) 审查引进剧。

(4) 审查由省、自治区、直辖市人民政府广播影视行政部门电视剧审查机构提请国务院广播影视行政部门审查的电视剧。

(5) 审查引起社会争议的,或者因公共利益需要国务院广播影视行政部门审查的电视剧。

国务院广播影视行政部门电视剧复审委员会,负责对送审机构不服有关电视剧审查委员会或者电视剧审查机构的审查结论而提起复审申请的电视剧进行审查。

省、自治区、直辖市人民政府广播影视行政部门电视剧审查机构的职责是[②]:

(1) 审查本行政区域内制作机构制作的国产剧。

(2) 初审本行政区域内制作机构与境外机构制作的合拍剧剧本(或者

---

① 2016 年修订时删除了"审查合拍剧剧本(或者分集梗概)和完成片"的规定。
② 2016 年修订时,将"审查本行政区域内制作机构制作的、不含国外人员参与创作的国产剧"修改为"审查本行政区域内制作机构制作的国产剧",同时删除了"初审本行政区域内制作机构制作的、含国外人员参与创作的国产剧"。

分集梗概）和完成片。

（3）初审本行政区域内电视台等机构送审的引进剧。

2. 送审国产剧应提交的材料

送审国产剧，应当向省、自治区、直辖市以上人民政府广播影视行政部门提出申请，并提交以下材料：

（1）国务院广播影视行政部门统一印制的《国产电视剧报审表》。

（2）制作机构资质的有效证明。

（3）剧目公示打印文本。

（4）每集不少于 500 字的剧情梗概。

（5）图像、声音、字幕、时码等符合审查要求的完整样片一套。

（6）完整的片头、片尾和歌曲的字幕表。

（7）国务院广播影视行政部门同意聘用境外人员参与国产剧创作的批准文件的复印件。

（8）题材需提交主管部门和有关方面的书面审查意见。

送审合拍剧、引进剧，依照国务院广播影视行政部门有关规定执行。

3. 审查许可程序

省、自治区、直辖市以上人民政府广播影视行政部门在收到完备的报审材料后，应当在 50 日内做出许可或者不予许可的决定；其中审查时间为 30 日。许可的，发给电视剧发行许可证；不予许可的，应当通知申请人并书面说明理由。

经审查需要修改的，送审机构应当在修改后，依照本规定重新送审。

电视剧发行许可证由国务院广播影视行政部门统一印制。

送审机构对不予许可的决定不服的，可以自收到该决定之日起 60 日内向国务院广播影视行政部门提出复审申请。国务院广播影视行政部门应当在收到复审申请 50 日内做出复审决定；其中复审时间为 30 日。复审合格的，发给电视剧发行许可证；不合格的，应当通知送审机构并书面说明理由。

已经向广播影视行政部门申请审查，但尚未取得电视剧发行许可证的，送审机构不得向其他广播影视行政部门转移送审。

（四）播出管理

国务院广播影视行政部门可以对全国电视台播出电视剧的总量、范围、比例、时机、时段等进行宏观调控。

电视台在播出电视剧前，应当核验依法取得的电视剧发行许可证。

电视台对其播出电视剧的内容，应当依照本规定内容审核标准，进行播前审查和重播重审；发现问题应当及时经所在地省、自治区、直辖市人民政府广播影视行政部门报请国务院广播影视行政部门处理。

电视剧播出时,应当在每集的片首标明相应的电视剧发行许可证编号,在每集的片尾标明相应的电视剧制作许可证编号。

电视台播出电视剧时,应当依法完整播出,不得侵害相关著作权人的合法权益。

三、境内外合作制作电视剧的管理

电视剧制作单位应当制作完成广电总局规定数量的国产电视剧后,方可与港澳台或外国合作制作电视剧(以下简称"境内外合作制作电视剧")。广电总局负责全国中外合作制作电视剧(含电视动画片)的管理工作,对境外合作方、数量和中外联合制作电视剧(含电视动画片)的题材实施调控。省级广播电视行政部门负责本行政区域内中外合作制作电视剧(含电视动画片)的具体管理工作。

(一)境内外合作制作电视剧的形式

1. 联合制作

联合制作是由境内方与境外方共同投资,共派主创人员,共同分享利益及共同承担风险的制作方式。联合制作应当坚持以境内方为主的原则,双方共同确定剧本,共同投资;境内方主创人员不少于1/3;境内方必须全程参与制作工作;版权由双方共同所有;双方共同署名。

2. 协助制作

协助制作是由境外方出资并提供主创人员,境内方提供劳务或设备、器材、场地予以协助,在境内拍摄全部或部分场景,双方根据协议进行利益分配的电视剧制作方式。

3. 委托制作

委托制作是境外方委托境内方按有关规定在境内制作的方式。

(二)中外合作制作电视剧实行许可制度

国家对中外合作制作电视剧(含电视动画片)实行许可制度。未经批准,不得从事中外合作制作电视剧(含电视动画片)活动;未经审查通过的中外合作制作电视剧(含电视动画片)完成片,不得发行和播出。

(三)中外合作制作电视剧的立项

1. 申请中外联合制作电视剧立项应符合的条件

(1)中方机构须持有《电视剧制作许可证(甲种)》。

（2）中方机构应对联合制作的电视剧向广电总局同时申报合拍电视剧题材规划。

（3）双方共同投资，包括以货币直接投资，或以劳务、实物、广告时间等折价作为投资。

（4）前期创意、剧本写作等主要创作要素由双方共同确定。

（5）共派创作人员、技术人员参与全程摄制。电视剧主创人员（编剧、制片人、导演、主要演员）中，中方人员不得少于1/3。

（6）电视剧的国内外版权归中方及外方共同所有。

2. 申请中外联合制作电视剧立项应提交的材料

（1）申请书。

（2）《电视剧制作许可证（甲种）》复印件。

（3）省级广播电视行政部门的初审意见（直接从广电总局申领《电视剧制作许可证（甲种）》的中方制作机构除外）。

（4）每集不少于5000字的分集梗概或完整的剧本。

（5）境内外主创人员（编剧、制片人、导演、主要演员）名单及履历。

（6）制作计划、境内拍摄景点及详细拍摄日程。

（7）合作协议意向书。

（8）外方法人注册登记证明（外方为自然人的，应提交履历）、资信证明。审批机关可以要求外方提交经过公证的境外第三者担保书。

3. 申请中外联合制作电视动画片立项应符合的条件

（1）中方机构须持有《广播电视节目制作经营许可证》。

（2）中方机构应就联合制作的电视动画片向广电总局同时申报合拍电视动画片题材规划。

（3）双方共同投资，包括以货币直接投资，或以劳务、实物、广告时间等折价作为投资。

（4）前期创意、剧本写作等主要创作要素由双方共同确定。

（5）电视动画片的国内外版权归中方及外方共同所有。

4. 申请中外联合制作电视动画片立项应提交的材料

（1）申请书。

（2）《广播电视节目制作经营许可证》复印件。

（3）省级广播电视行政部门的初审意见（直接从广电总局申领《电视剧制作许可证（甲种）》的中方制作机构除外）。

（4）每集不少于500字的分集梗概或完整的剧本。

（5）合作协议意向书。

（6）外方法人注册登记证明（外方为自然人的，应提交履历）、资信证明。审批机关可以要求外方提交经过公证的境外第三者担保书。

5. 申请中外协作制作、委托制作电视剧（含电视动画片）应提交的材料

（1）申请书。

（2）每集不少于1500字的分集梗概或完整的剧本。

（3）主创人员（编剧、制片人、导演、主要演员）名单。

（4）境内拍摄景点及拍摄计划。

（5）合作协议意向书。

（6）审批机关可以要求外方提供的相关资信证明。

（四）申报程序

（1）直接从广电总局申领《电视剧制作许可证（甲种）》的中方制作机构申请与外方合作制作电视剧（含电视动画片）的，向广电总局申报。

（2）其他中方制作机构申请与外方合作制作电视剧（含电视动画片）的，经所在地省级广播电视行政部门同意，报广电总局审批。

（3）广电总局在正式受理中外合作制作电视剧（含电视动画片）申请后，应当在法定期限内做出是否准予拍摄的决定。其中中外联合制作电视剧（含电视动画片）的审查时间为50日（含专家评审时间30日）；中外协作制作、委托制作的电视剧（含电视动画片）的审查时间为20日。符合条件的，由广电总局做出准予拍摄的批复；不符合条件的，应当书面通知申请人并说明理由。送审单位对不准予拍摄的决定不服的，可以在收到决定之日起60日内，向广电总局提出复审申请。广电总局应当在50日内做出复审决定，其中组织专家评审的时间为30日，并将决定书面通知送审机构。

（五）审查程序

中外联合制作电视剧（含电视动画片）完成后，报省级以上广播电视行政部门审查。

1. 申报中外联合制作电视剧（含电视动画片）完成片审查应提交的材料

（1）省级广播电视行政部门的初审意见（直接从广电总局申领《电视剧制作许可证（甲种）》的中方制作机构除外）。

（2）广电总局准予拍摄的批复和合拍电视剧（电视动画片）题材规划的复印件。

（3）图像、声音、时码等符合审查要求的大1/2完整录像带一套。

（4）每集不少于300字的剧情梗概。

（5）与样带字幕相同的片头片尾字幕。

2. 审查程序

广电总局在正式受理中外联合制作的电视剧（含电视动画片）完成片审查申请后，应当在 50 日内做出是否准予行政许可的决定，其中组织专家评审的时间为 30 日。符合条件的，由广电总局颁发《电视剧（电视动画片）发行许可证》；不符合条件的，应当书面通知申请人并说明理由。

送审单位对不准予行政许可的决定不服的，可以在收到决定之日起 60 日内，向广电总局提出复审申请。广电总局应当依前款规定的审查期限做出复审决定，并将行政许可决定书面通知送审机构。复审合格的，由广电总局核发《电视剧（电视动画片）发行许可证》。

已经取得广电总局准予拍摄批复的剧本和已经取得《电视剧（电视动画片）发行许可证》的完成片，不得随意进行实质性的改动。确需对剧名、主要人物、主要情节和剧集长度等进行改动的，应当重新报批。

3. 审查标准

中外合作制作的电视剧（含电视动画片）中不得含有下列内容：

（1）反对宪法确定的基本原则的。
（2）危害国家统一、主权和领土完整的。
（3）泄露国家秘密、危害国家安全或者损害国家荣誉和利益的。
（4）煽动民族仇恨、民族歧视，破坏民族团结，或者侵害民族风俗、习惯的。
（5）宣扬邪教、迷信的。
（6）扰乱社会秩序，破坏社会稳定的。
（7）宣扬淫秽、赌博、暴力或者教唆犯罪的。
（8）侮辱或者诽谤他人，侵害他人合法权益的。
（9）危害社会公德或者民族优秀文化传统的。
（10）有法律、行政法规和国家规定禁止的其他内容的。

第七节 专网及定向传播视听节目服务管理制度

为规范专网及定向传播视听节目服务秩序，促进行业健康有序发展，保护公众和从业机构的合法权益，维护国家利益和公共利益，根据国家有关规定，经 2015 年 11 月 23 日新闻出版广电总局局务会议审议通过，2016 年 4 月 25 日《专网及定向传播视听节目服务管理规定》（以下简称《管理规定》）正式发布，并自 2016 年 6 月 1 日起施行。

一、专网及定向传播视听节目服务的界定

专网及定向传播视听节目服务是指以电视机、各类手持电子设备等为接收终端，通过局域网络及利用互联网架设虚拟专网或者以互联网等信息网络为定向传输通道，向公众定向提供广播电视节目等视听节目服务活动，包括以交互式网络电视（IPTV）、专网手机电视、互联网电视等形式从事内容提供、集成播控、传输分发等活动。

二、主管机关

新闻出版广电总局负责全国专网及定向传播视听节目服务的监督管理工作。

县级以上地方人民政府广播电影电视主管部门负责本行政区域内专网及定向传播视听节目服务的监督管理工作。

三、专网及定向传播视听节目服务单位的设立

（一）申请从事专网及定向传播视听节目服务的单位应具备的条件

（1）具备法人资格，为国有独资或者国有控股单位。
（2）有健全的节目内容编审、安全传播管理制度和安全保护措施。
（3）有与其业务相适应的技术能力、经营场所和相关资源。
（4）有与其业务相适应的专业人员。
（5）技术方案符合国家有关标准和技术规范。
（6）符合新闻出版广电总局确定的专网及定向传播视听节目服务总体规划、布局和业务指导目录①。
（7）符合法律、行政法规和国家规定的其他条件。

需要注意的是，外商独资、中外合资、中外合作机构，不得从事专网及定向传播视听节目服务。

申请从事内容提供服务的，应当是经新闻出版广电总局批准设立的地（市）级以上广播电视播出机构或者中央新闻单位等机构，还应当具备2000小时以上的节目内容储备和30人以上的专业节目编审人员。

申请从事集成播控服务的，应当是经新闻出版广电总局批准设立的省、自治区、直辖市级以上广播电视播出机构。

---

① 专网及定向传播视听节目服务业务指导目录由新闻出版广电总局制定。

申请从事交互式网络电视（IPTV）传输服务、专网手机电视分发服务的，应当是中华人民共和国工业和信息化部批准的具有合法基础网络运营资质的单位，并具有一定规模的公共信息基础网络设施资源和为用户提供长期服务的信誉或者能力。

（二）申请从事专网及定向传播视听节目服务的程序

申请从事专网及定向传播视听节目服务，应当向省、自治区、直辖市人民政府广播电影电视主管部门提出申请，中央直属单位可直接向新闻出版广电总局提出申请。

省、自治区、直辖市人民政府广播电影电视主管部门应当自收到申请之日起20日内提出初核意见，并将初核意见及全部申请材料报新闻出版广电总局审批；新闻出版广电总局应当自收到申请或者初核意见之日起40日内做出许可或者不予许可的决定，其中专家评审时间为20日。予以许可的，向申请人颁发《信息网络传播视听节目许可证》，并向社会公告；不予许可的，应当书面通知申请人并说明理由。

延伸阅读 >>>

信息网络传播视听节目许可证

《信息网络传播视听节目许可证》由新闻出版广电总局根据专网及定向传播视听节目服务的业务类别、服务内容、传输网络、覆盖范围等事项分类核发。《信息网络传播视听节目许可证》有效期为3年。有效期届满，需继续从事专网及定向传播视听节目服务的，应当于有效期届满前30日内，持符合《专网及定向传播视听节目服务管理规定》第六条、第七条条件的相关材料，按照《专网及定向传播视听节目服务管理规定》的审批程序办理续办手续。

专网及定向传播视听节目服务单位变更《信息网络传播视听节目许可证》载明的业务类别、服务内容、传输网络、覆盖范围等业务项目以及变更股东、股权结构等重大事项的，应当事先按《专网及定向传播视听节目服务管理规定》办理审批手续。

专网及定向传播视听节目服务单位的单位名称、办公场所、法定代表人依法变更的，应当在变更后15日内向原发证机关备案。

专网及定向传播视听节目服务单位采用合资、合作模式开展节目生产购销、广告投放、市场推广、商业合作、收付结算、技术服务等经营性业务的，应当在签订合资、合作协议后15日内向原发证机关备案。

专网及定向传播视听节目服务单位应当在取得《信息网络传播视听节目许可证》90日内提供服务。未按期提供服务的，由原发证机关注销其《信息网络传播视听节目许可证》。

如因特殊原因，延期或者中止提供服务的，应经原发证机关同意。申请终止服务的，应提前 60 日向原发证机关申报，由原发证机关注销其《信息网络传播视听节目许可证》。

未经申报，连续停止业务超过 60 日的，由原发证机关按终止业务处理，并注销其《信息网络传播视听节目许可证》。

四、专网及定向传播视听节目服务规范

（一）基本原则

（1）专网及定向传播视听节目服务单位应当按照《信息网络传播视听节目许可证》载明的事项从事专网及定向传播视听节目服务。

（2）专网及定向传播视听节目服务单位应当建立健全与国家网络信息安全相适应的安全管理制度、保障体系和技术保障手段，履行安全保障义务。

（3）专网及定向传播视听节目服务单位应当为广播电影电视主管部门设立的节目监控系统提供必要的信号接入条件。

（4）专网及定向传播视听节目服务单位相互之间应当按照广播电影电视主管部门的管理规定和相关标准实行规范对接，并为对接提供必要的技术支持和服务保障。

（5）用于专网及定向传播视听节目服务的技术系统和终端产品，应符合国家有关标准和技术规范。

（6）任何单位不得向未取得专网及定向传播视听节目服务许可的单位提供与专网及定向传播视听节目服务有关的服务器托管、网络传输、软硬件技术支持、代收费等服务。

（7）专网及定向传播视听节目服务单位传播的电影、电视剧、动画片、纪录片等节目，应当符合国家广播电影电视相关管理规定。专网及定向传播视听节目服务单位传播的时政类视听新闻节目，应当是地（市）级以上广播电台、电视台制作、播出的新闻节目。

（8）专网及定向传播视听节目服务单位不得转播、链接、聚合、集成非法广播电视频道节目、非法视听节目网站的节目和未取得内容提供服务许可的单位开办的节目。

（9）专网及定向传播视听节目服务单位应当遵守著作权法律、行政法规的规定，采取版权保护措施，保护著作权人的合法权益。

（二）专网及定向传播视听节目服务单位传播的节目不得含有的内容

（1）违反宪法确定的基本原则，煽动抗拒或者破坏宪法、法律、行政法规实施。

（2）危害国家统一、主权和领土完整，泄露国家秘密，危害国家安全，损害国家荣誉和利益。

（3）诋毁民族优秀文化传统，煽动民族仇恨、民族歧视，侵害民族风俗习惯，歪曲民族历史和民族历史人物，伤害民族感情，破坏民族团结。

（4）宣扬宗教狂热，危害宗教和睦，伤害信教公民宗教感情，破坏信教公民和不信教公民团结，宣扬邪教、迷信。

（5）危害社会公德，扰乱社会秩序，破坏社会稳定，宣扬淫秽、赌博、吸毒，渲染暴力、恐怖，教唆犯罪或者传授犯罪方法。

（6）侵害未成年人合法权益或者损害未成年人身心健康。

（7）侮辱、诽谤他人或者散布他人隐私，侵害他人合法权益。

（8）法律、行政法规禁止的其他内容。

延伸阅读 >>>

关于内容提供等服务单位的规定

内容提供服务单位，负责建设和运营内容提供平台，组织、编辑和审核节目内容。

内容提供服务单位播出的节目应当经过集成播控服务单位设立的集成播控平台统一集成后提供给用户。内容提供服务单位应当选择依法取得集成播控服务许可的单位提供接入服务。

内容提供服务单位负责审查其内容提供平台上的节目是否符合本规定第十六条的规定和版权管理要求，并进行播前审查。

内容提供服务单位应当建立健全节目审查、安全播出等节目内容管理制度，配备专业节目审查人员。所播出节目的名称、内容概要、播出时间、时长、来源等信息，应当至少保留60日，并配合广播电影电视主管部门依法查询。

内容提供服务单位发现含有违反本规定的节目，应当立即删除并保存有关记录，并向广播电影电视主管部门报告，落实广播电影电视主管部门的管理要求。

集成播控服务单位，负责集成播控平台的建设和运营，负责对内容提供服务单位播出的节目的统一集成和播出监控，负责电子节目指南（EPG）、用户端、计费、版权等管理。

集成播控服务单位发现接入集成播控平台的节目含有违反本规定的内容时，应立即切断节目源，并向广播电影电视主管部门报告。

集成播控服务单位应当建立健全安全播控管理制度，采取技术安全管控措施，配备专业安全播控管理人员，按照广播电影电视主管部门的管理规定集成播控节目。

集成播控服务单位在提供接入服务时，应当查验内容提供服务单位的《信息网络传播视听节目许可证》，并为其提供优质的信号接入服务，不得擅自插播、截留、变更内容提供服务单位播出的节目信号。

集成播控服务单位和内容提供服务单位应在播出界面显著位置标注国务院广播电影电视主管部门批准的播出标识、名称。

传输分发服务单位应当遵守广播电影电视主管部门有关安全传输的管理规定，建立健全安全传输管理制度，保障网络传输安全。

传输分发服务单位在提供传输分发服务前，应当查验集成播控服务单位的《信息网络传播视听节目许可证》。不得擅自插播、截留、变更集成播控平台发出的节目信号和电子节目指南（EPG）、用户端、计费、版权等控制信号。

省级以上广播电影电视主管部门应建立健全节目监管系统，建立公众监督举报制度，加强对专网及定向传播视听节目服务的监督管理。

广播电影电视主管部门发现专网及定向传播视听节目服务单位未及时处置违法违规内容、落实监管措施的，可以对其主要负责人、法定代表人、总编辑进行约谈。

五、法律责任

（一）擅自从事专网及定向传播视听节目服务的法律责任

擅自从事专网及定向传播视听节目服务的，由县级以上广播电影电视主管部门予以警告、责令改正，可并处3万元以下罚款；情节严重的，根据《广播电视管理条例》第四十七条的规定予以处罚。

（二）专网及定向传播视听节目服务单位传播的节目内容违反《管理规定》的法律责任

专网及定向传播视听节目服务单位传播的节目内容违反本规定的，由县级以上广播电影电视主管部门予以警告、责令改正，可并处3万元以下罚款；情节严重的，根据《广播电视管理条例》第四十九条的规定予以处罚。

（三）违反《管理规定》的几种行为的法律责任

（1）有下列行为之一的，由县级以上广播电影电视主管部门予以警告、责令改正，可并处3万元以下罚款；情节严重的，根据《广播电视管理条例》第五十条的规定予以处罚：

1）未按照《信息网络传播视听节目许可证》载明的事项从事专网及定

向传播视听节目服务的；

2）违规传播时政类视听新闻节目的；

3）集成播控服务单位未对内容提供服务单位播出的节目进行统一集成和播出监控或者未负责电子节目指南（EPG）、用户端、计费、版权等管理的。

（2）有下列行为之一的，由县级以上广播电影电视主管部门予以警告、责令改正，可并处3万元以下罚款；情节严重的，根据《广播电视管理条例》第五十一条的规定予以处罚：

1）专网及定向传播视听节目服务单位转播、链接、聚合、集成非法广播电视频道节目、非法视听节目网站的节目和未取得内容提供服务许可的单位开办的节目的；

2）集成播控服务单位擅自插播、截留、变更内容提供服务单位播出的节目信号的；

3）传输分发服务单位擅自插播、截留、变更集成播控平台发出的节目信号和电子节目指南（EPG）、用户端、计费、版权等控制信号的；

（3）有下列行为之一的，由县级以上广播电影电视主管部门予以警告、责令改正，可并处3万元以下罚款；同时，可对其主要出资者和经营者予以警告，可并处2万元以下罚款：

1）变更股东、股权结构等重大事项，未事先办理审批手续的；

2）专网及定向传播视听节目服务单位的单位名称、办公场所、法定代表人依法变更后未及时向原发证机关备案的；

3）采用合资、合作模式开展节目生产购销、广告投放、市场推广、商业合作、收付结算、技术服务等经营性业务未及时向原发证机关备案的；

4）集成播控服务单位和传输分发服务单位在提供服务时未履行许可证查验义务的；

5）未按《管理规定》要求建立健全与国家网络信息安全相适应的安全播控、节目内容、安全传输等管理制度、保障体系的；

6）集成播控服务单位和内容提供服务单位未在播出界面显著位置标注播出标识、名称的；

7）内容提供服务单位未采取版权保护措施，未保留节目播出信息或者未配合广播电影电视主管部门查询，以及发现含有违反《管理规定》的节目时未及时删除并保存记录或者未报告广播电影电视主管部门的；

8）集成播控服务单位发现接入集成播控平台的节目含有违反《管理规定》的内容时未及时切断节目源或者未报告广播电影电视主管部门的；

9）用于专网及定向传播视听节目服务的技术系统和终端产品不符合国

家有关标准和技术规范的；

10）向未取得专网及定向传播视听节目服务许可的单位提供与专网及定向传播视听节目服务有关的服务器托管、网络传输、软硬件技术支持、代收费等服务的；

11）未向广播电影电视主管部门设立的节目监控系统提供必要的信号接入条件的；

12）专网及定向传播视听节目服务单位在同一年度内 3 次出现违规行为的；

13）拒绝、阻挠、拖延广播电影电视主管部门依法进行监督检查或者在监督检查过程中弄虚作假的；

14）以虚假证明、文件等手段骗取《信息网络传播视听节目许可证》的。①

（四）广播电影电视主管部门工作人员滥用职权、玩忽职守的责任

广播电影电视主管部门工作人员滥用职权、玩忽职守的，依法给予处分；构成犯罪的，依法追究刑事责任。

思考与实训题

1. 简述广播电台电视台的设立审批程序。
2. 简述我国广播电视节目内容管理制度。
3. 简述《广播电台电视台播放录音制品支付报酬暂行办法》规定的三种计酬方式。
4. 简述我国电视剧内容管理制度。
5. 简述专网及定向传播视听节目服务单位的设立制度。
6. 案例分析。

（1）根据举报，某市文化市场行政执法局会同市无线电管理委员会、公安等部门对位于该市春天区秋天路某小区 5 号楼 1 单元 2202 户进行检查，发现该房屋租客甲利用购买的调频广播发射机使用调频 100.2 兆赫兹长期向社会公众广播内容虚假的医疗药品广告。请依据《广播电视管理条例》的规定，分析甲的违法行为及其处罚。

（2）被称为史上最严的新《广告法》于 2015 年 9 月 1 日起正式实施。

---

① 有该行为的，发证机关应撤销其《信息网络传播视听节目许可证》。

对广告用语、代言人、互联网广告以及处罚力度等方面都做出了更细致而严格的规定。其中，新《广告法》对于极限词汇的禁用引起轩然大波，"国家级""最高级""最佳""最新""第一""首选""顶尖""全球首发""王牌""独家""永久"在内的词汇都将禁用。这是《广告法》实施20年来首次修订。据国家工商总局公布监测数据显示，新《广告法》颁布以前，我国电视广播广告中超过三成都是违法广告，新《广告法》正式实施以来，违法广告几项主要数据指标已连续两个月实现50%左右的下降。

结合《广播电视广告播出管理办法》和新《广告法》，谈谈我国广播电视广告管理的法律制度现状与完善。

推荐阅读书目

1. 周小普主编：《广播电视概论》，中国人民大学出版社2014年版
2. 赵玉明主编：《中国广播电视通史》，中国广播影视出版社2014年版
3. 涂昌波著：《广播电视法律制度概论》（第二版），中国传媒大学出版社2011年版
4. 李丹林著：《广播电视法中的公共利益研究》，中国传媒大学出版社2012年版

第五章　电影产业政策与法律

● **知识目标**
1. 了解我国电影产业的发展现状。
2. 熟悉我国电影产业政策法律发展历程。
3. 掌握《电影产业促进法》的相关内容。

● **能力目标**

具备运用《电影产业促进法》的相关规定判定电影产业中的违法行为及其法律责任的能力。

"偷票房"拷问电影票房监管

"偷票房"事件拷问着中国电影的发展路径。中央多次提出"加快实现我国由电影大国向电影强国转变"的宏伟目标。这里的"电影强国",不仅指电影成熟的投融资模式、精彩的内容制作、强大的发行机制、丰富的衍生品开发,也包括完善的电影票房发布与监管机制。

这些年,中国电影产业在黄金机遇期蓬勃发展的事实不容置疑。但是,层出不穷的"票房事件"也提醒我们,中国离电影强国还有不小的距离:如果电影内容质量上乘,"好货不愁卖","偷票房"可能不会发生;如果电影档期安排合理,"大片不扎堆","偷票房"可能也不会发生;如果制片方、发行方和院线方的"分账"平均,电影市场"吃大头"的不总是电影院,则制片发行方就不会看院线方的脸色行事,"偷票房"就更不会发生。

电影产业需要高票房,但不需要高泡沫。特别在很多制片院线方"变身"上市公司后,票房不仅影响着观影需求、决定着投资者的收益,更会影响到股市。

因此,为杜绝"偷票房"现象,使票房数据更权威、更准确,必须尽快完善票房发布与监管机制:有关部门要加速网络统计平台和院线监管系建设，对票房造假行为必须予以严惩；同时，可考虑在重要时间节点发布重点影片的关键数据，避免产生误读、导致矛盾。

(《"偷票房"惊曝贺岁档拷问电影票房监管》，http://news.163.com/10/1213/08/6NP5R6FI00014JB5_3.html，访问日期：2017年3月16日)

第一节　我国电影产业政策法律概述

1895年12月28日，法国卢米埃尔兄弟在巴黎卡普辛路14号咖啡馆印度厅成功放映自己拍摄的影片《工厂大门》《火车到站》等，标志着"电影时代"的来临。100多年来，随着科学技术的进步，电影产业已经成为各国国民经济中非常重要的一个组成部分。根据美国电影协会统计，2016年全球电影票房总收入比2015年创造的全球总票房纪录增加1%，达到386亿美元，再创新高。其中，美国和加拿大两国2015年票房总收入达114亿美元，比前一年增长2%。[①]

虽然美国电影在全球的优势地位依然明显，但是许多国家本土电影产业的发展已显现出强大活力。在中国、印度、日本、韩国等亚洲国家，本土电影的市场份额甚至保持着对好莱坞电影的竞争优势。在全球电影市场近些年大约4%的增长速度大背景下，全球第一大电影市场北美地区基本稳定饱和，而中国则以30%左右的平均增长率领跑全球市场。因而，好莱坞等成熟电影工业更加重视中国等新兴电影市场所爆发出的巨大市场潜力，而中国、印度、韩国等国家的新兴电影工业也因国内市场的蓬勃而变得更有底气，并将目光投向了海外市场。这种双向流动的趋势正影响着全球电影产业格局。与此同时，在以互联网、特别是移动互联网为代表的新媒体冲击下，电影产业不仅进入了全面数字化时代，而且电影的制作、发行、放映、营销和版权交易等各个环节都在数字化和互联网的影响下孕育着新模式。[②]

一、我国电影产业发展现状

中华人民共和国成立后第一部故事片《桥》拉开了我国电影事业的新篇章。之后尤其是改革开放以来，伴随着我国各项事业的蓬勃发展，我国电影产业在国家政策法规的引导下，在电影人的努力下，得到全面发展，电影

---

① 《2014年全球电影票房总体收入情况及美国影院产业发展趋势分析》，http://www.chyxx.com/industry/201410/289199.html，访问日期：2016年12月18日。

② 尹鸿、彭侃、尹一伊：《世界电影产业发展趋势研究报告》，载《现代传播》2014年第8期，第1~8页。

产业持续繁荣。随着电影行业体制机制改革的不断深入,中国电影的发展活力进一步被激发。

中国电影行业可以说先后经历了"高峰—低谷—上升"的发展历程。20世纪80年代,中国电影曾经辉煌过,由于人民收入水平提升,票价低廉,再加上人民对精神食粮的渴求以及其他娱乐方式极度匮乏,看电影的人数和票房收入节节攀升,1991年达到顶点,年票房收入达到24亿元,人均年观影10次以上。然而,自1992年之后,随着电视普及率的提高、节目质量的提升,再加上电影盗版猖獗,中国电影行业步入了低谷,1999年,票房收入跌入谷底,仅8.1亿元。2002年,为了挽救濒死的电影行业,应对WTO之后进口影片对国产电影的冲击,国家开始推行电影产业化改革,允许民营、外资进入电影投资、制作、发行、放映环节。虽然这一时期电影票价有了较大增长,但是随着国人消费能力的提升,有消费能力的年轻人逐渐成为电影消费的主力军,中国的电影市场进入了前所未有的繁荣发展时期,真正走上了市场化、产业化的道路。[1]

根据前瞻产业研究发布的《2016—2021年中国电影产业市场前瞻与投资战略规划分析报告》数据显示,2010—2015年间,中国国产故事片总产量整体呈现出逐年增加,2010年时国产故事片总产量为526部,到2012年时达到一个顶峰,为653部。随后才逐步下降,2014年下降至618部,但2015年再度出现增长,达到历年最高,为686部。与此同时,票房同样是节节升高,屡创纪录。根据上述报告数据,2012年中国电影产业总票房收入为170.73亿元;2013年全国电影总票房收入为217.69亿元,同比增长27.5%;2014年全国电影总票房收入为296.39亿元,同比增长36.15%;2015年全国电影总票房收入为440.69亿元,同比增长48.7%。

2016年前10个月,全国电影票房收入已达到390.48亿元,比2015年同期净增20亿元以上,其中国产片市场份额为59.53%,已有36部国产片单片票房过亿元。观影人次达11.68亿,同比增长11.17%。银幕数近4万块,较2015年底增加7700多块,平均每天增加25块。城市院线84.7%的银幕可以进行3D放映,全国已有巨幕501块,其中中国巨幕161块。共有万达、中影星美等12家院线票房收入在10亿元以上,其中7家票房收入超过20亿元。[2]

上述这些数字表明,我国电影产业已经得到长足发展,接下来的电影产

---

[1] 黄冬虹:《中国电影产业发展现状研究》,载《传媒》2014年第17期,第14~16页。
[2] 《全国人大表决通过〈电影产业促进法〉》,http://ent.qq.com/a/20161107/032630.htm?pgv_ref=aio2015_hao123news,访问日期:2016年12月18日。

业应该从"重数量规模"向"强内涵质量"的方向迈进。面对全球电影产业呈现出的"数字化"发展占据绝对主流、新兴国家市场成为推动票房增长的主要力量、好莱坞的高预算电影牢牢把控着全球市场这三种主要趋势,[①] 中国电影产业需要及时内省,认识到自身存在的诸如质量有待提高、地区发展不均衡、国产片国际影响力不足等问题,抓住当前国际电影产业发展的新机遇,以电影人才的挖掘与培养为基础,顺应全球电影产业数字化大趋势,深化电影产业体制机制改革,突破发展瓶颈,实施"走出去"战略,提升我国电影产业国际知名度,进而从根本上推动我国电影产业健康有序发展。

二、我国电影产业政策法律现状

(一)我国电影产业政策发展历程

我国电影产业起步较晚,中华人民共和国成立至 1984 年,电影一直被当作文化事业来发展。1984 年《中共中央关于经济体制改革的决定》颁布,电影行业被定性为事业单位企业化管理,但由于计划经济体制时代的历史原因,我国电影业改革并未能真正进行。1993 年我国步入市场经济时代后,《关于当前深化电影行业机制改革的若干意见》以及《实施细则(征求意见稿)》出台,政府首次在政策层面上明确了中国电影必须走市场化发展道路,之后电影业真正迈入了发展的快车道,与之相关的电影产业政策也开始纳入学界的研究视阈;2004 年 1 月,《关于加快电影产业发展的若干意见》公布,政府正式确认了电影的产业化性质。[②]

近年来,我国电影产业方面的相关政策不断推出,大大推动了我国电影产业的发展。比较有代表性的政策文本包括:为进一步平衡电影制片与发行放映的利益分配水平,建立符合市场规律的电影投资与回报体系,并参照国际惯例,2011 年 12 月,广电总局发布《关于促进电影制片发行上映协调发展的指导意见》;为贯彻落实党的十八大和十八届三中全会精神,丰富人民群众文化生活,促进中国电影繁荣发展,提高中国电影的整体实力和竞争力,推动中国电影在关键时期迈上一个新的台阶,实现由电影大国向电影强国的跨越,2014 年 6 月,新闻出版广电总局联合财政部、国家发展改革委、

---

① 参见任明《全球背景下中国电影产业所面临的挑战与机遇》,载《现代传播》2014 年第 8 期,第 9~14 页。

② 参见刘阳《中国电影产业政策文献研究述评(2004—2014):以 CSSCI 相关来源期刊为例》,载《北京电影学院学报》2015 年第 3~4 期,第 158~167 页。

国土资源部、住房和城乡建设部、中国人民银行、国家税务总局共同发布了《关于支持电影发展若干经济政策的通知》；为了规范国家电影事业发展专项资金征收使用管理，支持电影事业发展，新闻出版广电总局联合财政部发布了《国家电影事业发展专项资金征收使用管理办法》。

（二）我国电影产业法律发展历程

早在20世纪80年代，随着我国电影改革开放的逐步推进，我国要有一部电影法的理念就已在业内引发讨论。1984年，我国的电影法诞生了第一稿。进入21世纪后，随着我国电影产业化的全面推进，2005年，《电影产业促进法》的起草工作进入到实质运作阶段。2010年我国电影市场总票房首破百亿元，同时也开启了连续多年的"大提速"，产业的需求，特别是我国全面推进依法治国的进程加快，2015年，《电影产业促进法（草案）》首次审议。① 2016年11月7日，第十二届全国人大常委会第二十四次会议表决通过了《中华人民共和国电影产业促进法》（以下简称《电影产业促进法》），于2017年3月1日起施行。《电影产业促进法》是我国文化产业领域的第一部基本法性质的法律，该法律对整个文化产业的发展将会产生深远的影响。

目前，在我国电影领域施行的行政法规和行政规章主要包括《电影管理条例》《特种电影管理暂行办法》《数字电影发行放映管理办法》《电影企业经营资格准入暂行规定》《国家广播电影电视总局行政许可实施检查监督暂行办法》《电影片进出境洗印、后期制作审批管理办法》《中外合作摄制电影片管理规定》《电影剧本（梗概）备案、电影片管理规定》《电影数字放映暂行技术要求》《外商投资电影院暂行规定》《外商投资电影院报批程序》《聘用境外主创人员参与摄制国产影片管理规定》《国家广播电影电视总局电视节目技术质量（金帆奖）奖励办法》《国产电影片字幕管理规定》《中外合资、合作广播电视制作经营企业管理暂行规定》《国家广播电影电视总局工程建设档案管理暂行规定》《国家广播电影电视总局关于广播影视"走出去工程"的实施细则（试行）》《国家广电总局关于加强内地与香港电影业合作、管理的实施细则》《国家广电总局关于加快电影产业发展的若干意见》《国家广播电影电视总局关于调整重大革命和历史题材电影、电视剧立项及完成片审查办法的通知》《国家广播电影电视总局关于开展有线数字广播影视业务试点工作的通知》《国家广播电影电视总局关于组建广

---

① 翟志鹏：《〈电影产业促进法〉出台》，http://news.hexun.com/2016 - 11 - 08/186783686. html，访问日期：2016年12月18日。

播影视节目交易中心的实施细则（试行）》等。

第二节　电影产业基本法

电影，是指运用视听技术和艺术手段摄制、以胶片或者数字载体记录、由表达一定内容的有声或者无声的连续画面组成、符合国家规定的技术标准、用于电影院等固定放映场所或者流动放映设备公开放映的作品。从其诞生到如今，电影以其独特的魅力彰显着经济价值和精神价值。近年来，我国电影产业迅猛发展，电影的市场化运营首要的就是需要法律的保障。经过多年的积累，《电影产业促进法》终获出台，标志着我国文化产业诸领域中第一部基本法得到颁行。《电影产业促进法》写入了许多已经推行的改革举措，比如减少审批项目、降低准入门槛等。《电影产业促进法》出台后，很重要的一条就是要坚持放管结合，加强后续的监管，在简政放权的同时，注重加强事中和事后的监管力度。《电影产业促进法》的制定具有重大意义[①]：

第一，《电影产业促进法》将长期以来中国电影产业改革发展的成熟经验上升为法律制度，为未来电影产业持续健康繁荣发展提供了有力的法制保障，对电影产业的长远发展具有里程碑意义。

第二，《电影产业促进法》规定的五个方面的主要制度措施将对中国电影产业产生深远影响：将电影产业纳入国民经济和社会发展规划，使电影产业成为拉动内需、促进就业、推动国民经济增长的重要产业；加快转变政府职能，简政放权，降低电影行业准入门槛，调动全社会参与热情，激发市场活力；加大财政、税收、金融、用地等方面的扶持力度，对电影产业给予立体的制度支持；通过扩大监管范围、完善监管措施、细化监管程序、加大打击力度等，进一步规范产业发展和市场秩序；明确电影的正面导向作用，维护观众合法权益，鼓舞创作热情，满足人民群众日益增长的精神文化需求。

第三，作为我国文化产业领域的第一部法律，《电影产业促进法》也将对整个文化产业的发展产生长期深远的影响，对目前我们正在抓紧进行的文化产业领域的立法工作，将产生积极的示范作用。

一、立法宗旨和适用范围

《电影产业促进法》的立法宗旨是为了促进电影产业健康繁荣发展，弘

[①] 周玮：《新闻出版广电总局有关负责人谈电影产业促进法出台》，http://news.xinhuanet.com/2016 - 11/07/c_1119867062.htm，访问日期：2016 年 12 月 18 日。

扬社会主义核心价值观，规范电影市场秩序，丰富人民群众精神文化生活。

《电影产业促进法》的适用范围是在中华人民共和国境内从事电影创作、摄制、发行、放映等活动（以下统称电影活动）。

二、基本原则

（一）社会效益与经济效益相统一原则

从事电影活动，应当坚持为人民服务、为社会主义服务，坚持社会效益优先，实现社会效益与经济效益相统一。

（二）以人民为中心的创作原则

国家坚持以人民为中心的创作导向，坚持百花齐放、百家争鸣的方针，尊重和保障电影创作自由，倡导电影创作贴近实际、贴近生活、贴近群众，鼓励创作思想性、艺术性、观赏性相统一的优秀电影。

（三）纳入国民经济和社会发展规划原则

国务院应当将电影产业发展纳入国民经济和社会发展规划。县级以上地方人民政府根据当地实际情况将电影产业发展纳入本级国民经济和社会发展规划。

（四）国家政策引导原则

国家制定电影及其相关产业政策，引导形成统一开放、公平竞争的电影市场，促进电影市场繁荣发展。

（五）构建电影技术创新体系原则

国家鼓励电影科技的研发、应用，制定并完善电影技术标准，构建以企业为主体、市场为导向、产学研相结合的电影技术创新体系。

（六）保护电影知识产权原则

与电影有关的知识产权受法律保护，任何组织和个人不得侵犯。县级以上人民政府负责知识产权执法的部门应当采取措施，保护与电影有关的知识产权，依法查处侵犯与电影有关的知识产权的行为。从事电影活动的公民、法人和其他组织应当增强知识产权意识，提高运用、保护和管理知识产权的能力。国家鼓励公民、法人和其他组织依法开发电影形象产品等衍生产品。

三、管理体制

（一）行政管理

国务院电影主管部门负责全国的电影工作；县级以上地方人民政府电影主管部门负责本行政区域内的电影工作。县级以上人民政府其他有关部门在各自职责范围内，负责有关的电影工作。

县级以上人民政府电影主管部门应当加强对电影活动的日常监督管理，受理对违反《电影产业促进法》规定的行为的投诉、举报，并及时核实、处理、答复；将从事电影活动的单位和个人因违反本法规定受到行政处罚的情形记入信用档案，并向社会公布。

县级以上人民政府电影主管部门及其工作人员应当严格依照《电影产业促进法》规定的处罚种类和幅度，根据违法行为的性质和具体情节行使行政处罚权，具体办法由国务院电影主管部门制定。

县级以上人民政府电影主管部门对有证据证明违反《电影产业促进法》规定的行为进行查处时，可以依法查封与违法行为有关的场所、设施或者查封、扣押用于违法行为的财物。

当事人对县级以上人民政府电影主管部门以及其他有关部门依照本法做出的行政行为不服的，可以依法申请行政复议或者提起行政诉讼。其中，对国务院电影主管部门做出的不准予电影公映的决定不服的，应当先依法申请行政复议，对行政复议决定不服的可以提起行政诉讼。

（二）行业自治

电影行业组织依法制定行业自律规范，开展业务交流，加强职业道德教育，维护其成员的合法权益。演员、导演等电影从业人员应当坚持德艺双馨，遵守法律法规，尊重社会公德，恪守职业道德，加强自律，树立良好社会形象。

延伸阅读 >>>

电影行业组织介绍

1. 中国电影发行放映协会

中国电影发行放映协会是全国性的电影发行放映行业社团组织，系由全国电影发行、放映、器材、技术研发、影视文化及相关企业法人自愿组成的专业性、非营利性的社会团体，业务主管单位为新闻出版广电总局，接受中华人民共和国民政部的监督和管理。中国电影发行放映协会的前身是1985年在北京成立的中国电影发行放映学会，1995年9月26日，经国家广电总局和中华人民共和国民政部批准，正式更名为中国电影发行放映协会。2007年初，协会同中国城市影院发展协会合署办公。2009年经国家广电总局、民政部批准同意中国城市影院发展协会并入，并于2009年12月5日经会员代表大会选举产生新一届（第四届）理事会。协会现有会员800多家，包括中国电影集团公司、华夏电影发行公司等骨干企业及全国城市院线、实力影院、器材设备厂商，农村数字电影院线公司以及少数民族语译制中心。现设五个分支机构：电影发行与城市院线分会、城市影院分会、电影技术分会、农村电影院线分会、少数民族语电影分会。

2. 中国电影家协会

中国电影家协会成立于1949年7月（原名为"中华全国电影艺术工作者协会"，1957年改称"中国电影工作者联谊会"，1960年又改称"中国电影工作者协会"，1979年改称为"中国电影家协会"）。中国电影家协会举办"中国电影金鸡奖""《大众电影》百花奖"及"中国金鸡百花电影节"，通过权威性、群众性的专业评奖、节庆活动，推进中国电影文化建设。中国电影金鸡奖和《大众电影》百花奖是由中国电影家协会参与主办并具体承办的两项重要的电影评奖活动。这两项电影评奖和新闻出版广电总局主办的中国电影华表奖，是中国影坛影响最广泛、最具权威性的三大综合性电影奖，受到广大电影工作者的高度重视。由前两项电影评奖活动发展而来的中国金鸡百花电影节创立于1992年，目前日臻成熟，已成为吸引和团结中国电影人的一个重要的庆典和聚会，是中国电影家协会各项工作全面展示的一个平台。

四、电影创作与摄制

国家鼓励电影剧本创作和题材、体裁、形式、手段等创新，鼓励电影学术研讨和业务交流。县级以上人民政府电影主管部门根据电影创作的需要，为电影创作人员深入基层、深入群众、体验生活等提供必要的便利和帮助。

（一）电影剧本（梗概）的备案、审查、公告制度

拟摄制电影的法人、其他组织应当将电影剧本梗概向国务院电影主管部门或者省、自治区、直辖市人民政府电影主管部门备案；其中，涉及重大题材或者国家安全、外交、民族、宗教、军事等方面题材的，应当按照国家有关规定将电影剧本报送审查。

电影剧本梗概或者电影剧本符合《电影产业促进法》第十六条规定的，由国务院电影主管部门将拟摄制电影的基本情况予以公告，并由国务院电影主管部门或者省、自治区、直辖市人民政府电影主管部门出具备案证明文件或者颁发批准文件。具体办法由国务院电影主管部门制定。

（二）与境外组织合作摄制电影的审批制度

法人、其他组织经国务院电影主管部门批准，可以与境外组织合作摄制

电影；但是，不得与从事损害我国国家尊严、荣誉和利益，危害社会稳定，伤害民族感情等活动的境外组织合作，也不得聘用有上述行为的个人参加电影摄制。

合作摄制电影符合创作、出资、收益分配等方面比例要求的，该电影视同境内法人、其他组织摄制的电影。

境外组织不得在境内独立从事电影摄制活动；境外个人不得在境内从事电影摄制活动。

（三）电影摄制中的保障与义务

县级以上人民政府电影主管部门应当协调公安、文物保护、风景名胜区管理等部门，为法人、其他组织依照本法从事电影摄制活动提供必要的便利和帮助。

从事电影摄制活动的，应当遵守有关环境保护、文物保护、风景名胜区管理和安全生产等方面的法律、法规，并在摄制过程中采取必要的保护、防护措施。

（四）电影创作与摄制禁止出现的内容

（1）违反宪法确定的基本原则，煽动抗拒或者破坏宪法、法律、行政法规实施。

（2）危害国家统一、主权和领土完整，泄露国家秘密，危害国家安全，损害国家尊严、荣誉和利益，宣扬恐怖主义、极端主义。

（3）诋毁民族优秀文化传统，煽动民族仇恨、民族歧视，侵害民族风俗习惯，歪曲民族历史或者民族历史人物，伤害民族感情，破坏民族团结。

（4）煽动破坏国家宗教政策，宣扬邪教、迷信。

（5）危害社会公德，扰乱社会秩序，破坏社会稳定，宣扬淫秽、赌博、吸毒，渲染暴力、恐怖，教唆犯罪或者传授犯罪方法。

（6）侵害未成年人合法权益或者损害未成年人身心健康。

（7）侮辱、诽谤他人或者散布他人隐私，侵害他人合法权益。

（8）法律、行政法规禁止的其他内容。

（五）电影摄制完成的审查制度

法人、其他组织应当将其摄制完成的电影送国务院电影主管部门或者省、自治区、直辖市人民政府电影主管部门审查。

国务院电影主管部门或者省、自治区、直辖市人民政府电影主管部门应当自受理申请之日起30日内做出审查决定。对符合本法规定的，准予公映，颁发电影公映许可证，并予以公布；对不符合本法规定的，不准予公映，书面通知申请人并说明理由。未取得电影公映许可证的电影，不得发行、放映，不得通过互联网、电信网、广播电视网等信息网络进行传播，不得制作为音像制品；但是，国家另有规定的，从其规定。

国务院电影主管部门应当根据《电影产业促进法》制定完善电影审查的具体标准和程序，并向社会公布。制定完善电影审查的具体标准应当向社会公开征求意见，并组织专家进行论证。

进行电影审查应当组织不少于五名专家进行评审，由专家提出评审意见。评审专家包括专家库中的专家和根据电影题材特别聘请的专家。专家遴选和评审的具体办法由国务院电影主管部门制定。

法人、其他组织对专家评审意见有异议的，国务院电影主管部门或者省、自治区、直辖市人民政府电影主管部门可以另行组织专家再次评审。专家的评审意见应当作为做出审查决定的重要依据。

（六）电影公映许可证的使用制度

摄制电影的法人、其他组织应当将取得的电影公映许可证标识置于电影的片头处；电影放映可能引起未成年人等观众身体或者心理不适的，应当予以提示。

摄制完成的电影取得电影公映许可证，方可参加电影节（展）。

（七）承接境外电影相关业务的备案制度

公民、法人和其他组织可以承接境外电影的洗印、加工、后期制作等业务，并报省、自治区、直辖市人民政府电影主管部门备案，但是不得承接含有损害我国国家尊严、荣誉和利益，危害社会稳定，伤害民族感情等内容的境外电影的相关业务。

（八）电影的档案管理制度

国家设立的电影档案机构依法接收、收集、整理、保管并向社会开放电影档案。国家设立的电影档案机构应当配置必要的设备，采用先进技术，提高电影档案管理现代化水平。摄制电影的法人、其他组织依照《中华人民共和国档案法》的规定，做好电影档案保管工作，并向国家设立的电影档案机构移交、捐赠、寄存电影档案。

五、电影发行与放映

（一）电影发行与放映主体的资质要求与备案审批制度

企业具有与所从事的电影发行活动相适应的人员、资金条件的，经国务院电影主管部门或者所在地省、自治区、直辖市人民政府电影主管部门批准，可以从事电影发行活动。

企业、个体工商户具有与所从事的电影放映活动相适应的人员、场所、技术和设备等条件的，经所在地县级人民政府电影主管部门批准，可以从事电影院等固定放映场所电影放映活动。

企业、个人从事电影流动放映活动，应当将企业名称或者经营者姓名、地址、联系方式、放映设备等向经营区域所在地县级人民政府电影主管部门备案。

依照《电影产业促进法》规定负责电影发行、放映活动审批的电影主管部门，应当自受理申请之日起 30 日内，做出批准或者不批准的决定。对符合条件的，予以批准，颁发电影发行经营许可证或者电影放映经营许可证，并予以公布；对不符合条件的，不予批准，书面通知申请人并说明理由。

（二）参加或举办境内外电影节（展）的备案审批制度

拟参加境外电影节（展）的，送展法人、其他组织应当在该境外电影节（展）举办前，将相关材料报国务院电影主管部门或者省、自治区、直辖市人民政府电影主管部门备案。

在境内举办涉外电影节（展），须经国务院电影主管部门或者省、自治区、直辖市人民政府电影主管部门批准。

（三）农村电影公益放映的国家支持制度

国家加大对农村电影放映的扶持力度，由政府出资建立完善农村电影公益放映服务网络，积极引导社会资金投资农村电影放映，不断改善农村地区观看电影条件，统筹保障农村地区群众观看电影需求。县级以上人民政府应当将农村电影公益放映纳入农村公共文化服务体系建设，按照国家有关规定对农村电影公益放映活动给予补贴。从事农村电影公益放映活动的，不得以虚报、冒领等手段骗取农村电影公益放映补贴资金。

(四) 面向特殊群体的电影放映福利制度

国务院教育、电影主管部门可以共同推荐有利于未成年人健康成长的电影,并采取措施支持接受义务教育的学生免费观看,由所在学校组织安排。

国家鼓励电影院以及从事电影流动放映活动的企业、个人采取票价优惠、建设不同条件的放映厅、设立社区放映点等多种措施,为未成年人、老年人、残疾人、城镇低收入居民以及进城务工人员等观看电影提供便利;电影院以及从事电影流动放映活动的企业、个人所在地人民政府可以对其发放奖励性补贴。

(五) 关于电影放映的特别规定

电影院应当合理安排由境内法人、其他组织所摄制电影的放映场次和时段,并且放映的时长不得低于年放映电影时长总和的 2/3。

电影院的设施、设备以及用于流动放映的设备应当符合电影放映技术的国家标准。

电影院应当按照国家有关规定安装计算机售票系统。

电影院应当遵守治安、消防、公共场所卫生等法律、行政法规,维护放映场所的公共秩序和环境卫生,保障观众的安全与健康。任何人不得携带爆炸性、易燃性、放射性、毒害性、腐蚀性物品进入电影院等放映场所,不得非法携带枪支、弹药、管制器具进入电影院等放映场所;发现非法携带上述物品的,有关工作人员应当拒绝其进入,并向有关部门报告。

电影院以及从事电影流动放映活动的企业、个人应当保障电影放映质量。

国家鼓励电影院在向观众明示的电影开始放映时间之前放映公益广告。

电影院在向观众明示的电影开始放映时间之后至电影放映结束前,不得放映广告。

未经权利人许可,任何人不得对正在放映的电影进行录音录像。发现进行录音录像的,电影院工作人员有权予以制止,并要求其删除;对拒不听从的,有权要求其离场。

(六) 关于票房的特别规定

电影发行企业、电影院等应当如实统计电影销售收入,提供真实准确的统计数据,不得采取制造虚假交易、虚报瞒报销售收入等不正当手段,欺骗、误导观众,扰乱电影市场秩序。

延伸阅读 >>>

"偷票房"

所谓"偷票房",就是把一部影片的票房"偷"走,转移到其他影片或者影院自己的荷包里。比如,某部影片可能实际上在影院卖出了100万元的票,但被偷漏瞒报后,最终的票房可能只有80万元,另外20万元或落入影院之手,或成了竞争对手的票房。偷票房现象由来已久,市场也频频传出影院偷票房的劣迹。2015年,中国电影总票房突破440亿元,创造历史新纪录,在全球仅次于北美市场。然而,2015年实际票房要超过这个数字,因为有一部分票房收入被"偷"走了,未能计算在内。业内人士估计,近几年全国电影票房每年有10%以上被"偷",2015年被"偷"的票房起码达到45亿元。

(《2015年至少被偷45亿票房?到底是谁在偷票房?》,http://ent.163.com/16/0113/10/BD72MCFM000300B1.html,访问日期:2016年12月18日)

六、电影产业支持、保障

(一)国家支持创作、摄制的电影类型

(1)传播中华优秀文化、弘扬社会主义核心价值观的重大题材电影。
(2)促进未成年人健康成长的电影。
(3)展现艺术创新成果、促进艺术进步的电影。
(4)推动科学教育事业发展和科学技术普及的电影。
(5)其他符合国家支持政策的电影。

(二)国家对电影产业的资金支持

国家引导相关文化产业专项资金、基金加大对电影产业的投入力度,根据不同阶段和时期电影产业的发展情况,结合财力状况和经济社会发展需要,综合考虑、统筹安排财政资金对电影产业的支持,并加强对相关资金、基金使用情况的审计。

国家鼓励金融机构为从事电影活动以及改善电影基础设施提供融资服务,依法开展与电影有关的知识产权质押融资业务,并通过信贷等方式支持电影产业发展。国家鼓励保险机构依法开发适应电影产业发展需要的保险产品。国家鼓励融资担保机构依法向电影产业提供融资担保,通过再担保、联合担保以及担保与保险相结合等方式分散风险。对国务院电影主管部门依照《电影产业促进法》规定公告的电影的摄制,按照国家有关规定合理确定贷

款期限和利率。

国家鼓励法人、其他组织通过到境外合作摄制电影等方式进行跨境投资，依法保障其对外贸易、跨境融资和投资等合理用汇需求。

（三）国家对电影产业的税收支持

国家实施必要的税收优惠政策，促进电影产业发展，具体办法由国务院财税主管部门依照税收法律、行政法规的规定制定。

（四）国家对电影产业的规划支持

县级以上地方人民政府应当依据人民群众需求和电影市场发展需要，将电影院建设和改造纳入国民经济和社会发展规划、土地利用总体规划和城乡规划等。县级以上地方人民政府应当按照国家有关规定，有效保障电影院用地需求，积极盘活现有电影院用地资源，支持电影院建设和改造。

（五）国家对电影产业的人才支持

国家实施电影人才扶持计划。国家支持有条件的高等学校、中等职业学校和其他教育机构、培训机构等开设与电影相关的专业和课程，采取多种方式培养适应电影产业发展需要的人才。国家鼓励从事电影活动的法人和其他组织参与学校相关人才培养。

（六）国家对特殊区域电影活动的支持

国家采取措施，扶持农村地区、边疆地区、贫困地区和少数民族地区开展电影活动。国家鼓励、支持少数民族题材电影创作，加强电影的少数民族语言文字译制工作，统筹保障少数民族地区群众观看电影需求。

（七）国家对电影"走出去"的支持

国家对优秀电影的外语翻译制作予以支持，并综合利用外交、文化、教育等对外交流资源开展电影的境外推广活动。国家鼓励公民、法人和其他组织从事电影的境外推广。

七、法律责任

（一）违法从事电影摄制、发行、放映活动的法律责任

违反《电影产业促进法》规定擅自从事电影摄制、发行、放映活动的，由县级以上人民政府电影主管部门予以取缔，没收电影片和违法所得以及从

事违法活动的专用工具、设备；违法所得 5 万元以上的，并处违法所得 5 倍以上 10 倍以下的罚款；没有违法所得或者违法所得不足 5 万元的，可以并处 25 万元以下的罚款。

（二）与许可证、批文相关的违法行为的法律责任

1. 情形一

有下列情形之一的，由原发证机关吊销有关许可证、撤销有关批准或者证明文件；县级以上人民政府电影主管部门没收违法所得；违法所得 5 万元以上的，并处违法所得 5 倍以上 10 倍以下的罚款；没有违法所得或者违法所得不足 5 万元的，可以并处 25 万元以下的罚款：

（1）伪造、变造、出租、出借、买卖本法规定的许可证、批准或者证明文件，或者以其他形式非法转让本法规定的许可证、批准或者证明文件的；

（2）以欺骗、贿赂等不正当手段取得本法规定的许可证、批准或者证明文件的。

2. 情形二

有下列情形之一的，由原发证机关吊销许可证；县级以上人民政府电影主管部门没收电影片和违法所得；违法所得 5 万元以上的，并处违法所得 10 倍以上 20 倍以下的罚款；没有违法所得或者违法所得不足 5 万元的，可以并处 50 万元以下的罚款：

（1）发行、放映未取得电影公映许可证的电影的。

（2）取得电影公映许可证后变更电影内容，未依照规定重新取得电影公映许可证擅自发行、放映、送展的。

（3）提供未取得电影公映许可证的电影参加电影节（展）的。

法人、其他组织或者个体工商户因违反《电影产业促进法》规定被吊销许可证的，自吊销许可证之日起 5 年内不得从事该项业务活动；其法定代表人或者主要负责人自吊销许可证之日起 5 年内不得担任从事电影活动的法人、其他组织的法定代表人或者主要负责人。

（三）违法承接境外电影相关业务的法律责任

承接含有损害我国国家尊严、荣誉和利益，危害社会稳定，伤害民族感情等内容的境外电影的洗印、加工、后期制作等业务的，由县级以上人民政府电影主管部门责令停止违法活动，没收电影片和违法所得；违法所得 5 万元以上的，并处违法所得 3 倍以上 5 倍以下的罚款；没有违法所得或者违法所得不足 5 万元的，可以并处 15 万元以下的罚款。情节严重的，由电影主

管部门通报工商行政管理部门,由工商行政管理部门吊销营业执照。

(四)"偷票房"的法律责任

电影发行企业、电影院等有制造虚假交易、虚报瞒报销售收入等行为,扰乱电影市场秩序的,由县级以上人民政府电影主管部门责令改正,没收违法所得,处5万元以上50万元以下的罚款;违法所得50万元以上的,处违法所得1倍以上5倍以下的罚款。情节严重的,责令停业整顿;情节特别严重的,由原发证机关吊销许可证。

(五)违法播放广告的法律责任

电影院在向观众明示的电影开始放映时间之后至电影放映结束前放映广告的,由县级人民政府电影主管部门给予警告,责令改正;情节严重的,处1万元以上5万元以下的罚款。

(六)违法在境内举办涉外电影节(展)的法律责任

法人或者其他组织未经许可擅自在境内举办涉外电影节(展)的,由国务院电影主管部门或者省、自治区、直辖市人民政府电影主管部门责令停止违法活动,没收参展的电影片和违法所得;违法所得5万元以上的,并处违法所得5倍以上10倍以下的罚款;没有违法所得或者违法所得不足5万元的,可以并处25万元以下的罚款;情节严重的,自受到处罚之日起5年内不得举办涉外电影节(展)。

个人擅自在境内举办涉外电影节(展),或者擅自提供未取得电影公映许可证的电影参加电影节(展)的,由国务院电影主管部门或者省、自治区、直辖市人民政府电影主管部门责令停止违法活动,没收参展的电影片和违法所得;违法所得5万元以上的,并处违法所得5倍以上10倍以下的罚款;没有违法所得或者违法所得不足5万元的,可以并处25万元以下的罚款;情节严重的,自受到处罚之日起5年内不得从事相关电影活动。

(七)行政机关及其工作人员的法律责任

县级以上人民政府电影主管部门或者其他有关部门的工作人员有下列情形之一,尚不构成犯罪的,依法给予处分:

(1)利用职务上的便利收受他人财物或者其他好处的。
(2)违反《电影产业促进法》规定进行审批活动的。
(3)不履行监督职责的。
(4)发现违法行为不予查处的。

（5）贪污、挪用、截留、克扣农村电影公益放映补贴资金或者相关专项资金、基金的。

（6）其他违反本法规定滥用职权、玩忽职守、徇私舞弊的情形。

（八）其他法律责任

（1）有下列情形之一的，依照有关法律、行政法规及国家有关规定予以处罚：①违反国家有关规定，擅自将未取得电影公映许可证的电影制作为音像制品的；②违反国家有关规定，擅自通过互联网、电信网、广播电视网等信息网络传播未取得电影公映许可证的电影的；③以虚报、冒领等手段骗取农村电影公益放映补贴资金的；④侵犯与电影有关的知识产权的，电影院有此行为，情节严重的，由原发证机关吊销许可证；⑤未依法接收、收集、整理、保管、移交电影档案的。

（2）违反《电影产业促进法》规定，造成人身、财产损害的，依法承担民事责任；构成犯罪的，依法追究刑事责任。

（3）因违反《电影产业促进法》规定2年内受到2次以上行政处罚，又有依照《电影产业促进法》规定应当处罚的违法行为的，从重处罚。

第三节　我国电影市场准入法律制度

为了充分调动社会力量，加快发展电影产业，培育市场主体，规范市场准入，增强电影业的整体实力和竞争力，促进社会主义电影业繁荣，满足广大人民群众的精神文化生活需求，根据《中华人民共和国中外合资经营企业法》《中华人民共和国中外合作经营企业法》《电影管理条例》，2004年6月15日广电总局、商务部审议通过了《电影企业经营资格准入暂行规定》（2015年8月28日《关于修订部分规章和规范性文件的决定》修订）。①

---

① 需要注意的是，《电影产业促进法》出台后，按照《电影管理条例》的规定，由新闻出版广电总局行使的权限，包括电影片的审查、电影剧本的备案与批准举办电影节（展）等多项审批事项，这次大部分下放到省、自治区、直辖市的新闻出版广电管理部门；同时，还取消了电影制片单位审批、摄制电影片（单片）许可证审批等行政审批的项目。可以肯定的是，实施多年的《电影管理条例》《电影企业经营资格准入暂行规定》等法律文件都将依照《电影产业促进法》进一步修订完善。由于本教材定稿时上述其他相关法律文件还都未进行相应修订，因此，"我国电影市场准入法律制度"和"我国电影内容管理法律制度"两部分内容仍是按照2016年12月31日之前颁行的法律文本进行编写，请读者关注最新的法律更新动态，本教材也将对这些内容适时进行修订。

一、电影制作主体市场准入制度

（一）电影制片公司的设立

国家允许境内公司、企业和其他经济组织（不包括外商投资企业）设立电影制片公司。申请设立电影制片公司，由境内公司、企业和其他经济组织向广电总局提出申请。

1. 已取得《摄制电影许可证》的境内公司、企业和其他经济组织（不包括外商投资企业）设立电影制片公司

已取得《摄制电影许可证》的境内公司、企业和其他经济组织（不包括外商投资企业）联合设立电影制片公司的，须提交申请书、合同、章程、工商行政管理部门颁发的各方营业执照复印件、公司名称预核准通知书。

2. 境内公司、企业和其他经济组织与境外公司、企业和其他经济组织合资、合作设立电影制片公司（以下简称合营公司）

申请设立合营公司，由中方向广电总局提出申请。申报条件及程序如下：

（1）中方已取得《摄制电影许可证》的。

（2）外资在注册资本中的比例不得超过49%。

（3）符合（1）（2）项的，由中方向广电总局提交项目申请书、可行性研究报告、合同、章程、合营各方注册登记证明（或身份证明）、公司名称预核准通知书等。广电总局依法予以审核。经审核合格的，出具核准文件并颁发《摄制电影许可证》。

（4）符合（1）（2）（3）项的，由中方持广电总局出具的核准文件及本条（3）中所列文件，报商务部审批。商务部依法做出批准或不批准的决定。经批准的，颁发《外商投资企业批准证书》；不予批准的，书面回复理由。

（5）申报单位持广电总局、商务部的批准文件，到所在地工商行政管理部门办理相关手续。

延伸阅读 >>>

电影制片单位

在2004年《电影企业经营资格准入暂行规定》颁布实施以前，按照2001年《电影管理条例》的规定，我国设立了很多国有电影制片单位，这些电影制片单位可以从事下列活动：①摄制电影片；②按照国家有关规定制作本单位摄制的电影片的复制品；③按照国家有关规定在全国范围发行本单位摄制并被许可公映的电影片及其复制品；④按照国家有关规定出口本单位摄制并被许可公映的电影片及其复制品。2008年，国有电影制片单位积极推进转企改制，按照现代企业制度要求重塑新型市场主体。2008年6月，珠江电影制片公司和广东省电影公司组建的珠江电影集团在广州挂牌。9月，在峨眉电影制片厂基础上组建的峨眉电影集团在成都挂牌。截至2008年底，我国38家国有电影制片单位中已有18家完成转企改制。同时，积极鼓励和引导社会资本参与摄制电影，目前全国民营制片公司近300家。上述取得《摄制电影许可证》的电影制片公司，依照《电影管理条例》享有与国有电影制片单位同等的权利和义务。

（二）电影技术公司的设立

1. 境内公司、企业和其他经济组织（不包括外商投资企业）设立电影技术公司

境内公司、企业和其他经济组织（不包括外商投资企业）设立电影技术公司，改造电影制片、放映基础设施和技术设备，申报条件及程序如下：

（1）提交申请书、工商行政管理部门颁发的营业执照（联合设立电影技术公司的还要提供合同、章程、各方营业执照复印件）、公司名称预核准通知书。

（2）符合（1）项的，申报单位持广电总局出具的批准文件到所在地工商行政管理部门办理相关手续，并报广电总局备案；不批准的，书面回复理由。

2. 境内公司、企业和其他经济组织与境外公司、企业和其他经济组织合资、合作设立电影技术公司

境内公司、企业和其他经济组织与境外公司、企业和其他经济组织合资、合作设立电影技术公司，改造电影制片、放映基础设施和技术设备，申报条件及程序如下：

（1）外资在注册资本中的比例不得超过49%，经国家批准的省市可以控股。

（2）符合（1）项的，由中方向广电总局提交项目申请书、可行性研究报告、合同、章程、合营各方注册登记证明（或身份证明）、公司名称预核准通知书等。广电总局依法予以审核。经审核合格的，出具核准文件。

（3）符合（1）（2）项的，由中方持广电总局出具的核准文件及本条（2）中所列文件，报商务部审批。商务部依法做出批准或不批准的决定。经批准的，颁发《外商投资企业批准证书》；不予批准的，书面回复理由。

（4）申报单位持广电总局、商务部的批准文件，到所在地工商行政管理部门办理相关手续。

二、电影发行主体市场准入制度

境内公司、企业和其他经济组织（不包括外商投资企业）设立专营国产影片发行公司申报条件及程序如下：

（1）受电影出品单位委托代理发行过两部电影片或受电视剧出品单位委托发行过两部电视剧。

（2）提交申请书、工商行政管理部门颁发的营业执照复印件、公司名称预核准通知书、已代理发行影视片的委托证明等材料。

（3）符合（1）（2）项并向广电总局申请设立专营国产影片发行公司的，由广电总局在20个工作日内颁发全国专营国产影片的《电影发行经营许可证》；向当地省级电影行政管理部门申请设立专营国产影片发行公司的，由当地省级电影行政管理部门在20个工作日内颁发本省（区、市）专营国产影片的《电影发行经营许可证》。申报单位持电影行政管理部门出具的批准文件到所在地工商行政管理部门办理相关手续。不批准的，书面回复理由。

广电总局依照关于发行放映国产影片的年度考核的有关规定，对取得《电影发行经营许可证》的公司进行年度考核。

三、电影放映主体市场准入制度

（一）现有电影院线公司的整合

允许现有电影院线公司以紧密型或松散型进行整合。鼓励以跨省院线为基础，按条条管理的原则重新整合。不允许按行政区域整体兼并院线。院线整合报广电总局审批。

（二）境内公司、企业和其他经济组织（不包括外商投资企业）投资现有院线公司或单独组建院线公司的方式

（1）以参股形式投资现有院线公司的，参股单位须在3年内投资不少于3000万元，用于本院线中电影院的新建、改造。

（2）以控股形式投资现有院线公司的，控股单位须在3年内投资不少于4000万元，用于本院线中电影院的新建、改造。

（3）单独组建省内或全国电影院线公司的，组建单位须在3年内投资不少于5000万元，用于本院线中电影院的新建、改造。

（三）组建院线公司的报批程序

（1）组建省（区、市）内院线公司的，由所在地省、自治区、直辖市

人民政府电影行政管理部门在 20 个工作日内审批，并报广电总局备案。

（2）组建跨省院线公司的，由广电总局在 20 个工作日内审批。申报单位持电影行政管理部门出具的批准文件到所在地工商行政管理部门办理相关手续。不批准的，书面回复理由。

（四）少年儿童电影发行放映院线的组建

（1）凡在省（区、市）内与 20 家以上中小学校、少年宫、儿童活动中心、影剧院、礼堂等签订电影供片协议的，可向当地省级电影行政管理部门申请，设立一条省（区、市）内少年儿童电影发行放映院线。

（2）凡在不同省（区、市）与 30 家以上中小学校、少年宫、儿童活动中心、影剧院、礼堂等签订电影供片协议的，可向广电总局提出申请，设立一条跨省（区、市）的少年儿童电影发行放映院线。

（3）组建省（区、市）内院线公司的，由所在地省、自治区、直辖市人民政府电影行政管理部门在 20 个工作日内审批，并报广电总局备案；组建跨省院线公司的，由广电总局在 20 个工作日内审批。申报单位持电影行政管理部门出具的批准文件到所在地工商行政管理部门办理相关手续。不批准的，书面回复理由。

第四节　我国电影内容管理法律制度

我国实行电影审查制度，未经广电总局电影审查机构审查通过的电影片，不得发行、放映、进口、出口。

一、审查对象

各种形式、不同宽度的电影片，包括：①故事片（含舞台、戏剧、艺术片）；②纪录片；③科教片；④美术片（含动画、木偶、剪纸片等）；⑤专题片；⑥其他电影片。

二、审查机构及职责

（一）审查机构

新闻出版广电总局设立电影审查委员会和电影复审委员会，负责电影片的审查和复审工作。

（二）电影审查委员会的职责

（1）审查送审的电影片。
（2）对送审的电影片提出修改、删剪意见。
（3）做出审查决定。

（三）电影复审委员会的职责

（1）指导电影审查委员会的工作。
（2）受理送审单位提出的复审申请，对电影片进行复审，做出复审决定。

三、审查标准

（一）电影片中禁止载有的内容

（1）危害国家的统一、主权和领土完整的。
（2）危害国家安全、荣誉和利益的。
（3）煽动民族分裂，破坏民族团结的。
（4）泄露国家秘密的。
（5）宣扬不正当性关系，严重违反道德准则，或内容淫秽，具有强烈感官刺激，诱人堕落的。
（6）宣扬封建迷信，蛊惑人心，扰乱社会公共秩序的。
（7）渲染凶杀暴力，唆使人们蔑视法律尊严，诱发犯罪，破坏社会治安秩序的。
（8）诽谤、侮辱他人的。
（9）有国家规定禁止的其他内容的。

（二）电影片中应当删剪、修改的个别情节、语言或画面

（1）夹杂有淫秽庸俗内容，不符合道德规范和观众欣赏习惯的：
1）不恰当地叙述和描写性及与性有关的情节，正面裸露男女躯体。
2）以肯定的态度描写婚外恋、未婚同居及其他不正当男女关系。
3）具体描写腐化堕落，可能诱发人们仿效。
4）造成强烈感观刺激的较长时间的接吻、爱抚镜头及床上、浴室内的画面。
5）具体描写淫乱、强奸、卖淫、嫖娼、同性恋等。
6）内容粗俗、趣味低下的对白。
7）庸俗、低级的背景音乐及动态、声音效果。

（2）夹杂有凶杀暴力内容的：
1）美化罪犯形象，引起人们对罪犯同情和赞赏。
2）具体描述犯罪手段及细节，有可能诱发和鼓动人们模仿犯罪行为。
3）刺激性较强的凶杀、吸毒、赌博等画面。
4）描述离奇荒诞、有悖人性的残酷的暴力行为。
（3）夹杂有宣扬封建迷信内容的：
1）细致描写看相算命、求神问卜，以及长时间的烧香、拜神、拜物等场面。
2）鼓吹宗教万能、宗教至上和显示宗教狂热的情节。
（4）可能引起国际、民族、宗教纠纷的情节。
（5）破坏生态环境，肆虐捕杀珍稀野生动物的画面和情节。
（6）其他应当删剪、修改的内容。

四、审查应提交的实物、材料以及程序

（一）国产电影送审需要提交的实物和材料

1. 分类

电影制片单位应当在国产电影片摄制完成后，报请电影审查委员会审查。国产电影片（包括合拍片）的审查分为混录双片审查和标准拷贝审查。

2. 送审国产电影混录双片应当提交的实物和材料

（1）混录对白双片。
（2）审查申请书，内容包括：① 电影片名称、原作内容、内容提要、主创人员；② 送审单位初审意见；③ 送审单位所在地省级电影主管部门审查意见。
（3）影片完成台本，内容包括影片长度、内容、对白、字幕、镜头号；
（4）改编作品的原作者版权授权书复印件。
中外合拍电影片，还应提交中国电影合作制片公司审查意见、合拍电影片合同书复印件及筹资合同书复印件。

3. 送审国产电影标准拷贝应当提交的实物和材料

（1）标准拷贝。
（2）经电影审查委员会同意的对电影片的修改实施方案。
（3）拷贝制作单位签署合格的影片鉴定书。

（二）进口电影送审需要提交的实物和材料

1. 分类

电影进口经营单位应当在办理电影片暂时进口手续后，报请电视审查委

员会审查。进口电影片的审查分为原拷贝审查和译制拷贝审查。

2. 送审进口电影原拷贝应当提交的实物和材料

（1）原拷贝。

（2）审查申请书，内容包括：①电影片名称、语种、片种；②出品厂家名称、国别或地区；③编剧、导演、主要演员、摄影等主创人员名单；④电影片内容简介；⑤送审单位初审意见。

3. 送审进口电影译制拷贝应当提交的实物和材料

（1）译制拷贝。

（2）经电影审查委员会同意的对电影片的修改实施方案。

（三）审查程序

电影审查委员会应当自收到送审的混录双片或原拷贝之日起15日内提出书面审查意见，并通知送审单位。

凡电影审查委员会提出修改的影片，送审单位应按要求提出修改实施方案，送经电影审查委员会同意后修改。

国产电影标准拷贝和进口电影译制拷贝制作完成后，应当报电影审查委员会审查。

电影审查委员会应当自收到标准拷贝或译制拷贝之日起15日内做出审查决定。审查合格的，应当签发审查通过令；经审查仍须修改的，由送审单位修改后依照本规定重新送审；审查不予通过的，应当将不予通过的理由书面通知送审单位。

送审单位收到审查通过令后，应当送交下列实物和材料：

1. 国产电影片

（1）一个标准拷贝。

（2）3个大1/2声画清晰的录像带。

（3）向中国电影资料馆送交一个标准拷贝的回执复印件。

2. 进口电影片

（1）3个大1/2声画清晰的录像带。

（2）中外双方签订的影片发行合同复印件。

本条手续完备后，新闻出版广电总局应当颁发《电影片公映许可证》。

电影制片单位和电影进口经营单位对电影片审查决定不服的，可以自收到审查决定之日起30日内向电影复审委员会申请复审。

电影复审委员会应当做出复审决定，并书面通知送审单位和电影审查委员会。

复审合格的，应当核发该电影片的《电影片公映许可证》。

五、电影分级制度

（一）世界电影分级制概述

目前，从世界范围来看，很多国家都设立了电影分级制度，但是制度设计上有所区别，大致可以分为两类：一类是以法律的形式出现，也就是说，该种电影分级制度是具有强制拒绝未成年人看某些电影的法律效力的；另一类是没有法律效力，只对观众起提示的作用，把选择权交给了观众，由观众实行自我保护。

延伸阅读 >>>

各国（或地区）电影分级制度比较

国家或地区	电影分级制度内容
美国	1. G 级（General Audiences, All ages admitted.）：大众级，所有年龄均可观看。该级适合所有年龄段的人观看，电影内容可以被父母接受，影片没有裸体场面，吸毒和暴力场面非常少，对话也是日常生活中可以经常接触到的 2. PG 级（Parental Guidance Suggested, Some material may not be suitable for children.）：普通级，建议在父母的陪伴下观看，有些镜头可能让儿童产生不适感。普通级中的辅导级，一些内容可能不适合儿童观看，该级别的电影基本没有吸毒和裸体场面，即使有，时间也很短。此外，恐怖和暴力场面不会超出适度的范围 3. PG－13 级（Parents Strongly Cautioned, Some material may be inappropriate for children under 13.）：普通级，但不适宜 13 岁以下儿童。普通级中的特别辅导级，13 岁以下儿童要有父母陪同观看，一些内容对儿童很不适宜，该级别的电影没有粗野的持续暴力镜头，一般没有裸体镜头，有时会有吸毒镜头和脏话 4. R 级（Restricted, under 17 requires accompanying parent or adult guardian.）：限制级，17 岁以下观众必须由父母或者监护人陪伴才能观看。该级别的影片包含成人内容，里面有较多的暴力、吸毒等场面和脏话 5. NC－17 级（No One 17 and Under Admitted）：17 岁或者以下不可观看。该级别的影片被定为成人影片，未成年人坚决被禁止观看。影片中有清楚的裸露场面、大量的吸毒或暴力镜头以及脏话等

续上表

国家或地区	电影分级制度内容
英国	1. U级：普通级，适合所有观众 2. UC级：特别适合儿童观看 3. PG级：家长指导级 4. 12级：适合12岁及以上的人观看 5. 15级：适合15岁及以上的人观看 6. 18级：适合18岁及以上的人观看 7. R18级：限制级，在特定场所（经特许的电影院或性商店）给18岁或以上的人观看
日本	1. 普通级：一般电影，所有年龄段都可以观赏的影片。影片中虽有性描写、暴力描写等镜头，但是情节发展必不可少的，并尽量控制在有限的范围内 2. PG-12级：未满12岁的少儿不可单独观赏。偶有不当内容，需在家长或保护者陪伴下方能观看（剧情包含：性、暴力、残酷、毒品描写；恐怖电影；电影中有少儿容易模仿的镜头） 3. R-15级：未满15岁少年，一律禁止其入场与收看（剧情包含比较深度的性、暴力、恐怖以及青少年可能会模仿的不良行为） 4. R-18级：未满18周岁，一律禁止入场与收看（剧情包含比较深度的性、暴力、恐怖、青少年可能会模仿的不良行为以及鼓励使用毒品的行为，反社会的行为）
中国香港	1. 第Ⅰ级：适合任何年龄的人观看 2. 第Ⅱ级：儿童不宜观看 3. 第ⅡA级：儿童不宜——在内容和处理手法上不适合儿童观看；影片可能使用轻微不良用语和少量裸体、性暴力及恐怖内容，建议有家长指导 4. 第ⅡB级：青少年及儿童不宜——观众应预期影片内容不适合成分的程度较第ⅡA级强烈；强烈建议家长给予指导；影片可能有一些粗俗用语及性相关的主语词；可含蓄地描述性行为及在情欲场面中出现裸体；影片可能有中度的暴力及恐怖内容 5. 第Ⅲ级：只准18岁（含）以上年龄的人观看
中国台湾	1. 普遍级（普级）：所有观众皆可观赏 2. 保护级（护级）：未满6岁的儿童不可观赏；6岁以上未满12岁的儿童须由父母、师长或成年亲友陪伴辅导观赏 3. 辅导级（辅级）：未满12岁的儿童不得观赏；12岁以上未满18岁的少年须由父母或师长注意辅导观赏 4. 限制级（限级）：未满18岁的儿童及青少年不能观赏

续上表

国家或地区	电影分级制度内容
新加坡	1. G 级：适宜所有年龄层观赏 2. PG 级：需家长或年龄较大的亲友从旁协助指导 3. NC16 级：16 岁以下禁止购买与入场 4. M18 级：18 岁以下禁止购买与入场 5. R21 级：21 岁以下禁止入场

（二）我国电影分级制的源起与现状

1986 年《湘女潇潇》上映，我国大陆电影中第一次出现裸露镜头，尽管影片中关于女主人公偷情的镜头处理得十分节制，但依然给长期处于封闭状态的国人留下了深刻的印象。1988 年珠江电影制片厂拍摄的影片《寡妇村》，在宣传时第一次打出了"少儿不宜"四个字，吸引人们纷纷走进影院，电影靠此举取得了良好的票房，但事实上影片中并无真实意义上的限制级镜头出现。1989 年 5 月 1 日国家广播电影电视部发布了《关于对部分影片进行审查、放映分级制度的通知》，明确划定了四种不适合少年儿童观看的影片，诸如强奸、盗窃、暴力、吸毒、卖淫、凶杀、性行为等表现社会畸形现象，均属"少儿不宜观看"，并明确规定限制 16 周岁以下的青少年观看。但因种种原因，这一通知在各级院线并没有被按要求执行，最终不了了之。1999 年引进的美国大片《拯救大兵瑞恩》首次开启了我国关于电影分级制的争论。这部在美国被定为 R 级的电影在国内火爆上映并取得了 6500 万元的票房收入。在美国，R 级的电影属限制级，17 岁以下的青少年必须由父母或成人陪同观看——该级别的影片包含成人内容，里面有较多的性爱、暴力、吸毒等场面。①

2000 年的"恐怖片吓坏少女"事件②使电影分级的话题引起人们的注意。在 2003 年 3 月的全国政协会议上，以"敢言"著称的政协委员、著名编剧王兴东提出了《实施"儿童不宜"审定标准，电影产品分级制势在必行》的提案。三个月后，广电总局正式答复，表示正在对电影分级问题进

---

① 参见陈云度《中国电影分级何时再现曙光》，载《西部论丛》2009 年第 5 期。
② 据《羊城晚报》2000 年 5 月 9 日报道，天津一名 16 岁的少女看了恐怖片后惊吓致病，被父母送往医院治疗。据了解，这名少女和四五名同学在邻居家里观看恐怖片《人蛇大战》。看完这个影片后，她一入睡便噩梦不断。5 月 1 日凌晨 1 点多钟，她突然从床上爬起来，双手抱头大叫："蛇！蛇！蛇！"其父母被惊醒后冲进女儿的居室，此时的她还未从噩梦中醒来，仍不时地高喊"救救我"。其母怕女儿出事只好和女儿同睡一室。但女儿还是噩梦不断，并发高烧达 40℃以上，被父母送进医院。

行广泛调研，认真论证，力争尽快制定出符合中国国情的切实可行的办法。

2004年1月8日广电总局发布的《关于加快电影产业发展的若干意见》明确指出，积极探索制定符合中国国情的影片分级制度，将未成年观众和成人观众区别服务，做到既真正保护未成年人的利益，又满足不同层次消费者的需求。与此同时，广电总局电影局局长童刚指出，把电影由原来的老少皆宜改变为满足不同层次观众文化生活的需求，也就是在中国实行电影分级制度，不能照搬国外模式，必须按照中国国情，依据是《中华人民共和国宪法》《中华人民共和国未成年人保护法》《中华人民共和国预防未成年人犯罪法》等法律法规。以中国少年心理年龄段为类别，以是否涉及凶杀、暴力、恐怖、性爱等有损未成年人健康的内容为标准，以规范市场的准入为重点，对各类影片（含进口片）进行分类管理。在中国尚未实行电影分级的情况下，目前的电影审查对暴力、情色等是从严的，其目的是保护未成年人；但有些影片考虑到故事的完整性和艺术性，难免留有不宜未成年人接受的情节。广电总局电影局副局长张宏森也表示，实行电影分级制的目的，是为了保护未成年人的身心健康，是为了给电影业提供更为科学的管理体制，也为文化产品最终走入市场建立一个健康的渠道。更重要的是，电影分级制将为艺术家提供一个可以借鉴的创作标准，更好地唤起艺术家的创作激情，进而为电影业的繁荣提供坚实的基础。

思考与实训题

1. 简述我国电影产业法律的发展历程。

2. 某市甲电影院在经营过程中实施了如下行为，请依据《电影产业促进法》判断这些行为是否合法并指出违法行为的法律责任：

（1）甲电影院放映的国内电影时长达到其年放映电影时长总和的1/3。

（2）观众王东明明是去甲电影院看A电影，但甲电影院却给了他一张B电影的票。

（3）甲电影院在向观众明示的电影开始放映时间之后至电影放映结束前安排播放一次广告。

3. 材料分析题。

材料一

国家广播电影电视总局关于处理影片《苹果》违规问题的情况通报

2008年1月3日，广电总局向各省、自治区、直辖市广播影视局，新疆生产建设兵团广播电视局，各电影制片单位、电影发行公司、院线公司，在京电影直属单位发出《广电总局关于处理影片〈苹果〉违规问题的情况通报》，通报说，由北京劳雷影视文化有限责任公司、北京保利博纳电影发行有限公司、北京中鸿房地产开发集团有限公司联合出品的影片《苹果》，在电影制作、参加国际电影节、互联网传播及音像制品制作等方面，严重违反《电影管理条例》及相关法规，造成了不良影响。现将有关情况通报如下：

1. 影片《苹果》的主要违规问题。

（1）违规制作色情内容的片段（未经审查通过），并擅自将未经审查通过的含有色情内容的影片在互联网上传播及制作音像制品，违反了《电影管理条例》第二十五条的规定。

（2）将未经审查通过的电影版本，送第57届柏林电影节参赛，违反了《条例》第二十四、三十五条的规定。

（3）在影片发行放映中进行不健康、不正当的广告宣传，违反了《电影管理条例》第三条和《广告法》的相关规定。

2. 鉴于影片《苹果》发生上述严重违反法规问题，为加强和规范电影制片及发行放映的管理，确保电影及各种媒体的传播健康有序，进一步净化银幕视频，为广大群众特别是青少年观众营造良好的文化环境，根据《电影管理条例》《电影剧本（梗概）备案、电影片管理规定》《互联网等信息网络传播视听节目管理办法》等相关法规，并按照《广电总局关于重申禁止制作和播映色情电影的通知》《广电总局关于加强互联网传播影视剧管理的通知》等要求，现对影片《苹果》的上述违规问题做出如下处理决定：

（1）依据《电影管理条例》第四十二、四十三、五十六条的规定，吊销该片的《电影片公映许可证》，没收未经审查通过的影片拷贝及相关素材，制片单位15天内将拷贝等送达总局电影局；停止该片在影院发行、放映；停止其网络传播；建议有关行政部门停止其音像制品的发行。

（2）依据《电影管理条例》第五十六、六十一、六十三、六十四条的规定，对负有主要责任的北京劳雷影视文化有限责任公司，取消其两年内摄制电影的资格；该公司的法定代表人方励，两年内不得从事相关电影业务；对负有相关责任、参与投资拍摄的北京保利博纳电影发行有限公司和北京中鸿房地产开发集团有限公司，进行通报批评，责令其限期整改。

（3）对参与该片拍摄的制片人、导演及相关演员，则进行严肃的批评教育，并要求其做出深刻检查。

材料二

《新宿事件》内地遭禁播

由尔冬升执导,成龙、吴彦祖、徐静蕾、范冰冰主演,耗资近2亿元的大戏《新宿事件》,于2009年4月2日在香港公映。3月22日,该片作为香港电影节开幕片在香港会展中心首映。在首映后,尔冬升接受独家专访,他说,这部比较暴力的电影目前不能在内地上映,他呼吁内地尽快实施电影分级制。

通过上述材料回答下列问题:

(1) 结合新颁布的《电影产业促进法》与现行的《电影管理条例》在电影审查制度方面的规定,阐述你对我国当前电影审查制度的看法。

(2) 谈谈你对是否应该实行电影分级制度的看法。

推荐阅读书目

1. 余莉著:《电影产业概论》,上海交通大学出版社2016年版
2. 刘浩东著:《2016中国电影产业研究报告》,中国电影出版社2016年版
3. 宋海燕著:《娱乐法》,商务印书馆2014年版

第六章　互联网产业政策与法律

◉ **知识目标**

1. 了解我国互联网产业的历史、现状与发展趋势。
2. 熟悉我国互联网产业管理体制、政策与法律概况。
3. 掌握《关于积极推进"互联网+"行动的指导意见》这一政策文本,以及《中华人民共和国网络安全法》《信息网络传播权保护条例》《互联网文化管理暂行规定》的相关内容。

◉ **能力目标**

具备运用《中华人民共和国网络安全法》《信息网络传播权保护条例》《互联网文化管理暂行规定》的相关规定判定互联网产业中的违法行为及其法律责任的能力。

《舌尖上的中国》信息网络传播权纠纷案

《舌尖上的中国》是中央电视台摄制的一部大型美食类纪录片,于2012年5月14日首映。该节目在介绍美食的同时巧妙融入各地特色的文化和礼仪,展现了中华美食文化的博大精深和源远流长,有较高的艺术价值和知名度。中央电视台将该节目的信息网络传播权授予原告央视国际网络有限公司(以下简称"央视公司")独占行使。2012年5月23日,原告发现被告上海全土豆文化传播有限公司(以下简称"全土豆公司")在其经营的"土豆网"(网址:www.tudou.com)上提供《舌尖上的中国》节目在线点播服务。原告认为,土豆网未经许可,在涉案节目热播期内提供在线点播服务,给原告造成了重大经济损失,故诉至法院,请求判令被告赔偿经济损失人民币80万元及合理费用人民币5万元。被告辩称,其提供存储空间服务,无事先审查义务,不明知也不应知涉案视频的存在,不构成侵权。

上海市闵行区人民法院经审理认为,涉案作品是我国《著作权法》规定的类似电影摄制方法创作的作品,应受《著作权法》保护。全土豆公司未经授权于作品热播期内在其经营的网站上提供涉案作品的在线点播服务,属于侵害作品信息网络传播权的行为,应当承担相应的侵权责任。全土豆公司辩称涉案作品系网友上传,但未就该主张提供证据证明,且有关实际上传者的信息属于其掌控和管理范围之内,理应由其举证,其自行删除原始数据导致该节事实无法查明,应对此承担不利后果。据此判决被告全土豆公司赔偿原告央视公司经济损失人民币24万元,合理费用人民币8000元。一审判决后,被告不服,提起上诉。上海市第一中级人民法院经审理,判决驳回上诉,维持原判。

该案是一起典型的视频网站侵害作品信息网络传播权纠纷案件。涉案作品《舌尖上的中国》创作过程花费巨大的人力、物力、财力,体现出较高程度的独创性,享有良好的社会知名度。土豆网是专业视频分享网站,在国内具有较大的影响力,其在涉案作品热播期就在自己网站上擅自提供在线点播服务,给权利人造成较大的经济损失。法院充分考虑涉案作品的类型、社会知名度、侵权行为的性质以及侵权网站的经营规模、经营模式、社会影响力等因素,合理确定法定赔偿金额,不仅体现了人民法院加强著作权保护的司法政策,而且有助于警示网络服务提供商加强自律,遏制日益多发的网络著作权侵权现象。

[参见上海市闵行区人民法院民事判决书(2013)闵民三(知)初字第242号;上海市第一中级人民法院民事判决书(2013)沪一中民五(终)终字第228号]

第一节 互联网产业概述

工业革命也被称作产业革命,《辞海》中"工业革命"条目有如下两种解释:一是"以手工技术为基础的资本主义工场手工业过渡到采用机器的资本主义工厂制度的过程";二是"国民经济各部门广泛采用新技术,以及由此引起经济发展和产业结构的根本变革"。在第二种含义理解下的工业革命,不仅使第二产业内部不同行业生产或组织方式发生巨变,而且还将扩散到第一产业和第三产业,引发其他众多产业生产或组织方式巨变,并促使人类社会生活方式出现革命性变革。一般认为,到目前为止,人类社会发生了四次工业革命,分别是:以蒸汽机作为动力机被广泛使用为标志的第一次工业革命,开创了蒸汽时代;以发电机的问世为标志的第二次工业革命,将人类社会带入到电气时代;以电子计算机的迅速发展和广泛运用为标志的第三次工业革命,开辟了信息时代;以互联网产业化为代表的第四次工业革命,预示着又一个全新时代的到来。1994 年 4 月 20 日,中国与国际的 64K Internet 信道开通,标志着中国正式全功能连入了国际互联网。随后,清华大学等高校、科研计算机网等多条互联网接入。

一、我国互联网产业历史与现状

(一) 我国互联网产业发展历程[①]

1. 拷贝国外模式,试水国内经营 (1995—2001)

我国互联网社会服务始于 1995 年。1995 年 1 月,国家邮电部开始向社会提供互联网接入服务。在这一年,中国第一个互联网接入服务商——瀛海威信息通信公司创立,标志着中国互联网的商业化运行开启,开始探索本土互联网相关企业的运营之道。之后一系列以商业应用为目的的".com"".cn"域名、数量增长迅猛,各种网站如雨后春笋般建立起来,其中涌现出了一批以三大门户网站——新浪、搜狐、网易为代表的明星网站。1999 年 7 月中华网在美国纳斯达克上市,成为第一家在纳斯达克上市的中国互联网公司。

2. 对接本土需求,打造本土格局 (2001—2011)

这是中国互联网产业快速发展的 10 年。在这 10 年当中,中国互联网行业逐渐成长为一个有规模、有体量、有体系的庞大产业。中国互联网产业的成熟在于不断形成自己的产业群体,包括电子商务、视频网站、网络游戏、互联网金融、移动互联网等主体产业。

3. 霸主加速争锋,产业扩延惊人 (2011 年至今)

2011 年至今,中国互联网产业持续发展,除了在体量上日渐成为产业巨人之外,也彰显出庞大的产业扩延能力,即所谓移动时代、4G 时代、大数据时代的到来,预示着互联网媒体将凭借强大的技术能力、用户基础以及需求对接能力、业务创新能力,冲击既有的国民经济体系,成为新经济体系的主宰力量。

(二) 我国互联网产业现状

截至 2016 年 12 月,中国网民规模达到 7.31 亿,普及率达到 53.2%,超过全球平均水平 3.1 个百分点,超过亚洲平均水平 7.6 个百分点;我国手机网民规模达到 6.95 亿,增长率连续 3 年超过 10%,台式电脑以及笔记本

---

① 参见宋红梅、杨行、夏吟、阴健《中国互联网产业 20 年发展轨迹研究》,载《中国广播电视学刊》2014 年第 9 期,第 13~15 页。

电脑的使用率均出现下降,移动互联网与线下经济联系日益紧密,并推动消费模式向资源共享化、设备智能化和场景多元化发展。我国包括支付宝/微信城市服务、政府微信公众号、网站、微博、手机端应用等在内的在线政务服务用户规模达 2.39 亿,占总体网民的 32.7%,互联网政府服务平台的互通互联及服务内容细化,大幅度提升了政务服务智慧化水平;我国境内外上市互联网企业数量达到 91 家,总市值为 5.4 万亿元人民币,其中,腾讯和阿里巴巴的市值总和超过 3 万亿元人民币,两家公司作为中国互联网企业的代表,占中国上市互联网企业总市值的 57%;中国企业在线销售、在线采购的开展比例实现超过 10 个百分点的增长,分别达到 45.3% 和 45.6%,在传统媒体和新媒体加快融合发展的趋势下,互联网在企业营销体系中扮演的角色愈发重要,互联网营销推广比例达 38.7%。[①]

二、我国互联网产业发展趋势

2017 年 1 月 6 日下午,中国互联网协会在北京召开 2017(第七届)中国互联网产业年会。会上,中国互联网协会卢卫秘书长发布了《2016 年中国互联网产业综述与 2017 年发展趋势》的报告。报告指出,我国互联网产业在引领经济发展、推动社会进步、促进创新等方面发挥了巨大作用,具体表现为:互联网用户和市场规模庞大,互联网科技成果惠及百姓民生,互联网与传统产业加速融合,互联网国际交流合作日益深化,互联网企业竞争力和影响力持续提升,网络强国战略、制造强国战略、国家大数据战略等重大国家政策不断细化落实,互联网产业发展前景广阔。

报告预测,2017 年,中国互联网产业发展有如下趋势值得关注。

(一)新一代信息基础设施成为网络强国战略的关键支撑

农村网络基础设施建设将让广大农民分享宽带红利;光网城市建设受到重视,一系列试点城市将会陆续出现,发挥示范引领作用;4G 网络覆盖进一步扩大,5G 研发试验和商用进一步推进。

(二)互联网技术成为创新发展的强劲动力

数字化、智能化服务技术蓬勃发展;增强信用与安全的技术将进一步丰富;企业信息化与云端迁移技术将释放更大影响力;物理和数字世界互动技术应用范围进一步扩大;制造技术与信息网络技术融合塑造新的生产模式。

---

① 中国互联网络信息中心:《中国互联网络发展状况统计报告》,http://www.cnnic.net.cn/hlwfzyj/hlwxzbg/,访问日期:2017 年 3 月 23 日。

(三) 产业融合成为振兴实体经济的重要体现

互联网与传统产业的融合将在培育壮大新动能、提振产业发展方面发挥不可替代的作用；智能制造成为产业转型升级的关键领域；农业供给侧结构性改革将进一步深化。

(四) 应用与服务成为惠及民生的创新举措

国内分享经济领域将继续拓展，在营销策划、餐饮住宿、物流快递、交通出行、生活服务等领域进一步渗透；互联网与政府公共服务体系的深度融合将加快；随着互联网+行动计划的深入，智慧城市建设快速推进，互联网将作为创新要素对智慧城市发展产生全局性影响。

第二节 我国互联网产业政策与法律概述

一、我国互联网产业管理体制

在我国互联网管理的领导体制上，最初的设置是高度分散的。由于互联网形成了一种完整的虚拟社会生活，因此，早期的管理是由许多领域的管理部门一道参与的，包括中宣部、国务院新闻办、信息产业部、教育部、文化部、卫生部、公安部、国家安全部、国家食品药品监督管理局、国家保密局、商务部、中国科学院、解放军总参谋部通信部、新闻出版总署、广电总局、国家工商行政管理总局等16个部门或机构。具体到互联网的内容管理上，起初的权力框架也是多头管理、"九龙治水"的安排。例如，文字新闻类由国务院新闻办公室管理，影音内容的准入牌照由广电总局审发，出版、游戏类则是文化部和新闻出版总署管辖。[①] 很显然，这样的管理体制必然导致权力的重叠与冲突，出现多头管理、职能交叉、权责不一、效率不高等问题，不利于我国互联网产业的健康有序发展。

为了使我国的互联网管理体制更加合理有效，中国互联网管理一直随着网络发展不断调整，从协调小组到领导小组，经历了由虚到实、由弱到强、由分散到集中的转变。

2006年"全国互联网协调小组"正式成立，成员单位包括信息产业部

---

① 唐海华：《挑战与回应：中国互联网传播管理体制的机理探析》，载《江苏行政学院学报》2016年第3期，第113～121页。

（2008年重组为工业和信息化部）、国务院新闻办公室、教育部、公安部、国家保密局、解放军总参通信部等15个部委和军方机构，负责指挥的是中宣部，办公室设在信息产业部。

2014年2月27日，中央网络安全和信息化领导小组成立。该领导小组着眼于国家安全和长远发展，统筹协调涉及经济、政治、文化、社会及军事等各个领域的网络安全和信息化重大问题，研究制定网络安全和信息化发展战略、宏观规划和重大政策，推动国家网络安全和信息化法治建设，不断增强安全保障能力。中共中央总书记、国家主席、中央军委主席习近平亲自担任组长，国务院信息化工作办公室（以下简称"国信办"）作为该领导小组的常设办公室，加挂中央网信办的牌子。随后在2014年8月，国务院又授权国信办重新组建为独立的机构，负责全国互联网信息内容管理工作，并负责监督管理执法。中央网信办（国信办）就成了互联网日常管理工作的最高主管机构，它直接向中央网络安全和信息化领导小组负责。

延伸阅读 >>>>

互联网产业管理自律组织——中国互联网协会

中国互联网协会成立于2001年5月25日，由国内从事互联网行业的网络运营商、服务提供商、设备制造商、系统集成商以及科研、教育机构等70多家互联网从业者共同发起成立，是由中国互联网行业及与互联网相关的企事业单位自愿结成的行业性的全国性的非营利性的社会组织。中国互联网协会现任理事长为中国工程院原副院长邬贺铨院士，现有会员1000多个，协会的业务主管单位是工业和信息化部，会址设在北京市。

中国互联网协会的会员是依法成立的与互联网行业相关的企业、事业单位及社会团体，并且愿意加入中国互联网协会，遵守协会章程。

中国互联网协会的宗旨是：遵守国家宪法、法律和法规，遵守社会道德风尚；坚持以创新的思维、协作的文化、开放的平台，有效的服务的指导思想，为会员的需要服务，为行业发展服务，为政府决策服务。

中国互联网协会的基本任务是：

1. 团结互联网行业相关企业、事业单位和社会团体，向政府主管部门反映会员和业界的愿望及合理要求，向会员宣传国家相关政策、法律、法规。

2. 制订并实施互联网行业规范和自律公约，协调会员之间的关系，促进会员之间的沟通与协作，充分发挥行业自律作用，维护国家信息安全，维护行业整体利益和用户利益，促进行业服务质量的提高。

3. 开展我国互联网行业发展状况的调查与研究工作，促进互联网的发展和普及应用，向政府有关部门提出行业发展的政策建议。

4. 组织开展有益于互联网发展的研讨、论坛等活动，促进互联网行业内的交流与合作,发挥互联网对我国社会、经济、文化发展的积极作用。

5. 积极开展国际交流与合作,组织国内互联网相关企事业单位参与国际互联网有关组织的活动,在国际互联网事务中发挥积极作用。

6. 办好协会网站、刊物,组织编撰出版中国互联网发展状况年度报告,为业界提供互联网信息服务。

7. 承担会员单位或政府有关部门委托的其他事项。

二、我国互联网产业政策概述

长期以来,政策在推动我国互联网产业的发展中起到了举足轻重的引导作用,为产业发展不断注入新的动力。在众多的政策文件中,由国务院印发的《关于积极推进"互联网+"行动的指导意见》是比较有代表性和里程碑意义的政策文件。

近年来,我国在互联网技术、产业、应用以及跨界融合等方面取得了积极进展,已具备加快推进"互联网+"发展的坚实基础,但也存在传统企业运用互联网的意识和能力不足、互联网企业对传统产业理解不够深入、新业态发展面临体制机制障碍、跨界融合型人才严重匮乏等问题,亟待加以解决。为加快推动互联网与各领域深入融合和创新发展,充分发挥"互联网+"对稳增长、促改革、调结构、惠民生、防风险的重要作用,国务院于2015年7月正式发布了就积极推进"互联网+"的《关于积极推进"互联网+"行动的指导意见》。

(一)发展目标

到 2018 年,互联网与经济社会各领域的融合发展进一步深化,基于互联网的新业态成为新的经济增长动力,互联网支撑大众创业、万众创新的作用进一步增强,互联网成为提供公共服务的重要手段,网络经济与实体经济协同互动的发展格局基本形成。

到 2025 年,网络化、智能化、服务化、协同化的"互联网+"产业生态体系基本完善,"互联网+"新经济形态初步形成,"互联网+"成为经济社会创新发展的重要驱动力量。

(二)重点行动

1. "互联网+"创业创新

由国家发展与改革委员会(以下简称"发改委")、科技部、工业和信息化部、人力资源社会保障部、商务部等负责,列第一位者为牵头部门,充分发挥互联网的创新驱动作用，引导和推动全社会形成大众创业、万众创新的浓厚氛围，打造经济发展新引擎。

（1）强化创业创新支撑。鼓励大型互联网企业和基础电信企业利用技术优势和产业整合能力，向小微企业和创业团队提供技术、经营管理、市场营销等方面的支持和服务，培育和孵化具有良好商业模式的创业企业。

（2）积极发展众创空间。充分利用国家自主创新示范区、科技企业孵化器、大学科技园、商贸企业集聚区、小微企业创业示范基地等现有条件，通过市场化方式构建一批创新与创业相结合、线上与线下相结合、孵化与投资相结合的众创空间，为创业者提供低成本、便利化、全要素的工作空间、网络空间、社交空间和资源共享空间。

（3）发展开放式创新。鼓励各类创新主体充分利用互联网，把握市场需求导向，加强创新资源共享与合作，促进前沿技术和创新成果及时转化，构建开放式创新体系。

2. "互联网+"协同制造

由工业和信息化部、发改委、科技部共同牵头，推动互联网与制造业融合，提升制造业数字化、网络化、智能化水平，加强产业链协作，发展基于互联网的协同制造新模式。

（1）大力发展智能制造。以智能工厂为发展方向，开展智能制造试点示范，加快推动云计算、物联网、智能工业机器人、增材制造等技术在生产过程中的应用，推进生产装备智能化升级、工艺流程改造和基础数据共享。

（2）发展大规模个性化定制。支持企业利用互联网采集并对接用户个性化需求，推进设计研发、生产制造和供应链管理等关键环节的柔性化改造，开展基于个性化产品的服务模式和商业模式创新。

（3）提升网络化协同制造水平。鼓励制造业骨干企业通过互联网与产业链各环节紧密协同，促进生产、质量控制和运营管理系统全面互联，推行众包设计研发和网络化制造等新模式。鼓励有实力的互联网企业构建网络化协同制造公共服务平台，面向细分行业提供云制造服务。

（4）加速制造业服务化转型。鼓励制造企业利用物联网、云计算、大数据等技术，整合产品全生命周期数据，形成面向生产组织全过程的决策服务信息，为产品优化升级提供数据支撑。鼓励企业基于互联网开展故障预警、远程维护、质量诊断、远程过程优化等在线增值服务，拓展产品价值空间，实现从制造向"制造+服务"的转型升级。

3. "互联网+"现代农业

由农业部、发改委、科技部、商务部、质检总局、食品药品监管总局、国家林业局等负责，利用互联网提升农业生产、经营、管理和服务水平，促进农业现代化水平明显提升。

（1）构建新型农业生产经营体系。鼓励互联网企业建立农业服务平台，支撑专业大户、家庭农场、农民合作社、农业产业化龙头企业等新型农业生产经营主体，加强产销衔接，实现农业生产由生产导向向消费导向转变。规范用好农村土地流转公共服务平台，提升土地流转透明度，保障农民权益。

（2）发展精准化生产方式。推广成熟可复制的农业物联网应用模式。在基础较好的领域和地区，普及网络化农业环境监测系统。在大宗农产品规模生产区域，构建天地一体的农业物联网测控体系。在畜禽标准化规模养殖基地和水产健康养殖示范基地，推动饲料精准投放等智能设备的应用普及和互联互通。

（3）提升网络化服务水平。深入推进信息进村入户试点，鼓励通过移动互联网为农民提供政策、市场、科技、保险等生产生活信息服务。

（4）完善农副产品质量安全追溯体系。充分利用现有互联网资源，构建农副产品质量安全追溯公共服务平台，推进制度标准建设，建立产地准出与市场准入衔接机制。实现农副产品"从农田到餐桌"全过程可追溯，保障"舌尖上的安全"。

4. "互联网+"智慧能源

由国家能源局、发改委、工业和信息化部等负责，通过互联网促进能源系统扁平化，推进能源生产与消费模式革命，提高能源利用效率，推动节能减排。

（1）推进能源生产智能化。建立能源生产运行的监测、管理和调度信息公共服务网络，加强能源产业链上下游企业的信息对接和生产消费智能化，支撑电厂和电网协调运行，促进非化石能源与化石能源协同发电。

（2）建设分布式能源网络。建设以太阳能、风能等可再生能源为主体的多能源协调互补的能源互联网。突破分布式发电、储能、智能微网、主动配电网等关键技术，构建智能化电力运行监测、管理技术平台。

（3）探索能源消费新模式。开展绿色电力交易服务区域试点，推进以智能电网为配送平台，以电子商务为交易平台，融合储能设施、物联网、智能用电设施等硬件以及碳交易、互联网金融等衍生服务于一体的绿色能源网络发展，实现绿色电力的点到点交易及实时配送和补贴结算。

（4）发展基于电网的通信设施和新型业务。推进电力光纤到户工程，完善能源互联网信息通信系统。统筹部署电网和通信网深度融合的网络基础设施，实现同缆传输、共建共享，避免重复建设。鼓励依托智能电网发展家庭能效管理等新型业务。

5. "互联网+"普惠金融

由中国人民银行、银监会、证监会、保监会、发改委、工业和信息化部、网信办等负责，促进互联网金融健康发展，培育一批具有行业影响力的互联网金融创新型企业。

（1）探索推进互联网金融公共云服务平台建设。在保证技术成熟和业务安全的基础上，支持金融企业与云计算技术提供商合作开展金融公共云服务，提供多样化、个性化、精准化的金融产品。支持银行、证券、保险企业稳妥实施系统架构转型，鼓励探索利用云服务平台开展金融核心业务，提供基于金融云服务平台的信用、认证、接口等公共服务。

（2）鼓励金融机构利用互联网拓宽服务覆盖面。鼓励各金融机构利用云计算、移动互联网、大数据等技术手段，加快金融产品和服务创新，在更广泛地区提供便利的存贷款、支付结算、信用中介平台等金融服务，拓宽普惠金融服务范围，为实体经济发展提供有效支撑。

（3）积极拓展互联网金融服务创新的深度和广度。规范发展网络借贷和互联网消费信贷业务，探索互联网金融服务创新。积极引导风险投资基金、私募股权投资基金和产业投资基金投资于互联网金融企业。利用大数据发展市场化个人征信业务，加快网络征信和信用评价体系建设。加强互联网金融消费权益保护和投资者保护，建立多元化金融消费纠纷解决机制。改进和完善互联网金融监管，提高金融服务安全性，有效防范互联网金融风险及其外溢效应。

6. "互联网+"益民服务

由发改委、教育部、工业和信息化部、民政部、人力资源社会保障部、商务部、卫生计生委、质检总局、食品药品监管总局、国家林业局、国家旅游局、网信办、国家信访局等负责，充分发挥互联网的高效、便捷优势，加快发展基于互联网的医疗、健康、养老、教育、旅游、社会保障等新兴服务。

（1）创新政府网络化管理和服务。加快互联网与政府公共服务体系的深度融合，推动公共数据资源开放，促进公共服务创新供给和服务资源整合，构建面向公众的一体化在线公共服务体系。

（2）发展便民服务新业态。发展体验经济，支持实体零售商综合利用网上商店、移动支付、智能试衣等新技术，打造体验式购物模式。发展社区经济，在餐饮、娱乐、家政等领域培育线上线下结合的社区服务新模式。发展共享经济，规范发展网络约租车，积极推广在线租房等新业态，着力破除准入门槛高、服务规范难、个人征信缺失等瓶颈制约。发展基于互联网的文化、媒体和旅游等服务，培育形式多样的新型业态。积极推广基于移动互联网入口的城市服务，开展网上社保办理、个人社保权益查询、跨地区医保结算等互联网应用，让老百姓足不出户就能享受便捷高效的服务。

（3）推广在线医疗卫生新模式。发展基于互联网的医疗卫生服务，支持第三方机构构建医学影像、健康档案、检验报告、电子病历等医疗信息共享服务平台，逐步建立跨医院的医疗数据共享交换标准体系。积极利用移动互联网提供在线预约诊疗、候诊提醒、划价缴费、诊疗报告查询、药品配送等便捷服务。引导医疗机构面向中小城市和农村地区开展基层检查、上级诊断等远程医疗服务。鼓励互联网企业与医疗机构合作建立医疗网络信息平台，加强区域医疗卫生服务资源整合，充分利用互联网、大数据等手段，提高重大疾病和突发公共卫生事件防控能力。积极探索互联网延伸医嘱、电子处方等网络医疗健康服务应用。鼓励有资质的医学检验机构、医疗服务机构联合互联网企业，发展基因检测、疾病预防等健康服务模式。

（4）促进智慧健康养老产业发展。支持智能健康产品创新和应用，推广全面量化健康生活新方式。鼓励健康服务机构利用云计算、大数据等技术搭建公共信息平台，提供长期跟踪、预测预警的个性化健康管理服务。发展第三方在线健康市场调查、咨询评价、预防管理等应用服务，提升规范化和专业化运营水平。依托现有互联网资源和社会力量，以社区为基础，搭建养老信息服务网络平台，提供护理看护、健康管理、康复照料等居家养老服务。鼓励养老服务机构应用基于移动互联网的便携式体检、紧急呼叫监控等设备，提高养老服务水平。

（5）探索新型教育服务供给方式。鼓励互联网企业与社会教育机构根据市场需求开发数字教育资源，提供网络化教育服务。鼓励学校利用数字教育资源及教育服务平台，逐步探索网络化教育新模式，扩大优质教育资源覆盖面，促进教育公平。鼓励学校通过与互联网企业合作等方式，对接线上线下教育资源，探索基础教育、职业教育等教育公共服务提供新方式。推动开展学历教育在线课程资源共享，推广大规模在线开放课程等网络学习模式，探索建立网络学习学分认定与学分转换等制度，加快推动高等教育服务模式变革。

7. "互联网+"高效物流

由发改委、商务部、交通运输部、网信办等负责，加快建设跨行业、跨区域的物流信息服务平台，提高物流供需信息对接和使用效率。

（1）构建物流信息共享互通体系。发挥互联网信息集聚优势，聚合各类物流信息资源，鼓励骨干物流企业和第三方机构搭建面向社会的物流信息服务平台，构建互通省际、下达市县、兼顾乡村的物流信息互联网络，建立各类可开放数据的对接机制，加快完善物流信息交换开放标准体系，在更广范围促进物流信息充分共享与互联互通。

（2）建设深度感知智能仓储系统。在各级仓储单元积极推广应用二维码、无线射频识别等物联网感知技术和大数据技术，实现仓储设施与货物的实时跟踪、网络化管理以及库存信息的高度共享，提高货物调度效率。鼓励应用智能化物流装备提升仓储、运输、分拣、包装等作业效率，提高各类复杂订单的出货处理能力，缓解货物囤积停滞瓶颈制约，提升仓储运管水平和效率。

（3）完善智能物流配送调配体系。加快推进货运车联网与物流园区、仓储设施、配送网点等信息互联，促进人员、货源、车源等信息高效匹配，有效降低货车空驶率，提高配送效率。鼓励发展社区自提柜、冷链储藏柜、代收服务点等新型社区化配送模式，结合构建物流信息互联网络，加快推进县到村的物流配送网络和村级配送网点建设，解决物流配送"最后一公里"问题。

8. "互联网+"电子商务

由发改委、商务部、工业和信息化部、交通运输部、农业部、海关总署、税务总局、质检总局、网信办等负责，巩固和增强我国电子商务发展领先优势，大力发展农村电商、行业电商和跨境电商，进一步扩大电子商务发展空间。

（1）积极发展农村电子商务。开展电子商务进农村综合示范，支持新型农业经营主体和农产品、农资批发市场对接电商平台，积极发展以销定产模式。

（2）大力发展行业电子商务。鼓励能源、化工、钢铁、电子、轻纺、医药等行业企业，积极利用电子商务平台优化采购、分销体系，提升企业经营效率。

（3）推动电子商务应用创新。鼓励企业利用电子商务平台的大数据资源，提升企业精准营销能力，激发市场消费需求。建立电子商务产品质量追溯机制，加强互联网食品药品市场监测监管体系建设，积极探索处方药电子商务销售和监管模式创新。鼓励企业利用移动社交、新媒体等新渠道，发展社交电商、"粉丝"经济等网络营销新模式。

（4）加强电子商务国际合作。鼓励各类跨境电子商务服务商发展，完善跨境物流体系，拓展全球经贸合作。推进跨境电子商务通关、检验检疫、结汇等关键环节单一窗口综合服务体系建设。

9. "互联网+"便捷交通

由发改委、交通运输部共同牵头，加快互联网与交通运输领域的深度融合，全面提升交通运输行业服务品质和科学治理能力。

（1）提升交通运输服务品质。推动交通运输主管部门和企业将服务性数据资源向社会开放，鼓励互联网平台为社会公众提供实时交通运行状态查询等服务，推进基于互联网平台的多种出行方式信息服务对接和一站式服务。加快完善汽车健康档案、维修诊断和服务质量信息服务平台建设。

（2）推进交通运输资源在线集成。利用物联网、移动互联网等技术，进一步加强对公路、铁路、民航、港口等交通运输网络关键设施运行状态与通行信息的采集，形成更加完善的交通运输感知体系，提高基础设施、运输工具、运行信息等要素资源的在线化水平，全面支撑故障预警、运行维护以及调度智能化。

（3）增强交通运输科学治理能力。强化交通运输信息共享，利用大数据平台挖掘分析人口迁徙规律、公众出行需求、枢纽客流规模、车辆船舶行驶特征等，为优化交通运输设施规划与建设、安全运行控制、交通运输管理决策提供支撑。利用互联网加强对交通运输违章违规行为的智能化监管，不断提高交通运输治理能力。

10."互联网＋"绿色生态

由发改委、环境保护部、商务部、林业局等负责，推动互联网与生态文明建设深度融合，完善污染物监测及信息发布系统。充分发挥互联网在逆向物流回收体系中的平台作用，促进再生资源交易利用便捷化、互动化、透明化，促进生产生活方式绿色化。

（1）加强资源环境动态监测。针对能源、矿产资源、水、大气、森林、草原、湿地、海洋等各类生态要素，充分利用多维地理信息系统、智慧地图等技术，结合互联网大数据分析，优化监测站点布局，扩大动态监控范围，构建资源环境承载能力立体监控系统。

（2）大力发展智慧环保。利用智能监测设备和移动互联网，完善污染物排放在线监测系统，增加监测污染物种类，扩大监测范围，形成全天候、多层次的智能多源感知体系。通过互联网实现面向公众的在线查询和定制推送环境信息数据。将企业环保信用记录纳入全国统一的信用信息共享交换平台。提升重金属、危险废物、危险化学品等重点风险防范水平和应急处理能力。

（3）完善废旧资源回收利用体系。利用物联网、大数据开展信息采集、数据分析、流向监测，优化逆向物流网点布局。支持利用电子标签、二维码等物联网技术跟踪电子废物流向，鼓励互联网企业参与搭建城市废弃物回收平台，创新再生资源回收模式。加快推进汽车保险信息系统、"以旧换新"管理系统和报废车管理系统的标准化、规范化和互联互通。

（4）建立废弃物在线交易系统。鼓励互联网企业积极参与各类产业园区废弃物信息平台建设，推动现有骨干再生资源交易市场向线上线下结合转型升级，逐步形成行业性、区域性、全国性的产业废弃物和再生资源在线交易系统，完善线上信用评价和供应链融资体系，开展在线竞价，发布价格交易指数，提高稳定供给能力，增强主要再生资源品种的定价权。

11. "互联网+"人工智能

由发改委、科技部、工业和信息化部、网信办等负责，依托互联网平台提供人工智能公共创新服务，培育若干引领全球人工智能发展的骨干企业和创新团队，形成创新活跃、开放合作、协同发展的产业生态。

（1）培育发展人工智能新兴产业。建设支撑超大规模深度学习的新型计算集群，构建包括语音、图像、视频、地图等数据的海量训练资源库，加强人工智能基础资源和公共服务等创新平台建设。进一步推进计算机视觉等关键技术的研发和产业化，推动人工智能在智能产品、工业制造等领域规模商用，为产业智能化升级夯实基础。

（2）推进重点领域智能产品创新。鼓励传统家居企业与互联网企业开展集成创新，推动汽车企业与互联网企业设立跨界交叉的创新平台，支持安防企业与互联网企业开展合作。

（3）提升终端产品智能化水平。着力做大高端移动智能终端产品和服务的市场规模，提高移动智能终端核心技术研发及产业化能力。

三、我国互联网产业法律概述

互联网产业法律体系主要是由我国现行法律体系内各部门法中与互联网法律规制相关的规则，加上专门针对互联网产业领域而制定的法律、行政法规、行政规章、司法解释等共同组成。

2015年8月公布的《中华人民共和国刑法修正案（九）》对《中华人民共和国刑法》中涉互联网安全的内容做了补充和完善，包括：对《刑法》原来的有关危害计算机信息系统安全的规定做了补充和完善；强化了互联网服务提供者的网络安全管理责任；对信息网络上常见的、带有预备实施犯罪性质的行为，在《刑法》中作为独立的犯罪加以规定；对网络上具有帮助他人犯罪的属性的行为，专门作为犯罪独立加以规定。此外，《中华人民共和国刑法修正案（九）》还将其他与网络安全相关的规定做了配套性修改：对出售、非法提供公民个人信息的犯罪做了进一步完善；对在信息网络上编造虚假的险情、疫情、灾情、警情这样四种比较容易引起社会恐慌的谣言的行为，以及明知这些是谣言而传播的行为，增加规定为犯罪，等等。

2015年7月公布的《中华人民共和国国家安全法》第二十五条规定："国家建设网络与信息安全保障体系，提升网络与信息安全保护能力，加强网络和信息技术的创新研究和开发应用，实现网络和信息核心技术、关键基础设施和重要领域信息系统及数据的安全可控；加强网络管理，防范、制止和依法惩治网络攻击、网络入侵、网络窃密、散布违法有害信息等网络违法犯罪行为，维护国家网络空间主权、安全和发展利益。"

2015年12月公布的《中华人民共和国反恐怖主义法》第十八条规定："电信业务经营者、互联网服务提供者应当为公安机关、国家安全机关依法进行防范、调查恐怖活动提供技术接口和解密等技术支持和协助。"第十九条规定："电信业务经营者、互联网服务提供者应当依照法律、行政法规规定，落实网络安全、信息内容监督制度和安全技术防范措施，防止含有恐怖主义、极端主义内容的信息传播；发现含有恐怖主义、极端主义内容的信息的，应当立即停止传输，保存相关记录，删除相关信息，并向公安机关或者有关部门报告。网信、电信、公安、国家安全等主管部门对含有恐怖主义、极端主义内容的信息，应当按照职责分工，及时责令有关单位停止传输、删除相关信息，或者关闭相关网站、关停相关服务。有关单位应当立即执行，并保存相关记录，协助进行调查。对互联网上跨境传输的含有恐怖主义、极端主义内容的信息，电信主管部门应当采取技术措施，阻断传播。"

2015年4月修订公布的《中华人民共和国广告法》第四十四条规定："利用互联网从事广告活动，适用本法的各项规定。利用互联网发布、发送广告，不得影响用户正常使用网络。在互联网页面以弹出等形式发布的广告，应当显著标明关闭标志，确保一键关闭。"

2015年4月修订公布的《中华人民共和国食品安全法》第六十二条规定："网络食品交易第三方平台提供者应当对入网食品经营者进行实名登记，明确其食品安全管理责任；依法应当取得许可证的，还应当审查其许可证。网络食品交易第三方平台提供者发现入网食品经营者有违反本法规定行为的，应当及时制止并立即报告所在地县级人民政府食品药品监督管理部门；发现严重违法行为的，应当立即停止提供网络交易平台服务。"

针对我国互联网产业制定的法律主要包括《中华人民共和国网络安全法》《中华人民共和国电子签名法》《全国人民代表大会常务委员会关于加强网络信息保护的决定》《全国人民代表大会常务委员会关于维护互联网安全的决定》。

针对我国互联网产业制定的行政法规主要包括《信息网络传播权保护条例》《计算机软件保护条例》《互联网信息管理办法》《中华人民共和国电信条例》《外商投资电信企业管理规定》《计算机信息网络国际联网安全保护管理办法》。

针对我国互联网产业制定的行政规章主要包括《互联网文化管理暂行

规定》《电信和互联网用户个人信息保护规定》《规范互联网信息服务市场秩序若干规定》《互联网新闻信息服务管理规定》。

针对我国互联网产业制定的司法解释主要包括：最高人民法院《关于审理利用信息网络侵害人身权益民事纠纷案件适用法律若干问题的规定》，最高人民法院、最高人民检察院《关于办理利用信息网络实施诽谤等刑事案件适用法律若干问题的解释》，最高人民法院《关于审理侵害信息网络传播权民事纠纷案件适用法律若干问题的规定》，最高人民法院、最高人民检察院《关于办理利用互联网、移动通讯终端、声讯台制作、复制、出版、贩卖、传播淫秽电子信息刑事案件具体应用法律若干问题的解释》，最高人民法院、最高人民检察院《关于办理利用互联网、移动通讯终端、声讯台制作、复制、出版、贩卖、传播淫秽电子信息刑事案件具体应用法律若干问题的解释（二）》。

第三节 网络安全法律制度

为了保障网络安全，维护网络空间主权和国家安全、社会公共利益，保护公民、法人和其他组织的合法权益，促进经济社会信息化健康发展，2016年11月7日第十二届全国人民代表大会常务委员会第24次会议通过了《中华人民共和国网络安全法》（以下简称《网络安全法》）。

一、适用范围和基本原则

（一）适用范围

凡是在中华人民共和国境内建设、运营、维护和使用网络，以及网络安全的监督管理，均适用《网络安全法》。

（二）基本原则

1. 网络安全与信息化发展并重原则

国家坚持网络安全与信息化发展并重，遵循积极利用、科学发展、依法管理、确保安全的方针，推进网络基础设施建设和互联互通，鼓励网络技术创新和应用，支持培养网络安全人才，建立健全网络安全保障体系，提高网络安全保护能力。

2. 对内完善网络安全战略与对外防御域外网络安全风险原则

国家制定并不断完善网络安全战略，明确保障网络安全的基本要求和主要目标，提出重点领域的网络安全政策、工作任务和措施。

国家采取措施，监测、防御、处置来源于中华人民共和国境内外的网络安全风险和威胁，保护关键信息基础设施免受攻击、侵入、干扰和破坏，依法惩治网络违法犯罪活动，维护网络空间安全和秩序。

国家积极开展网络空间治理、网络技术研发和标准制定、打击网络违法犯罪等方面的国际交流与合作，推动构建和平、安全、开放、合作的网络空间，建立多边、民主、透明的网络治理体系。

3. 创建良好网络环境原则

国家倡导诚实守信、健康文明的网络行为，推动传播社会主义核心价值观，采取措施提高全社会的网络安全意识和水平，形成全社会共同参与促进网络安全的良好环境。

4. 依法使用网络原则

国家保护公民、法人和其他组织依法使用网络的权利，促进网络接入普及，提升网络服务水平，为社会提供安全、便利的网络服务，保障网络信息依法有序自由流动。任何个人和组织使用网络应当遵守宪法法律，遵守公共秩序，尊重社会公德，不得危害网络安全，不得利用网络从事危害国家安全、荣誉和利益，煽动颠覆国家政权、推翻社会主义制度，煽动分裂国家、破坏国家统一，宣扬恐怖主义、极端主义，宣扬民族仇恨、民族歧视，传播暴力、淫秽色情信息，编造、传播虚假信息扰乱经济秩序和社会秩序，以及侵害他人名誉、隐私、知识产权和其他合法权益等活动。

5. 保护未成年人健康网络环境原则

国家支持研究开发有利于未成年人健康成长的网络产品和服务，依法惩治利用网络从事危害未成年人身心健康的活动，为未成年人提供安全、健康的网络环境。

6. 依法举报网络违法行为原则

任何个人和组织有权对危害网络安全的行为向网信、电信、公安等部门举报。收到举报的部门应当及时依法做出处理；不属于本部门职责的，应当及时移送有权处理的部门。有关部门应当对举报人的相关信息予以保密，保护举报人的合法权益。

二、管理体制

（一）主管机关

国家网信部门负责统筹协调网络安全工作和相关监督管理工作。国务院电信主管部门、公安部门和其他有关机关依照《网络安全法》和有关法律、行政法规的规定，在各自职责范围内负责网络安全保护和监督管理工作。

县级以上地方人民政府有关部门的网络安全保护和监督管理职责，按照国家有关规定确定。

（二）行业自律

网络运营者开展经营和服务活动，必须遵守法律、行政法规，尊重社会公德，遵守商业道德，诚实守信，履行网络安全保护义务，接受政府和社会的监督，承担社会责任。建设、运营网络或者通过网络提供服务，应当依照法律、行政法规的规定和国家标准的强制性要求，采取技术措施和其他必要措施，保障网络安全、稳定运行，有效应对网络安全事件，防范网络违法犯罪活动，维护网络数据的完整性、保密性和可用性。

网络相关行业组织按照章程，加强行业自律，制定网络安全行为规范，指导会员加强网络安全保护，提高网络安全保护水平，促进行业健康发展。

三、网络安全支持与促进

（一）网络安全标准体系

国家建立和完善网络安全标准体系。国务院标准化行政主管部门和国务院其他有关部门根据各自的职责，组织制定并适时修订有关网络安全管理以及网络产品、服务和运行安全的国家标准、行业标准。

国家支持企业、研究机构、高等学校、网络相关行业组织参与网络安全国家标准、行业标准的制定。

国务院和省、自治区、直辖市人民政府应当统筹规划，加大投入，扶持重点网络安全技术产业和项目，支持网络安全技术的研究开发和应用，推广安全可信的网络产品和服务，保护网络技术知识产权，支持企业、研究机构和高等学校等参与国家网络安全技术创新项目。

国家支持创新网络安全管理方式，运用网络新技术，提升网络安全保护水平。

（二）网络安全社会化服务体系

国家推进网络安全社会化服务体系建设，鼓励有关企业、机构开展网络安全认证、检测和风险评估等安全服务。

国家鼓励开发网络数据安全保护和利用技术，促进公共数据资源开放，推动技术创新和经济社会发展。

（三）网络人才培养与全民网络安全教育体系

国家支持企业和高等学校、职业学校等教育培训机构开展网络安全相关教育与培训，采取多种方式培养网络安全人才，促进网络安全人才交流。

各级人民政府及其有关部门应当组织开展经常性的网络安全宣传教育，并指导、督促有关单位做好网络安全宣传教育工作。

大众传播媒介应当有针对性地面向社会进行网络安全宣传教育。

四、网络和关键信息基础设施运行安全

（一）网络运行安全

1. 网络安全等级保护制度

国家实行网络安全等级保护制度。网络运营者应当按照网络安全等级保护制度的要求，履行下列安全保护义务，保障网络免受干扰、破坏或者未经授权的访问，防止网络数据泄露或者被窃取、篡改：

（1）制定内部安全管理制度和操作规程，确定网络安全负责人，落实网络安全保护责任。

（2）采取防范计算机病毒和网络攻击、网络侵入等危害网络安全行为的技术措施。

（3）采取监测、记录网络运行状态、网络安全事件的技术措施，并按照规定留存相关的网络日志不少于6个月。

（4）采取数据分类、重要数据备份和加密等措施。

（5）法律、行政法规规定的其他义务。

2. 符合国家标准强制性要求制度

（1）网络产品、服务应当符合相关国家标准的强制性要求。网络产品、服务的提供者不得设置恶意程序；发现其网络产品、服务存在安全缺陷、漏洞等风险时，应当立即采取补救措施，按照规定及时告知用户并向有关主管部门报告。

网络产品、服务的提供者应当为其产品、服务持续提供安全维护；在规定或者当事人约定的期限内，不得终止提供安全维护。

网络产品、服务具有收集用户信息功能的，其提供者应当向用户明示并取得同意；涉及用户个人信息的，还应当遵守本法和有关法律、行政法规关于个人信息保护的规定。

（2）网络关键设备和网络安全专用产品应当按照相关国家标准的强制性要求。网络关键设备和网络安全专用产品由具备资格的机构安全认证合格

或者安全检测符合要求后，方可销售或者提供。国家网信部门会同国务院有关部门制定、公布网络关键设备和网络安全专用产品目录，并推动安全认证和安全检测结果互认，避免重复认证、检测。

3. 网络身份认证制度

网络运营者为用户办理网络接入、域名注册服务，办理固定电话、移动电话等入网手续，或者为用户提供信息发布、即时通信等服务，在与用户签订协议或者确认提供服务时，应当要求用户提供真实身份信息。用户不提供真实身份信息的，网络运营者不得为其提供相关服务。

国家实施网络可信身份战略，支持研究开发安全、方便的电子身份认证技术，推动不同电子身份认证之间的互认。

4. 禁止从事危害网络安全活动制度

任何个人和组织不得从事非法侵入他人网络、干扰他人网络正常功能、窃取网络数据等危害网络安全的活动；不得提供专门用于从事侵入网络、干扰网络正常功能及防护措施、窃取网络数据等危害网络安全活动的程序、工具；明知他人从事危害网络安全的活动的，不得为其提供技术支持、广告推广、支付结算等帮助。

5. 技术支持协助制度

网络运营者应当为公安机关、国家安全机关依法维护国家安全和侦查犯罪的活动提供技术支持和协助。

国家支持网络运营者之间在网络安全信息收集、分析、通报和应急处置等方面进行合作，提高网络运营者的安全保障能力。

有关行业组织建立健全本行业的网络安全保护规范和协作机制，加强对网络安全风险的分析评估，定期向会员进行风险警示，支持、协助会员应对网络安全风险。

网信部门和有关部门在履行网络安全保护职责中获取的信息，只能用于维护网络安全的需要，不得用于其他用途。

（二）关键信息基础设施的运行安全

1. 关键信息基础设施重点保护制度

国家对公共通信和信息服务、能源、交通、水利、金融、公共服务、电子政务等重要行业和领域，以及其他一旦遭到破坏、丧失功能或者数据泄露，可能严重危害国家安全、国计民生、公共利益的关键信息基础设施，在网络安全等级保护制度的基础上，实行重点保护。关键信息基础设施的具体范围和安全保护办法由国务院制定。按照国务院规定的职责分工，负责关键信息基础设施安全保护工作的部门分别编制并组织实施本行业、本领域的关键信息基础设施安全规划，指导和监督关键信息基础设施运行安全保护工作。

国家鼓励关键信息基础设施以外的网络运营者自愿参与关键信息基础设施保护体系。

除《网络安全法》第二十一条的规定外，关键信息基础设施的运营者还应当履行下列安全保护义务：

（1）设置专门安全管理机构和安全管理负责人，并对该负责人和关键岗位的人员进行安全背景审查。

（2）定期对从业人员进行网络安全教育、技术培训和技能考核。

（3）对重要系统和数据库进行容灾备份。

（4）法律、行政法规规定的其他义务。

2. 关键信息基础设施特殊保护制度

建设关键信息基础设施应当确保其具有支持业务稳定、持续运行的性能，并保证安全技术措施同步规划、同步建设、同步使用。

关键信息基础设施的运营者采购网络产品和服务，可能影响国家安全的，应当通过国家网信部门会同国务院有关部门组织的国家安全审查。

关键信息基础设施的运营者采购网络产品和服务，应当按照规定与提供者签订安全保密协议，明确安全和保密义务与责任。

关键信息基础设施的运营者在中华人民共和国境内运营中收集和产生的个人信息和重要数据应当在境内存储。因业务需要，确需向境外提供的，应当按照国家网信部门会同国务院有关部门制定的办法进行安全评估；法律、行政法规另有规定的，依照其规定。

关键信息基础设施的运营者应当自行或者委托网络安全服务机构对其网络的安全性和可能存在的风险每年至少进行一次检测评估，并将检测评估情况和改进措施报送相关负责关键信息基础设施安全保护工作的部门。

国家网信部门应当统筹协调有关部门对关键信息基础设施的安全保护采取下列措施：

（1）对关键信息基础设施的安全风险进行抽查检测，提出改进措施，必要时可以委托网络安全服务机构对网络存在的安全风险进行检测评估。

（2）定期组织关键信息基础设施的运营者进行网络安全应急演练，提高应对网络安全事件的水平和协同配合能力。

（3）促进有关部门、关键信息基础设施的运营者以及有关研究机构、网络安全服务机构等之间的网络安全信息共享。

（4）对网络安全事件的应急处置与网络功能的恢复等，提供技术支持和协助。

五、网络信息安全

(一) 用户网络信息保护制度

网络运营者应当对其收集的用户信息严格保密,并建立健全用户信息保护制度。

网络运营者收集、使用个人信息,应当遵循合法、正当、必要的原则,公开收集、使用规则,明示收集、使用信息的目的、方式和范围,并经被收集者同意。

网络运营者不得收集与其提供的服务无关的个人信息,不得违反法律、行政法规的规定和双方的约定收集、使用个人信息,并应当依照法律、行政法规的规定和与用户的约定,处理其保存的个人信息。

网络运营者不得泄露、篡改、毁损其收集的个人信息;未经被收集者同意,不得向他人提供个人信息。但是,经过处理无法识别特定个人且不能复原的除外。

网络运营者应当采取技术措施和其他必要措施,确保其收集的个人信息安全,防止信息泄露、毁损、丢失。在发生或者可能发生个人信息泄露、毁损、丢失的情况时,应当立即采取补救措施,按照规定及时告知用户并向有关主管部门报告。

个人发现网络运营者违反法律、行政法规的规定或者双方的约定收集、使用其个人信息的,有权要求网络运营者删除其个人信息;发现网络运营者收集、存储的其个人信息有错误的,有权要求网络运营者予以更正。网络运营者应当采取措施予以删除或者更正。

任何个人和组织不得窃取或者以其他非法方式获取个人信息,不得非法出售或者非法向他人提供个人信息。

依法负有网络安全监督管理职责的部门及其工作人员,必须对在履行职责中知悉的个人信息、隐私和商业秘密严格保密,不得泄露、出售或者非法向他人提供。

(二) 网络发布信息规范制度

任何个人和组织应当对其使用网络的行为负责,不得设立用于实施诈骗,传授犯罪方法,制作或者销售违禁物品、管制物品等违法犯罪活动的网站、通讯群组,不得利用网络发布涉及实施诈骗,制作或者销售违禁物品、管制物品以及其他违法犯罪活动的信息。

网络运营者应当加强对其用户发布的信息的管理,发现法律、行政法规禁止发布或者传输的信息的，应当立即停止传输该信息，采取消除等处置措施，防止信息扩散，保存有关记录，并向有关主管部门报告。

任何个人和组织发送的电子信息、提供的应用软件，不得设置恶意程序，不得含有法律、行政法规禁止发布或者传输的信息。电子信息发送服务提供者和应用软件下载服务提供者，应当履行安全管理义务，知道其用户有上述规定行为的，应当停止提供服务，采取消除等处置措施，保存有关记录，并向有关主管部门报告。

国家网信部门和有关部门依法履行网络信息安全监督管理职责，发现法律、行政法规禁止发布或者传输的信息的，应当要求网络运营者停止传输，采取消除等处置措施，保存有关记录；对来源于中华人民共和国境外的上述信息，应当通知有关机构采取技术措施和其他必要措施阻断传播。

六、监测预警与应急处置

（一）网络安全监测预警和信息通报制度

国家建立网络安全监测预警和信息通报制度。国家网信部门应当统筹协调有关部门加强网络安全信息收集、分析和通报工作，按照规定统一发布网络安全监测预警信息。

负责关键信息基础设施安全保护工作的部门，应当建立健全本行业、本领域的网络安全监测预警和信息通报制度，并按照规定报送网络安全监测预警信息。

（二）网络安全应急制度

国家网信部门协调有关部门建立健全网络安全风险评估和应急工作机制，制订网络安全事件应急预案，并定期组织演练。

网络运营者应当制订网络安全事件应急预案，及时处置系统漏洞、计算机病毒、网络攻击、网络侵入等安全风险；在发生危害网络安全的事件时，立即启动应急预案，采取相应的补救措施，并按照规定向有关主管部门报告。

开展网络安全认证、检测、风险评估等活动，向社会发布系统漏洞、计算机病毒、网络攻击、网络侵入等网络安全信息，应当遵守国家有关规定。

负责关键信息基础设施安全保护工作的部门应当制订本行业、本领域的网络安全事件应急预案，并定期组织演练。

网络安全事件应急预案应当按照事件发生后的危害程度、影响范围等因素对网络安全事件进行分级，并规定相应的应急处置措施。

网络安全事件发生的风险增大时，省级以上人民政府有关部门应当按照规定的权限和程序，并根据网络安全风险的特点和可能造成的危害，采取下列措施：

（1）要求有关部门、机构和人员及时收集、报告有关信息，加强对网络安全风险的监测。

（2）组织有关部门、机构和专业人员，对网络安全风险信息进行分析评估，预测事件发生的可能性、影响范围和危害程度。

（3）向社会发布网络安全风险预警，发布避免、减轻危害的措施。发生网络安全事件，应当立即启动网络安全事件应急预案，对网络安全事件进行调查和评估，要求网络运营者采取技术措施和其他必要措施，消除安全隐患，防止危害扩大，并及时向社会发布与公众有关的警示信息。

省级以上人民政府有关部门在履行网络安全监督管理职责中，发现网络存在较大安全风险或者发生安全事件的，可以按照规定的权限和程序对该网络的运营者的法定代表人或者主要负责人进行约谈。网络运营者应当按照要求采取措施，进行整改，消除隐患。

因网络安全事件，发生突发事件或者生产安全事故的，应当依照《中华人民共和国突发事件应对法》《中华人民共和国安全生产法》等有关法律、行政法规的规定处置。

因维护国家安全和社会公共秩序，处置重大突发社会安全事件的需要，经国务院决定或者批准，可以在特定区域对网络通信采取限制等临时措施。

七、法律责任

（一）任何个人或组织的法律责任

（1）违反《网络安全法》第二十二条第一款、第二款和第四十八条第一款规定，有下列行为之一的，由有关主管部门责令改正，给予警告；拒不改正或者导致危害网络安全等后果的，处5万元以上50万元以下罚款，对直接负责的主管人员处1万元以上10万元以下罚款：①设置恶意程序的；②对其产品、服务存在的安全缺陷、漏洞等风险未立即采取补救措施，或者未按照规定及时告知用户并向有关主管部门报告的；③擅自终止为其产品、服务提供安全维护的。

（2）违反《网络安全法》第二十六条规定，开展网络安全认证、检测、风险评估等活动，或者向社会发布系统漏洞、计算机病毒、网络攻击、网络侵入等网络安全信息的，由有关主管部门责令改正，给予警告；拒不改正或者情节严重的，处1万元以上10万元以下罚款，并可以由有关主管部门责令暂停相关业务、停业整顿、关闭网站、吊销相关业务许可证或者吊销营业执照，对直接负责的主管人员和其他直接责任人员处5000元以上5万元以下罚款。

（3）违反《网络安全法》第二十七条规定，从事危害网络安全的活动，或者提供专门用于从事危害网络安全活动的程序、工具，或者为他人从事危害网络安全的活动提供技术支持、广告推广、支付结算等帮助，尚不构成犯罪的，由公安机关没收违法所得，处5日以下拘留，可以并处5万元以上50万元以下罚款；情节较重的，处5日以上15日以下拘留，可以并处10万元以上100万元以下罚款。任何单位实施上述行为的，由公安机关没收违法所得，处10万元以上100万元以下罚款，并对直接负责的主管人员和其他直接责任人员依照前款规定处罚。违反《网络安全法》第二十七条规定，受到治安管理处罚的人员，5年内不得从事网络安全管理和网络运营关键岗位的工作；受到刑事处罚的人员，终身不得从事网络安全管理和网络运营关键岗位的工作。

（4）违反《网络安全法》第四十六条规定，设立用于实施违法犯罪活动的网站、通讯群组，或者利用网络发布涉及实施违法犯罪活动的信息，尚不构成犯罪的，由公安机关处5日以下拘留，可以并处1万元以上10万元以下罚款；情节较重的，处5日以上15日以下拘留，可以并处5万元以上50万元以下罚款。关闭用于实施违法犯罪活动的网站、通讯群组。单位有上述行为的，由公安机关处10万元以上50万元以下罚款，并对直接负责的主管人员和其他直接责任人员依照前款规定处罚。

（5）发布或者传输《网络安全法》第十二条第二款和其他法律、行政法规禁止发布或者传输的信息的，依照有关法律、行政法规的规定处罚。

（6）有《网络安全法》规定的违法行为的，依照有关法律、行政法规的规定记入信用档案，并予以公示。

（7）违反《网络安全法》规定，给他人造成损害的，依法承担民事责任。违反《网络安全法》规定，构成违反治安管理行为的，依法给予治安管理处罚；构成犯罪的，依法追究刑事责任。

（二）网络运营者的法律责任

（1）网络运营者不履行《网络安全法》第二十一条、第二十五条规定的网络安全保护义务的，由有关主管部门责令改正，给予警告；拒不改正或者导致危害网络安全等后果的，处1万元以上10万元以下罚款，对直接负责的主管人员处5000元以上5万元以下罚款。

（2）网络运营者违反《网络安全法》第二十四条第一款规定，未要求用户提供真实身份信息,或者对不提供真实身份信息的用户提供相关服务的,由有关主管部门责令改正;拒不改正或者情节严重的,处 5 万元以上 50 万元以下罚款,并可以由有关主管部门责令暂停相关业务、停业整顿、关闭网站、吊销相关业务许可证或者吊销营业执照,对直接负责的主管人员和其他直接责任人员处 1 万元以上 10 万元以下罚款。

(3) 网络运营者违反《网络安全法》第二十二条第三款、第四十一条至第四十三条规定,侵害个人信息依法得到保护的权利的,由有关主管部门责令改正,可以根据情节单处或者并处警告、没收违法所得、处违法所得 1 倍以上 10 倍以下罚款,没有违法所得的,处 100 万元以下罚款,对直接负责的主管人员和其他直接责任人员处 1 万元以上 10 万元以下罚款;情节严重的,并可以责令暂停相关业务、停业整顿、关闭网站、吊销相关业务许可证或者吊销营业执照。违反《网络安全法》第四十四条规定,窃取或者以其他非法方式获取、非法出售或者非法向他人提供个人信息,尚不构成犯罪的,由公安机关没收违法所得,并处违法所得 1 倍以上 10 倍以下罚款,没有违法所得的,处 100 万元以下罚款。

(4) 网络运营者违反《网络安全法》第四十七条规定,对法律、行政法规禁止发布或者传输的信息未停止传输、采取消除等处置措施、保存有关记录的,由有关主管部门责令改正,给予警告,没收违法所得;拒不改正或者情节严重的,处 10 万元以上 50 万元以下罚款,并可以责令暂停相关业务、停业整顿、关闭网站、吊销相关业务许可证或者吊销营业执照,对直接负责的主管人员和其他直接责任人员处 1 万元以上 10 万元以下罚款。电子信息发送服务提供者、应用软件下载服务提供者,不履行本法第四十八条第二款规定的安全管理义务的,依照上述规定处罚。

(5) 网络运营者违反《网络安全法》规定,有下列行为之一的,由有关主管部门责令改正;拒不改正或者情节严重的,处 5 万元以上 50 万元以下罚款,对直接负责的主管人员和其他直接责任人员,处 1 万元以上 10 万元以下罚款:①不按照有关部门的要求对法律、行政法规禁止发布或者传输的信息,采取停止传输、消除等处置措施的;②拒绝、阻碍有关部门依法实施的监督检查的;③拒不向公安机关、国家安全机关提供技术支持和协助的。

(三) 关键信息基础设施运营者的法律责任

(1) 关键信息基础设施的运营者不履行《网络安全法》第三十三条、第三十四条、第三十六条、第三十八条规定的网络安全保护义务的,由有关主管部门责令改正,给予警告;拒不改正或者导致危害网络安全等后果的,处 10 万元以上 100 万元以下罚款，对直接负责的主管人员处 1 万元以上 10 万元以下罚款。

（2）关键信息基础设施的运营者违反《网络安全法》第三十五条规定，使用未经安全审查或者安全审查未通过的网络产品或者服务的，由有关主管部门责令停止使用，处采购金额 1 倍以上 10 倍以下罚款；对直接负责的主管人员和其他直接责任人员处 1 万元以上 10 万元以下罚款。

（3）关键信息基础设施的运营者违反《网络安全法》第三十七条规定，在境外存储网络数据，或者向境外提供网络数据的，由有关主管部门责令改正，给予警告，没收违法所得，处 5 万元以上 50 万元以下罚款，并可以责令暂停相关业务、停业整顿、关闭网站、吊销相关业务许可证或者吊销营业执照；对直接负责的主管人员和其他直接责任人员处 1 万元以上 10 万元以下罚款。

（四）网络产品、服务提供者的法律责任

（1）网络产品、服务的提供者违反《网络安全法》第二十二条第一款、第二款和第四十八条第一款规定，有下列行为之一的，由有关主管部门责令改正，给予警告；拒不改正或者导致危害网络安全等后果的，处 5 万元以上 50 万元以下罚款，对直接负责的主管人员处 1 万元以上 10 万元以下罚款：①设置恶意程序的；②对其产品、服务存在的安全缺陷、漏洞等风险未立即采取补救措施，或者未按照规定及时告知用户并向有关主管部门报告的；③擅自终止为其产品、服务提供安全维护的。

（2）网络产品或者服务的提供者违反《网络安全法》第二十二条第三款、第四十一条至第四十三条规定，侵害个人信息依法得到保护的权利的，由有关主管部门责令改正，可以根据情节单处或者并处警告、没收违法所得、处违法所得 1 倍以上 10 倍以下罚款，没有违法所得的，处 100 万元以下罚款，对直接负责的主管人员和其他直接责任人员处 1 万元以上 10 万元以下罚款；情节严重的，并可以责令暂停相关业务、停业整顿、关闭网站、吊销相关业务许可证或者吊销营业执照。违反《网络安全法》第四十四条规定，窃取或者以其他非法方式获取、非法出售或者非法向他人提供个人信息，尚不构成犯罪的，由公安机关没收违法所得，并处违法所得 1 倍以上 10 倍以下罚款，没有违法所得的，处 100 万元以下罚款。

（五）行政机关及其工作人员的法律责任

（1）国家机关政务网络的运营者不履行《网络安全法》规定的网络安全保护义务的，由其上级机关或者有关机关责令改正；对直接负责的主管人员和其他直接责任人员依法给予处分。

（2）网信部门和有关部门违反《网络安全法》第三十条规定，将在履行网络安全保护职责中获取的信息用于其他用途的，对直接负责的主管人员和其他直接责任人员依法给予处分。网信部门和有关部门的工作人员玩忽职守、滥用职权、徇私舞弊，尚不构成犯罪的，依法给予处分。

（六）境外机构、组织、个人的法律责任

境外机构、组织、个人从事攻击、侵入、干扰、破坏等危害中华人民共和国的关键信息基础设施的活动，造成严重后果的，依法追究法律责任；国务院公安部门和有关部门并可以决定对该机构、组织、个人采取冻结财产或者其他必要的制裁措施。

延伸阅读 >>>>

网络相关知识

网络，是指由计算机或者其他信息终端及相关设备组成的按照一定的规则和程序对信息进行收集、存储、传输、交换、处理的系统。

网络安全，是指通过采取必要措施，防范对网络的攻击、侵入、干扰、破坏和非法使用以及意外事故，使网络处于稳定可靠运行的状态，以及保障网络数据的完整性、保密性、可用性的能力。

网络运营者，是指网络的所有者、管理者和网络服务提供者。

网络数据，是指通过网络收集、存储、传输、处理和产生的各种电子数据。

个人信息，是指以电子或者其他方式记录的能够单独或者与其他信息结合识别自然人个人身份的各种信息，包括但不限于自然人的姓名、出生日期、身份证件号码、个人生物识别信息、住址、电话号码等。

第四节　信息网络传播权保护法律制度

信息网络传播权，是指以有线或者无线方式向公众提供作品、表演或者录音录像制品，使公众可以在其个人选定的时间和地点获得作品、表演或者录音录像制品的权利。为保护著作权人、表演者、录音录像制作者（以下统称权利人）的信息网络传播权，鼓励有益于社会主义精神文明、物质文明建设的作品的创作和传播，根据《中华人民共和国著作权法》（以下简称《著作权法》），2006年5月10日国务院第135次常务会议通过了《信息网

络传播权保护条例》（以下简称《保护条例》），于 2006 年 5 月 18 日公布。2013 年 1 月 30 日依据《国务院关于修改〈信息网络传播权保护条例〉的决定》进行了第一次修订。

一、适用范围

权利人享有的信息网络传播权受《著作权法》和《保护条例》保护。除法律、行政法规另有规定的外，任何组织或者个人将他人的作品、表演、录音录像制品通过信息网络向公众提供，应当取得权利人许可，并支付报酬。

依法禁止提供的作品、表演、录音录像制品，不受《保护条例》保护。

权利人行使信息网络传播权，不得违反宪法和法律、行政法规，不得损害公共利益。

二、权利管理电子信息保护制度

未经权利人许可，任何组织或者个人不得进行下列行为：

（1）故意删除或者改变通过信息网络向公众提供的作品、表演、录音录像制品的权利管理电子信息①，但由于技术上的原因无法避免删除或者改变的除外。

（2）通过信息网络向公众提供明知或者应知未经权利人许可被删除或者改变权利管理电子信息的作品、表演、录音录像制品。

三、合理使用和法定许可

（一）合理使用

通过信息网络提供他人作品，属于下列情形的，可以不经著作权人许可，不向其支付报酬：

（1）为介绍、评论某一作品或者说明某一问题，在向公众提供的作品中适当引用已经发表的作品。

（2）为报道时事新闻，在向公众提供的作品中不可避免地再现或者引用已经发表的作品。

（3）为学校课堂教学或者科学研究，向少数教学、科研人员提供少量

---

① 权利管理电子信息，是指说明作品及其作者、表演及其表演者、录音录像制品及其制作者的信息，作品、表演、录音录像制品权利人的信息和使用条件的信息，以及表示上述信息的数字或者代码。

已经发表的作品。

（4）国家机关为执行公务，在合理范围内向公众提供已经发表的作品。

（5）将中国公民、法人或者其他组织已经发表的、以汉语言文字创作的作品翻译成的少数民族语言文字作品，向中国境内少数民族提供。

（6）不以营利为目的，以盲人能够感知的独特方式向盲人提供已经发表的文字作品。

（7）向公众提供在信息网络上已经发表的关于政治、经济问题的时事性文章。

（8）向公众提供在公众集会上发表的讲话。

（9）图书馆、档案馆、纪念馆、博物馆、美术馆等可以不经著作权人许可，通过信息网络向本馆馆舍内服务对象提供本馆收藏的合法出版的数字作品和依法为陈列或者保存版本的需要以数字化形式复制的作品①，不向其支付报酬，但不得直接或者间接获得经济利益。当事人另有约定的除外。

（二）法定许可

（1）为通过信息网络实施九年制义务教育或者国家教育规划，可以不经著作权人许可，使用其已经发表作品的片段或者短小的文字作品、音乐作品或者单幅的美术作品、摄影作品制作课件，由制作课件或者依法取得课件的远程教育机构通过信息网络向注册学生提供，但应当向著作权人支付报酬。

（2）为扶助贫困，通过信息网络向农村地区的公众免费提供中国公民、法人或者其他组织已经发表的种植养殖、防病治病、防灾减灾等与扶助贫困有关的作品和适应基本文化需求的作品，网络服务提供者应当在提供前公告拟提供的作品及其作者、拟支付报酬的标准。自公告之日起30日内，著作权人不同意提供的，网络服务提供者不得提供其作品；自公告之日起满30日，著作权人没有异议的，网络服务提供者可以提供其作品，并按照公告的标准向著作权人支付报酬。网络服务提供者提供著作权人的作品后，著作权人不同意提供的，网络服务提供者应当立即删除著作权人的作品，并按照公告的标准向著作权人支付提供作品期间的报酬。依照上述规定提供作品的，不得直接或者间接获得经济利益。

---

① 为陈列或者保存版本需要以数字化形式复制的作品，应当是已经损毁或者濒临损毁、丢失或者失窃，或者其存储格式已经过时，并且在市场上无法购买或者只能以明显高于标定的价格购买的作品。

（三）合理使用和法定许可还应当遵守的规定

依照《保护条例》规定不经著作权人许可、通过信息网络向公众提供其作品的，还应当遵守下列规定：

（1）除《保护条例》第六条第一项至第六项、第七条规定的情形外，不得提供作者事先声明不许提供的作品。

（2）指明作品的名称和作者的姓名（名称）。

（3）采取技术措施，防止《保护条例》第七条、第八条、第九条规定的服务对象以外的其他人获得著作权人的作品，并防止《保护条例》第七条规定的服务对象的复制行为对著作权人利益造成实质性损害。

（4）不得侵犯著作权人依法享有的其他权利。通过信息网络提供他人表演、录音录像制品的，应当遵守合理使用、法定许可等上述规定。

四、技术措施

为了保护信息网络传播权，权利人可以采取技术措施。技术措施，是指用于防止、限制未经权利人许可浏览、欣赏作品、表演、录音录像制品或者通过信息网络向公众提供作品、表演、录音录像制品的有效技术、装置或者部件。

（1）任何组织或者个人不得故意避开或者破坏技术措施，不得故意制造、进口或者向公众提供主要用于避开或者破坏技术措施的装置或者部件，不得故意为他人避开或者破坏技术措施提供技术服务。但是，法律、行政法规规定可以避开的除外。

（2）属于下列情形的，可以避开技术措施，但不得向他人提供避开技术措施的技术、装置或者部件，不得侵犯权利人依法享有的其他权利：

1）为学校课堂教学或者科学研究，通过信息网络向少数教学、科研人员提供已经发表的作品、表演、录音录像制品，而该作品、表演、录音录像制品只能通过信息网络获取；

2）不以营利为目的，通过信息网络以盲人能够感知的独特方式向盲人提供已经发表的文字作品，而该作品只能通过信息网络获取；

3）国家机关依照行政、司法程序执行公务；

4）在信息网络上对计算机及其系统或者网络的安全性能进行测试。

五、网络服务提供者的义务

（一）对公务机关的义务

著作权行政管理部门为了查处侵犯信息网络传播权的行为，可以要求网络服务提供者提供涉嫌侵权的服务对象的姓名（名称）、联系方式、网络地址等资料。

（二）对权利人及其服务对象的义务

1. 对权利人的义务

对提供信息存储空间或者提供搜索、链接服务的网络服务提供者，权利人认为其服务所涉及的作品、表演、录音录像制品，侵犯自己的信息网络传播权或者被删除、改变了自己的权利管理电子信息的，可以向该网络服务提供者提交书面通知，要求网络服务提供者删除该作品、表演、录音录像制品，或者断开与该作品、表演、录音录像制品的链接。通知书应当包含下列内容：①权利人的姓名（名称）、联系方式和地址；②要求删除或者断开链接的侵权作品、表演、录音录像制品的名称和网络地址；③构成侵权的初步证明材料。

权利人应当对通知书的真实性负责。网络服务提供者接到权利人的通知书后，应当立即删除涉嫌侵权的作品、表演、录音录像制品，或者断开与涉嫌侵权的作品、表演、录音录像制品的链接，并同时将通知书转送提供作品、表演、录音录像制品的服务对象；服务对象网络地址不明、无法转送的，应当将通知书的内容同时在信息网络上公告。

2. 对服务对象的义务

服务对象接到网络服务提供者转送的通知书后，认为其提供的作品、表演、录音录像制品未侵犯他人权利的，可以向网络服务提供者提交书面说明，要求恢复被删除的作品、表演、录音录像制品，或者恢复与被断开的作品、表演、录音录像制品的链接。书面说明应当包含下列内容：①服务对象的姓名（名称）、联系方式和地址；②要求恢复的作品、表演、录音录像制品的名称和网络地址；③不构成侵权的初步证明材料。

服务对象应当对书面说明的真实性负责。网络服务提供者接到服务对象的书面说明后，应当立即恢复被删除的作品、表演、录音录像制品，或者可以恢复与被断开的作品、表演、录音录像制品的链接，同时将服务对象的书面说明转送权利人。权利人不得再通知网络服务提供者删除该作品、表演、录音录像制品，或者断开与该作品、表演、录音录像制品的链接。

六、法律责任

（1）违反《信息网络传播权保护条例》规定，有下列侵权行为之一的，根据情况承担停止侵害、消除影响、赔礼道歉、赔偿损失等民事责任；同时损害公共利益的，可以由著作权行政管理部门责令停止侵权行为，没收违法所得，非法经营额 5 万元以上的，可处非法经营额 1 倍以上 5 倍以下的罚款；没有非法经营额或者非法经营额 5 万元以下的，根据情节轻重，可处 25 万元以下的罚款；情节严重的，著作权行政管理部门可以没收主要用于提供网络服务的计算机等设备；构成犯罪的，依法追究刑事责任：

1）通过信息网络擅自向公众提供他人的作品、表演、录音录像制品的；

2）故意避开或者破坏技术措施的；

3）故意删除或者改变通过信息网络向公众提供的作品、表演、录音录像制品的权利管理电子信息，或者通过信息网络向公众提供明知或者应知未经权利人许可而被删除或者改变权利管理电子信息的作品、表演、录音录像制品的；

4）为扶助贫困通过信息网络向农村地区提供作品、表演、录音录像制品超过规定范围，或者未按照公告的标准支付报酬，或者在权利人不同意提供其作品、表演、录音录像制品后未立即删除的；

5）通过信息网络提供他人的作品、表演、录音录像制品，未指明作品、表演、录音录像制品的名称或者作者、表演者、录音录像制作者的姓名（名称），或者未支付报酬，或者未依照本条例规定采取技术措施防止服务对象以外的其他人获得他人的作品、表演、录音录像制品，或者未防止服务对象的复制行为对权利人利益造成实质性损害的。

（2）违反《信息网络传播权保护条例》规定，有下列行为之一的，由著作权行政管理部门予以警告，没收违法所得，没收主要用于避开、破坏技术措施的装置或者部件；情节严重的，可以没收主要用于提供网络服务的计算机等设备；非法经营额 5 万元以上的，可处非法经营额 1 倍以上 5 倍以下的罚款；没有非法经营额或者非法经营额 5 万元以下的，根据情节轻重，可处 25 万元以下的罚款；构成犯罪的，依法追究刑事责任：

1）故意制造、进口或者向他人提供主要用于避开、破坏技术措施的装置或者部件，或者故意为他人避开或者破坏技术措施提供技术服务的。

2）通过信息网络提供他人的作品、表演、录音录像制品，获得经济利益的。

3）为扶助贫困通过信息网络向农村地区提供作品、表演、录音录像制品，未在提供前公告作品、表演、录音录像制品的名称和作者、表演者、录音录像制作者的姓名（名称）以及报酬标准的。

（3）网络服务提供者为服务对象提供搜索或者链接服务，在接到权利人的通知书后，根据本条例规定，断开与侵权的作品、表演、录音录像制品的链接的，不承担赔偿责任；但是，明知或者应知所链接的作品、表演、录音录像制品侵权的，应当承担共同侵权责任。

（4）因权利人的通知导致网络服务提供者错误删除作品、表演、录音录像制品，或者错误断开与作品、表演、录音录像制品的链接，给服务对象造成损失的，权利人应当承担赔偿责任。

（5）网络服务提供者无正当理由拒绝提供或者拖延提供涉嫌侵权的服务对象的姓名（名称）、联系方式、网络地址等资料的，由著作权行政管理部门予以警告；情节严重的，没收主要用于提供网络服务的计算机等设备。

七、网络服务提供者的免责事项

（1）网络服务提供者根据服务对象的指令提供网络自动接入服务，或者对服务对象提供的作品、表演、录音录像制品提供自动传输服务，并具备下列条件的，不承担赔偿责任：

1）未选择并且未改变所传输的作品、表演、录音录像制品；

2）向指定的服务对象提供该作品、表演、录音录像制品，并防止指定的服务对象以外的其他人获得。

（2）网络服务提供者为提高网络传输效率，自动存储从其他网络服务提供者获得的作品、表演、录音录像制品，根据技术安排自动向服务对象提供，并具备下列条件的，不承担赔偿责任：

1）未改变自动存储的作品、表演、录音录像制品；

2）不影响提供作品、表演、录音录像制品的原网络服务提供者掌握服务对象获取该作品、表演、录音录像制品的情况；

3）在原网络服务提供者修改、删除或者屏蔽该作品、表演、录音录像制品时，根据技术安排自动予以修改、删除或者屏蔽。

（3）网络服务提供者为服务对象提供信息存储空间，供服务对象通过信息网络向公众提供作品、表演、录音录像制品，并具备下列条件的，不承担赔偿责任：

1）明确标示该信息存储空间是为服务对象所提供，并公开网络服务提供者的名称、联系人、网络地址；

2）未改变服务对象所提供的作品、表演、录音录像制品；

3）不知道也没有合理的理由应当知道服务对象提供的作品、表演、录音录像制品侵权；

4）未从服务对象提供作品、表演、录音录像制品中直接获得经济利益；

5）在接到权利人的通知书后，根据本条例规定删除权利人认为侵权的作品、表演、录音录像制品。

第五节　互联网文化管理法律制度

为了加强对互联网文化的管理，保障互联网文化单位的合法权益，促进我国互联网文化健康、有序地发展，根据《全国人民代表大会常务委员会关于维护互联网安全的决定》和《互联网信息服务管理办法》以及国家法律法规有关规定，2011年2月11日文化部部务会议审议通过了《互联网文化管理暂行规定》，于2011年2月17日发布，自2011年4月1日起施行。

一、适用范围和主管机关

（一）适用范围

在中华人民共和国境内从事互联网文化活动，适用《互联网文化管理暂行规定》。

互联网文化活动是指提供互联网文化产品及其服务的活动，主要包括：

（1）互联网文化产品的制作、复制、进口、发行、播放等活动。

（2）将文化产品登载在互联网上，或者通过互联网、移动通信网等信息网络发送到计算机、固定电话机、移动电话机、电视机、游戏机等用户端以及网吧等互联网上网服务营业场所，供用户浏览、欣赏、使用或者下载的在线传播行为。

（3）互联网文化产品的展览、比赛等活动。

互联网文化活动分为经营性和非经营性两类。经营性互联网文化活动是指以营利为目的，通过向上网用户收费或者以电子商务、广告、赞助等方式获取利益，提供互联网文化产品及其服务的活动。非经营性互联网文化活动是指不以营利为目的向上网用户提供互联网文化产品及其服务的活动。

延伸阅读 >>>

互联网文化产品的构成

互联网文化产品是指通过互联网生产、传播和流通的文化产品，主要包括：

1. 专门为互联网而生产的网络音乐娱乐、网络游戏、网络演出剧（节）目、网络表演、网络艺术品、网络动漫等互联网文化产品。

2. 将音乐娱乐、游戏、演出剧（节）目、表演、艺术品、动漫等文化产品以一定的技术手段制作、复制到互联网上传播的互联网文化产品。

(二)主管机关

文化部负责制定互联网文化发展与管理的方针、政策和规划,监督管理全国互联网文化活动。

省、自治区、直辖市人民政府文化行政部门对申请从事经营性互联网文化活动的单位进行审批,对从事非经营性互联网文化活动的单位进行备案。

县级以上人民政府文化行政部门负责本行政区域内互联网文化活动的监督管理工作。县级以上人民政府文化行政部门或者文化市场综合执法机构对从事互联网文化活动违反国家有关法规的行为实施处罚。

二、基本原则

从事互联网文化活动应当遵守宪法和有关法律、法规,坚持为人民服务、为社会主义服务的方向,弘扬民族优秀文化,传播有益于提高公众文化素质、推动经济发展、促进社会进步的思想道德、科学技术和文化知识,丰富人民的精神生活。

三、互联网文化单位的设立、变更与终止

(一)互联网文化单位的设立

1. 申请设立经营性互联网文化单位应当具备的条件

申请设立经营性互联网文化单位[①],应当符合《互联网信息服务管理办法》的有关规定,并具备以下条件:

(1)单位的名称、住所、组织机构和章程。

(2)确定的互联网文化活动范围。

(3)适应互联网文化活动需要并取得相应从业资格的8名以上业务管理人员和专业技术人员。

(4)适应互联网文化活动需要的设备、工作场所以及相应的经营管理技术措施。

(5)不低于100万元的注册资金,其中申请从事网络游戏经营活动的应当具备不低于1000万元的注册资金。

(6)符合法律、行政法规和国家有关规定的条件。

审批设立经营性互联网文化单位,除依照上述所列条件外,还应当符合

---

① 互联网文化单位,是指经文化行政部门和电信管理机构批准或者备案、从事互联网文化活动的互联网信息服务提供者。

互联网文化单位总量、结构和布局的规划。

2. 申请设立互联网文化单位需要提交的文件

（1）申请设立经营性互联网文化单位。申请设立经营性互联网文化单位，应当提交下列文件：①申请书；②企业名称预先核准通知书或者营业执照和章程；③资金来源、数额及其信用证明文件；④法定代表人、主要负责人及主要经营管理人员、专业技术人员的资格证明和身份证明文件；⑤工作场所使用权证明文件；⑥业务发展报告；⑦依法需要提交的其他文件。

（2）非经营性互联网文化单位。非经营性互联网文化单位，应当自设立之日起60日内向所在地省、自治区、直辖市人民政府文化行政部门备案，并提交下列文件：①备案报告书；②章程；③资金来源、数额及其信用证明文件；④法定代表人或者主要负责人、主要经营管理人员、专业技术人员的资格证明和身份证明文件；⑤工作场所使用权证明文件；⑥需要提交的其他文件。

3. 设立程序

申请设立经营性互联网文化单位，应当向所在地省、自治区、直辖市人民政府文化行政部门提出申请，由省、自治区、直辖市人民政府文化行政部门审核批准。

对申请设立经营性互联网文化单位的，省、自治区、直辖市人民政府文化行政部门应当自受理申请之日起20日内做出批准或者不批准的决定。批准的，核发《网络文化经营许可证》（以下简称《许可证》），并向社会公告；不批准的，应当书面通知申请人并说明理由。

《许可证》有效期为3年。有效期届满，需继续从事经营的，应当于有效期届满30日前申请续办。

申请设立经营性互联网文化单位经批准后，应当持《许可证》，按照《互联网信息服务管理办法》的有关规定，到所在地电信管理机构或者国务院信息产业主管部门办理相关手续。

互联网文化单位应当在其网站主页的显著位置标明文化行政部门颁发的《许可证》编号或者备案编号，标明国务院信息产业主管部门或者省、自治区、直辖市电信管理机构颁发的经营许可证编号或者备案编号。

（二）互联网文化单位的变更

经营性互联网文化单位变更单位名称、网站名称、网站域名、法定代表人、注册地址、经营地址、注册资金、股权结构以及许可经营范围的，应当自变更之日起20日内到所在地省、自治区、直辖市人民政府文化行政部门办理变更手续。

非经营性互联网文化单位变更名称、地址、法定代表人或者主要负责人、业务范围的，应当自变更之日起60日内到所在地省、自治区、直辖市人民政府文化行政部门办理备案手续。

（三）互联网文化单位的终止

经营性互联网文化单位终止互联网文化活动的，应当自终止之日起30日内到所在地省、自治区、直辖市人民政府文化行政部门办理注销手续。

经营性互联网文化单位自取得《许可证》并依法办理企业登记之日起满180日未开展互联网文化活动的，由原审核的省、自治区、直辖市人民政府文化行政部门注销《许可证》，同时通知相关省、自治区、直辖市电信管理机构。

非经营性互联网文化单位停止互联网文化活动的，由原备案的省、自治区、直辖市人民政府文化行政部门注销备案，同时通知相关省、自治区、直辖市电信管理机构。

延伸阅读 >>>>

经营进口互联网文化产品的特殊规定

经营进口互联网文化产品的活动应当由取得文化行政部门核发的《网络文化经营许可证》的经营性互联网文化单位实施，进口互联网文化产品应当报文化部进行内容审查。

文化部应当自受理内容审查申请之日起20日内（不包括专家评审所需时间）做出批准或者不批准的决定。批准的，发给批准文件；不批准的，应当说明理由。

经批准的进口互联网文化产品应当在其显著位置标明文化部的批准文号，不得擅自变更产品名称或者增删产品内容。自批准之日起一年内未在国内经营的，进口单位应当报文化部备案并说明原因；决定终止进口的，文化部撤销其批准文号。

四、互联网文化产品

（一）互联网文化单位的自审制度

互联网文化单位应当建立自审制度，明确专门部门，配备专业人员负责互联网文化产品内容和活动的自查与管理，保障互联网文化产品内容和活动的合法性。

(二) 互联网文化单位不得提供的文化产品

互联网文化单位不得提供载有以下内容的文化产品:
(1) 反对宪法确定的基本原则的。
(2) 危害国家统一、主权和领土完整的。
(3) 泄露国家秘密、危害国家安全或者损害国家荣誉和利益的。
(4) 煽动民族仇恨、民族歧视,破坏民族团结,或者侵害民族风俗、习惯的。
(5) 宣扬邪教、迷信的。
(6) 散布谣言,扰乱社会秩序,破坏社会稳定的。
(7) 宣扬淫秽、赌博、暴力或者教唆犯罪的。
(8) 侮辱或者诽谤他人,侵害他人合法权益的。
(9) 危害社会公德或者民族优秀文化传统的。
(10) 有法律、行政法规和国家规定禁止的其他内容的。

互联网文化单位发现所提供的互联网文化产品含有上述所列内容之一的,应当立即停止提供,保存有关记录,向所在地省、自治区、直辖市人民政府文化行政部门报告并抄报文化部。

(三) 互联网文化单位的记录备份

互联网文化单位应当记录备份所提供的文化产品内容及其时间、互联网地址或者域名;记录备份应当保存60日,并在国家有关部门依法查询时予以提供。

(四) 互联网文化产品的备案

经营性互联网文化单位经营的国产互联网文化产品应当自正式经营起30日内报省级以上文化行政部门备案,并在其显著位置标明文化部备案编号。

五、法律责任

(一) 管辖

文化行政部门或者文化市场综合执法机构[①]查处违法经营活动,依照实

[①] 文化市场综合执法机构是指依照国家有关法律、法规和规章的规定,相对集中地行使文化领域行政处罚权以及相关监督检查权、行政强制权的行政执法机构。

施违法经营行为的企业注册地或者企业实际经营地进行管辖；企业注册地和实际经营地无法确定的，由从事违法经营活动网站的信息服务许可地或者备案地进行管辖；没有许可或者备案的，由该网站服务器所在地管辖；网站服务器设置在境外的，由违法行为发生地进行管辖。

（二）民事责任

互联网文化单位提供的文化产品，使公民、法人或者其他组织的合法利益受到侵害的，互联网文化单位应当依法承担民事责任。

（三）行政责任和刑事责任

（1）未经批准，擅自从事经营性互联网文化活动的，由县级以上人民政府文化行政部门或者文化市场综合执法机构依据《无照经营查处取缔办法》的规定予以查处。

（2）经营性互联网文化单位违反《互联网文化管理暂行规定》（以下简称《暂行规定》）第十二条的，由县级以上人民政府文化行政部门或者文化市场综合执法机构责令限期改正，并可根据情节轻重处1万元以下罚款。

（3）经营性互联网文化单位违反《暂行规定》第十三条的，由县级以上人民政府文化行政部门或者文化市场综合执法机构责令改正，没收违法所得，并处1万元以上3万元以下罚款；情节严重的，责令停业整顿直至吊销《许可证》；构成犯罪的，依法追究刑事责任。

（4）经营性互联网文化单位违反《暂行规定》第十五条，经营进口互联网文化产品未在其显著位置标明文化部批准文号、经营国产互联网文化产品未在其显著位置标明文化部备案编号的，由县级以上人民政府文化行政部门或者文化市场综合执法机构责令改正，并可根据情节轻重处1万元以下罚款。

（5）经营性互联网文化单位违反《暂行规定》第十五条，擅自变更进口互联网文化产品的名称或者增删内容的，由县级以上人民政府文化行政部门或者文化市场综合执法机构责令停止提供，没收违法所得，并处1万元以上3万元以下罚款；情节严重的，责令停业整顿直至吊销《许可证》；构成犯罪的，依法追究刑事责任。

（6）经营性互联网文化单位违反《暂行规定》第十五条，经营国产互联网文化产品逾期未报文化行政部门备案的，由县级以上人民政府文化行政部门或者文化市场综合执法机构责令改正，并可根据情节轻重处2万元以下罚款。

（7）经营性互联网文化单位提供含有《暂行规定》第十六条禁止内容

的互联网文化产品，或者提供未经文化部批准进口的互联网文化产品的，由县级以上人民政府文化行政部门或者文化市场综合执法机构责令停止提供，没收违法所得，并处 1 万元以上 3 万元以下罚款；情节严重的，责令停业整顿直至吊销《许可证》；构成犯罪的，依法追究刑事责任。

（8）经营性互联网文化单位违反《暂行规定》第十八条的，由县级以上人民政府文化行政部门或者文化市场综合执法机构责令改正，并可根据情节轻重处 2 万元以下罚款。

（9）经营性互联网文化单位违反《暂行规定》第十九条的，由县级以上人民政府文化行政部门或者文化市场综合执法机构予以警告，责令限期改正，并处 1 万元以下罚款。

（10）非经营性互联网文化单位违反《暂行规定》第十条，逾期未办理备案手续的，由县级以上人民政府文化行政部门或者文化市场综合执法机构责令限期改正；拒不改正的，责令停止互联网文化活动，并处 1000 元以下罚款。

（11）非经营性互联网文化单位违反《暂行规定》第十二条的，由县级以上人民政府文化行政部门或者文化市场综合执法机构责令限期改正；拒不改正的，责令停止互联网文化活动，并处 500 元以下罚款。

（12）非经营性互联网文化单位违反《暂行规定》第十三条的，由县级以上人民政府文化行政部门或者文化市场综合执法机构责令限期改正；拒不改正的，责令停止互联网文化活动，并处 1000 元以下罚款。

（13）非经营性互联网文化单位，提供含有《暂行规定》第十六条禁止内容的互联网文化产品，或者提供未经文化部批准进口的互联网文化产品的，由县级以上人民政府文化行政部门或者文化市场综合执法机构责令停止提供，处 1000 元以下罚款；构成犯罪的，依法追究刑事责任。

（14）违反《暂行规定》第二十条的，由省、自治区、直辖市电信管理机构责令改正；情节严重的，由省、自治区、直辖市电信管理机构责令停业整顿或者责令暂时关闭网站。

思考与实训题

1. 简述我国互联网产业历史、现状与发展趋势。
2. 简述我国互联网产业管理体制。
3. 案例分析。

某省文化厅接到文化部违法违规互联网文化网站查处通知，宇宙动漫网涉嫌提供含有禁止内容的互联网文化产品。该省文化厅组织某某市文化广播影视新闻出版局，正式成立联合专案组，对宇宙动漫网立案调查。经查，宇宙动漫网由大地市五二天科技有限公司经营，该公司不能提供《网络文化经营许可证》，网站内提供的动漫作品有宣扬暴力情节、宣扬淫秽情节，该公司主要收入来自宇宙动漫网在搜索引擎广告联盟中的广告推广收益。

请依据《互联网文化管理暂行规定》并结合相关法律分析，应该对大地市五二天科技有限公司进行何种行政处罚。

推荐阅读书目

1. 范周著：《重构·颠覆——文化产业变革中的互联网精神》，知识产权出版社 2016 年版
2. 陈少峰、王建平、李凤强主编：《中国互联网文化产业报告 2016》，华文出版社 2016 年版
3. 中国互联网协会编著：《互联网法律》，电子工业出版社 2016 年版
4. 中国信息通信研究院互联网法律研究中心、腾讯研究晓法律研究中心：《网络空间法治化的全球视野与中国实践》，法律出版社 2016 年版
5. 皮勇著：《网络安全法原论》，中国人民公安大学出版社 2008 年版
6. 《美国网络安全法》，陈斌等译，中国民主法制出版社 2017 年版
7. 詹启智著：《信息网络传播权论》，中国政法大学出版社 2014 年版

第七章 出版产业政策与法律

● 知识目标

1. 了解我国出版产业的发展现状。
2. 熟悉我国出版产业政策法律现状。
3. 掌握《出版管理条例》的主要内容。

● 能力目标

具备运用《出版管理条例》的相关规定判定出版产业中违法行为及其法律责任的能力。

两个出版社及三种期刊因违规出版受到行政处罚

近年来,少儿出版市场繁荣发展,精品力作不断涌现,为丰富少年儿童精神文化生活发挥了积极作用。但是,当前一些少儿出版物存在内容低俗、质量低劣、价格虚高等问题,有的甚至含有凶杀暴力、淫秽色情等内容,严重危害少年儿童身心健康,社会各界特别是广大家长老师对此反应强烈。中宣部、教育部、新闻出版广电总局、全国"扫黄打非"工作小组办公室、国家互联网信息办公室等部门对此高度重视,在全国范围内组织开展净化少儿出版物市场的专项行动,依法严肃处理一批含有违法违规内容的少儿出版物及相关单位,为少年儿童健康成长营造良好文化环境。

2013年9月,新闻出版广电总局对违规出版内容违法图书《不倒过来念的是猪全集》的中国画报出版社、《我们YY吧》的陕西师范大学出版社依法作了行政处罚。山西、河南、山东等新闻出版管理部门对存在偏离办刊宗旨、一号多刊、内容低俗等问题的《中外故事》《故事世界》《科技信息》期刊做出了严肃处理。

中国画报出版社2010年10月出版的《不倒过来念的是猪全集》一书,内容充斥各种低俗、色情段子,且差错率为2.18/万,编校质量不合格。陕西师范大学出版社2008年6月出版的《我们YY吧》一书,以漫画形式传播各种自杀方式,并含色情内容。山西省文学艺术界联合会主管、山西省文化艺术传媒中心主办的《中外故事》擅自出版《萌动漫》等面向少年儿童不同版本的期刊,偏离办刊宗旨,一号多刊,刊发图片渲染色情,内容庸俗,格调不高。中原大地传媒股份有限公司主管、海燕出版社有限公司主办的《故事世界》违规出版面向少年儿童的《故事世界·微言情》和《微言情》等不同版本的期刊,偏离办刊宗旨,一号多刊,封面标识不规范,大量刊登描述同性恋、同居生活等不良信息的文章,渲染封建迷信、色情暴力等有害思想。山东省科技厅主管、山东省技术开发服务中心主办的《科技信息》违规出版面向少年儿童的《动漫贩》等不同版本的期刊,偏离办刊宗旨,一号多刊,封面标识不规范,刊登文章内容消极,图片人物衣着暴露,成人化倾向严重。这些书刊违反了《出版管理条例》有关规定,对少年儿童身心健康造成不良影响。

依据《出版管理条例》的规定,新闻出版广电总局对中国画报出版社、陕西师范大学出版社做出停业整顿3个月的行政处罚,并责令两社在30天内将《不倒过来念的是猪全集》《我们YY吧》全部下架收回,集中销毁。山西、河南、山东三省新闻出版局分别对《中外故事》《故事世界》《科技信息》给予停业整顿3个月的行政处罚,并要求其予以纠正并彻底整改。

(《两个出版社及三种期刊因违规出版受到行政处罚》,http://www.chinanews.com/cul/2013/09-14/5285921.shtml,访问日期:2017年3月20日)

第一节 我国出版产业政策法律概述

一、我国出版产业发展现状

出版产业是生产图书、期刊、报纸、音像制品、电子出版物等多种传播媒介的信息产业,是国民经济体系中一个不可或缺的相对独立的重要部门。出版产业是以知识、信息为主体元素的特殊产业,它具有文化积累和思想传播的重要功能。[①] 在我国文化产业大发展大繁荣的背景下,我国出版物市场也得到了进一步发展。据2017年7月新闻出版广电总局发布的《2016年新闻出版产业分析报告》显示,我国出版产业呈现出如下特点:

---

① 刘蔚绥:《出版产业的概念及特征辨析》,载《出版发行研究》2005年第6期,第14~16页。

（一）产业营业收入总规模增长

2016年，全国出版、印刷和发行服务实现营业收入23595.8亿元，较2015年增加1939.9亿元，增长9.0%。利润总额1792.0亿元，增长7.8%。印刷复制、数字出版和出版物发行分居收入前三位，数字出版占比提高。印刷复制、数字出版和出版物发行三者营业收入合计21859.1亿元，较2015年增长9.9%，占全行业营业收入的92.7%，提高0.9个百分点。其中，数字出版占24.2%，提高3.9个百分点；印刷复制和出版物发行收入占比则有所下降。

（二）产品结构进一步优化，数字出版高速增长

主题出版、主流媒体传播力影响力进一步彰显，服务大局能力持续提升。共有109种书籍当年单品种累计印数达到或超过100万册，较2015年增加41种。在年度单品种印数排名前10的书籍中，主题出版品种继续占据半壁江山。

图书出版结构进一步优化，本土原创文学和少儿类图书表现抢眼。2016年，重印图书品种与总印数增速均大幅超过新版图书，反映出畅销书所占比重进一步提高。少儿图书出版继续保持快速增长，品种4.4万种，增长19.1%，总印数7.8亿册（张），增长40.0%。

数字出版继续保持高速增长，对全行业营业收入增长贡献超2/3。数字出版实现营业收入5720.9亿元，较2015年增加1317.0亿元，增长29.9%，对全行业营业收入增长贡献率达67.9%，提高7.7个百分点，增长速度与增长贡献在新闻出版各产业类别中继续位居第一，已成为拉动产业增长"三驾马车"之首。

报刊出版仍面临严峻挑战，报纸出版主要经济指标降幅趋缓。与2015年相比，期刊出版总印数降低6.3%，总印张降低9.4%；报纸出版总印数降低9.3%，总印张降低18.5%。

数字阅读与纸书阅读此长彼消，"听书"正成为国民新兴阅读的重要方式之一。

（三）新闻出版单位数量下降，报纸、期刊从业人数降幅大

新闻出版单位数量下降，企业法人单位占据主导。2016年，全国共有新闻出版单位30.5万家，较2015年降低3.0%。其中，法人单位15.2万家，增长1.5%，占单位总数的49.9%；个体经营户14.4万家，降低7.3%，占47.3%。

就业总人数增长，报纸、期刊从业人数降幅大。2016年，全国新闻出版业直接就业人数为453.9万人（不包含数字出版、版权贸易与服务、行业服务与其他新闻出版业务单位就业人员），较2015年增长1.3%。印刷复制业直接就业人数336.1万人，提高3.2%；出版物发行业77.4万人，降低2.7%；报纸出版业22.4万人，降低7.5%；期刊出版业10.3万人，降低7.0%；图书出版业6.7万人，降低0.4%。

（四）出版传媒集团集群基本形成

出版传媒集团营业收入和利润总额显著增长，整体规模持续壮大，行业占比明显提高。截至2016年底，全国共有经国务院新闻出版行政管理部门或省级新闻出版行政管理部门批准的出版传媒集团126家，其中，图书出版集团40家、报刊出版集团47家、发行集团27家、印刷集团12家。

百亿级出版传媒集团集群基本形成，产业规模化集约化程度加深。共有16家集团资产总额超过百亿元，其中江苏凤凰出版传媒集团有限公司、安徽出版集团有限责任公司、江西省出版集团公司、湖南出版投资控股集团有限公司、浙江出版联合集团有限公司和安徽新华发行（集团）控股有限公司等6家集团资产总额、主营业务收入和所有者权益均超过百亿元，"三百亿"集团阵营增加2家；湖北长江出版传媒集团有限公司和河北出版传媒集团有限责任公司等2家集团资产总额、主营业务收入均超过百亿元。

（五）出版传媒上市公司发展稳健

出版传媒上市公司规模不断扩大，保持稳健发展态势。截至2016年12月31日，中国内地在境内外上市的出版传媒公司共计37家。其中，出版公司11家，报业公司7家，发行公司6家，印刷公司10家，新媒体公司3家。其中，在中国内地上市33家，在香港上市4家。

上市公司主业挺拔，产出利润快速增长。2016年，33家在中国内地上市的出版传媒公司共实现营业收入1368.9亿元，增加235.1亿元，增长20.7%；实现利润总额170.6亿元，增加36.7亿元，增长27.4%；拥有资产总额2489.4亿元，增加520.8亿元，增长26.5%。

（六）新闻出版产业基地规模进一步壮大

2016年，30家国家新闻出版产业基地（园区）共实现营业收入2306.2亿元，拥有资产总额2934.5亿元；其中14家国家数字出版基地（园区）营业收入较2015年增长17.4%，资产总额增长36.6%。7家基地（园区）营业收入和资产总额均超过百亿元，其中6家为数字出版产业基地（园区），新增广东国家网络游戏动漫产业发展基地和西安国家数字出版基地 2 家。上海张江国家数字出版基地营业收入突破 400 亿元。

二、我国出版产业管理体制

（一）我国出版物市场管理部门

在我国，国务院出版行政部门对全国的出版活动实施监督管理。国务院其他有关行政部门按照国务院规定的职责分工，监督管理有关的出版活动。目前，新闻出版广电总局是我国中央级管理出版物市场的行政机关。

县级以上地方各级人民政府有关行政部门监督管理本行政区域内出版活动的职权划分，由省、自治区、直辖市人民政府规定。

延伸阅读 >>>

地方新闻出版行政机构改革：以南京为例

2009 年 8 月 10 日上午，在南京市召开的推进文化体制改革加快文化产业发展大会上，新成立的南京市文化广电新闻出版局揭牌。2007 年，南京被列入全国第二批文化体制改革试点城市。作为文化体制改革试点城市，南京已先行一步，改革方案现已正式出台。根据方案，文化行政主管部门将进一步转变职能，现有的市文化（文物）局、市广播电视局、市新闻出版（版权）局合并，设立市文化广电新闻出版局，加挂文物局和版权局牌子，统一履行原文化（文物）局、广播电视局、新闻出版（版权）局等部门的行政管理职能。

（二）我国新闻出版业的集团化建设

1. 《关于新闻出版业集团化建设的若干意见》

为了更好地推动我国新闻出版业的集团化建设，2003 年 7 月 25 日，新闻出版总署发布了《关于新闻出版业集团化建设的若干意见》，意见明确指出，推进集团化建设，是新闻出版业调整结构、优化资源配置、提高产业集中度、形成规模优势的重要举措。

（1）推进集团化建设的有关政策。

1）关于多媒体兼营。

A. 试点报业集团、出版集团、期刊集团和音像电子出版集团，经批准，可兼营报纸、期刊、图书、音像制品、电子出版物和网络出版业务。

B. 试点集团实行多媒体兼营，应着重于现有资源的整合。在治散治滥中调整出的指标，主要用于有关试点集团及试点单位的多媒体兼营。

C. 积极支持有关试点集团和试点单位与其他媒体经营单位进行跨媒体的兼并、重组与合作联营。有关兼并、重组、联营及申请成立媒体经营单位的报告，经所在地省级新闻出版局审核，报中央宣传部和新闻出版总署批准。

2）关于实施"走出去"战略。

A. 经中央宣传部和新闻出版总署批准，可选择部分试点报业集团、出版集团、期刊集团与境外管理规范、技术先进、资信可靠、对我友好的知名媒体集团在发行和印刷方面进行合作。

B. 鼓励具备条件的出版、发行单位到境外创办出版公司和发行企业，鼓励名牌期刊采取多种形式到境外办刊。

C. 要采取与国外出版发行机构合作出版、区域代理或版权贸易等多种方式，使我国的优秀出版物更多更快地走向世界。

（2）关于集团的领导体制。

1）报业集团属事业性质，以中央、省级党报和具备条件的省会城市、计划单列市党委机关报为龙头组建。报业集团实行党委（党组）领导下的社委会（编委会）负责制，党委（党组）书记兼任社长。

2）出版集团、期刊集团、音像电子出版集团属事业性质，以中央和省级出版单位为主体组建，实行党委（党组）领导下的管委会负责制，党委（党组）书记兼管委会主任。

3）发行集团属企业性质，以新华书店总店和有条件的省级新华书店为主体组建。按国家规定实行公司制改造的企业，可设立董事会和独立于企业的监事会，董事长由党委书记兼任。

4）中央部委成立的新闻出版集团由其所在部委领导，其他新闻出版集团组建后，均由中央或省、自治区、直辖市党委宣传部门领导，新闻出版管理部门行使行政和行业监管职能。

（3）关于组建集团的报批程序。

1）有条件的各省、自治区、直辖市新闻出版局所属出版单位可组建出版集团，有条件的中央级出版社也可组建专业出版集团。

2）组建报业集团、出版集团、发行集团、期刊集团、音像电子出版集团，经当地党委和政府同意后，报中央宣传部和新闻出版总署批准；已组建但尚未按程序报批的集团，应按规定补办报批手续。

（4）集团化建设的下一步规划。

1）要进一步加强对试点集团的宏观指导。今后3年内，出版、发行等集团控制在30家以内。

2）在继续抓好试点发行集团工作的基础上，近期再批准组建3～5家发行集团，初步形成东西南北中相互竞争、相互促进，符合市场规律的全国出版物营销体系。

3）近期内批准组建4～5家软硬件兼营、影视录一体化、产供销一条龙的音像电子出版集团；要认真做好以名刊、大刊为"龙头"的期刊集团的试点工作。

4）试点单位如果经过一段时间的运行达不到改革的要求，或出现违纪违规问题，将视情况取消其试点单位资格，或停止其优惠政策。

2.《关于加快出版传媒集团改革发展的指导意见》

2012年2月，新闻出版总署又发布了《关于加快出版传媒集团改革发展的指导意见》，采取诸多有效措施，进一步推动出版传媒集团改革与发展。

（1）进一步理顺管理体制。理顺行业管理和资产管理的关系，形成党委统一领导、党政齐抓共管、党委宣传部门组织协调、行政主管部门依法管理、企业自主经营的格局。新闻出版行政主管部门对出版传媒集团改革发展要负起规划、指导、协调、服务和管理的职责。要严格执行文化资本、文化企业、文化产品市场准入和退出政策，综合运用法律、行政、经济、科技等手段提高管理效能。要切实加强出版传媒集团改革发展中的反腐倡廉建设，严格执行党风廉政建设责任制，推动国有企业领导人廉洁从业有关规定的完善和落实。

（2）制定和落实出版资源向出版传媒集团倾斜的政策。支持条件成熟的出版传媒集团跨行政区设立有出版权的子公司；对跨地区和外向型经营的出版传媒集团，优先配置出版资源；对于面向海外市场的非公有制文化机构，经批准后可以单独配置出版资源。

（3）加大对出版传媒集团重大项目的扶持力度。加快新闻出版改革发展项目库建设步伐，引导和带动出版传媒集团改革发展；支持和鼓励出版传媒集团积极规划、实施重大产业项目，对于出版传媒集团实施的自主创新、转型升级的重大项目优先纳入新闻出版改革发展项目库，优先给予支持。

（4）加大对出版传媒集团改革发展资金支持力度。积极争取各级财政支持，通过文化产业发展专项资金，以贴息、补助、奖励等方式，支持出版传媒集团改革发展；对"走出去"取得突出成绩的出版传媒集团给予专项奖励；对于出版传媒集团实施建设社会主义核心价值体系、积累和传承民族优秀文化的重大出版工程，通过国家出版基金予以重点支持。

（5）推动出版传媒集团拓展融资渠道。支持出版传媒集团实现主营业务整体上市；推荐研发高新技术的出版传媒企业到创业板上市；加强各级新闻出版行政主管部门与金融机构的战略合作,为出版传媒集团信贷融资提供便利条件;推动制定支持出版传媒集团以专利权、商标权、著作权、自主品牌等无形资产出资、质押贷款等有关政策。

(6)加强市场体系建设。研究制定打破地区封锁和行业壁垒的政策措施,支持和保护出版传媒集团跨地区、跨行业重组和经营。通过政策调节与市场机制相结合的办法,建立完善联通实体书店与网上书店、贯通城市与乡村发行的新闻出版市场服务体系。有序发展新闻出版人才、信息、技术、版权等要素市场,建立健全资产评估体系、产权交易体系,提高要素流通的市场化程度。加大版权保护力度,深入开展"扫黄打非",规范教材教辅出版市场秩序,着力改善和优化出版物市场环境。加强行业信用体系建设,完善行业标准和行业规范,在全行业开展行业自律和诚信宣传教育,为出版传媒集团加快发展创造统一开放、竞争有序、健康繁荣的市场环境。

(7)加强人才队伍建设。加大国家对出版传媒人力资源的开发投入力度,大力实施"四个一批"人才培养工程和新闻出版名家工程,在全国知名高校建设出版传媒人才培训基地。完善新闻出版专业技术人员职业资格制度。把非公有文化机构的人才队伍纳入行业人才建设体系,积极培养和充分发挥其作用。完善人才流动机制,形成有利于各类人才脱颖而出的体制机制,为出版传媒集团改革发展提供人才支撑。

(8)建立健全科学的评价和激励机制。结合出版传媒集团改革发展实际,统筹社会效益与经济效益、导向要求与利润指标、短期经营目标与长期发展战略等,科学设置评价指标,探索建立有利于出版传媒集团可持续发展的科学统计和业绩考核体系,探索建立激励出版传媒集团经营者、管理层的长效机制,允许条件成熟的出版传媒集团经过批准,探索试行经营管理层股权激励机制。

三、我国出版产业政策法律现状

(一)我国出版产业政策现状

我国出版产业的政策体系结构,可以从经济体制和产业政策两个角度来看:一是经济体制下的出版产业体系构成,具体来说由两部分组成,分别是计划经济体制下的出版产业政策体系和市场经济体制下的出版产业政策体系;二是产业视角下的出版产业政策体系,具体包括出版产业发展政策、出版产业结构政策和出版产业组织政策。① 梳理相关政策文本,可以看出,以

---

① 赵礼寿:《我国出版产业政策体系结构研究》,载《出版科学》2015年第3期,第22~24页。

下政策文本是比较有代表性的市场经济体制下的出版产业政策：

2003年7月25日，新闻出版总署发布了《关于新闻出版业集团化建设的若干意见》。

2011年4月，为实现新闻出版业又好又快发展，推动我国向新闻出版强国迈进，新闻出版总署发布《新闻出版业"十二五"时期"走出去"发展规划》，第一次从国家层面对新闻出版"走出去"进行规划。

2011年5月，新闻出版总署发布了《数字出版"十二五"时期发展规划》，明确了"十二五"期间发展数字出版业的战略重点、主要目标和保障措施。

2012年2月，新闻出版总署发布了《关于加快出版传媒集团改革发展的指导意见》。

2014年11月，《深化新闻出版体制改革实施方案》正式出台，从完善新闻出版管理体制、增强新闻出版单位发展活力、建立健全多层次出版产品和要素市场、推进出版公共服务体系标准化和均等化、提高新闻出版开放水平等五个方面提出政策措施。

2016年3月，《中华人民共和国国民经济和社会发展第十三个五年规划纲要》对外发布，明确提出"加快发展网络视听、移动多媒体、数字出版、动漫游戏等新兴产业"。这是"数字出版"首次被列入国家五年规划纲要，对于数字出版产业发展具有划时代的意义。

（二）我国出版产业法律现状

目前，我国出版产业行政法规有《出版管理条例》《印刷业管理条例》《音像制品管理条例》等。

我国出版产业部门规章有《新闻记者证管理办法》《报刊记者站管理办法》《复制管理办法》《新闻出版总署立法程序规定》《出版专业技术人员职业资格管理规定》《图书出版管理规定》《音像制品制作管理规定》《电子出版物出版管理规定》《关于规范图书出版单位辞书出版业务范围的若干规定》《关于新闻出版总署行政审批制度改革情况的通报》《音像制品复制管理办法》《关于新闻出版业跨地区经营的若干意见》《关于规范新闻出版业融资活动的实施意见》《新闻出版总署关于加强和改进重大选题备案工作的通知》《对台出版交流管理暂行规定》《出版社书稿档案管理办法》《新闻出版业会计核算办法》《新闻出版统计管理办法》等。

第二节 出版物管理的一般规定

为了加强对出版活动的管理,发展和繁荣有中国特色社会主义出版事业,保障公民依法行使出版自由的权利,促进社会主义精神文明和物质文明建设,根据宪法,2001年12月12日国务院第50次常务会议通过了《出版管理条例》(以下简称《条例》),自2002年2月1日起施行,共计7章68条。针对该条例,2011年3月16日《国务院关于修改〈出版管理条例〉的决定》进行了第一次修订,2013年7月18日《国务院关于废止和修改部分行政法规的决定》进行了第二次修订,2014年7月29日《国务院关于修改部分行政法规的决定》进行了第三次修订,2016年2月6日《国务院关于修改部分行政法规的决定》进行了第四次修订。

一、出版的基本原则

(1) 出版活动必须坚持为人民服务、为社会主义服务的方向,坚持以马克思列宁主义、毛泽东思想、邓小平理论和"三个代表"重要思想为指导,贯彻落实科学发展观,传播和积累有益于提高民族素质、有益于经济发展和社会进步的科学技术和文化知识,弘扬民族优秀文化,促进国际文化交流,丰富和提高人民的精神生活。

(2) 从事出版活动,应当将社会效益放在首位,实现社会效益与经济效益相结合。

(3) 公民依法行使出版自由的权利,各级人民政府应当予以保障。

(4) 公民在行使出版自由的权利的时候,必须遵守宪法和法律,不得反对宪法确定的基本原则,不得损害国家的、社会的、集体的利益和其他公民的合法的自由和权利。

二、出版管理机构及其职权

(一) 出版管理机构

国务院出版行政主管部门负责全国的出版活动的监督管理工作。国务院其他有关部门按照国务院规定的职责分工,负责有关的出版活动的监督管理工作。

县级以上地方各级人民政府负责出版管理的部门负责本行政区域内出版活动的监督管理工作。县级以上地方各级人民政府其他有关部门在各自的职责范围内，负责有关的出版活动的监督管理工作。

出版行业的社会团体按照其章程，在出版行政主管部门的指导下，实行自律管理。

（二）出版行政主管部门应当履行的职责

出版行政主管部门应当加强对本行政区域内出版单位出版活动的日常监督管理，具体履行如下职责：

（1）对出版物的出版、印刷、复制、发行、进口单位进行行业监管，实施准入和退出管理。

（2）对出版活动进行监管，对违反《条例》的行为进行查处。

（3）对出版物内容和质量进行监管。

（4）根据国家有关规定对出版从业人员进行管理。

（三）出版行政主管部门应当履行的职权

（1）出版行政主管部门根据已经取得的违法嫌疑证据或者举报，对涉嫌违法从事出版物出版、印刷或者复制、进口、发行等活动的行为进行查处时，可以检查与涉嫌违法活动有关的物品和经营场所；对有证据证明是与违法活动有关的物品，可以查封或者扣押。

（2）出版行政主管部门根据有关规定和标准，对出版物的内容、编校、印刷或者复制、装帧设计等方面质量实施监督检查。

三、出版单位[①]的设立与管理

报纸、期刊、图书、音像制品和电子出版物等应当由出版单位出版。国务院出版行政主管部门制定全国出版单位总量、结构、布局的规划，指导、协调出版产业和出版事业发展。

（一）出版单位的设立

1. 设立出版单位应当具备的条件

（1）符合国家关于出版单位总量、结构、布局的规划。

（2）有出版单位的名称、章程。

（3）有符合国务院出版行政部门认定的主办单位及其主管机关。

（4）有确定的业务范围。

---

① 出版单位，包括报社、期刊社、图书出版社、音像出版社和电子出版物出版社等。法人出版报纸、期刊，不设立报社、期刊社的，其设立的报纸编辑部、期刊编辑部视为出版单位。

（5）有30万元以上的注册资本和固定的工作场所。

（6）有适应业务范围需要的组织机构和符合国家规定的资格条件的编辑出版专业人员。

（7）法律、行政法规规定的其他条件。

2. 设立出版单位的申请书应当载明的事项

（1）出版单位的名称、地址。

（2）出版单位的主办单位及其主管机关的名称、地址。

（3）出版单位的法定代表人或者主要负责人的姓名、住址、资格证明文件。

（4）出版单位的资金来源及数额。

设立报社、期刊社或者报纸编辑部、期刊编辑部的，申请书还应当载明报纸或者期刊的名称、刊期、开版或者开本、印刷场所。

申请书应当附具出版单位的章程和设立出版单位的主办单位及其主管机关的有关证明材料。

3. 审批程序

设立出版单位，由其主办单位向所在地省、自治区、直辖市人民政府出版行政部门提出申请；省、自治区、直辖市人民政府出版行政部门审核同意后，报国务院出版行政部门审批。设立的出版单位为事业单位的，还应当办理机构编制审批手续。

国务院出版行政部门应当自收到设立出版单位的申请之日起60日内，做出批准或者不批准的决定，并由省、自治区、直辖市人民政府出版行政部门书面通知主办单位；不批准的，应当说明理由。

（二）登记管理

1. 注册登记

设立出版单位的主办单位应当自收到批准决定之日起60日内，向所在地省、自治区、直辖市人民政府出版行政部门登记，领取出版许可证。登记事项由国务院出版行政部门规定。

出版单位领取出版许可证后，属于事业单位法人的，持出版许可证向事业单位登记管理机关登记，依法领取事业单位法人证书；属于企业法人的，持出版许可证向工商行政管理部门登记，依法领取营业执照。

报社、期刊社、图书出版社、音像出版社和电子出版物出版社等应当具备法人条件，经核准登记后，取得法人资格，以其全部法人财产独立承担民事责任。依照《条例》第九条第三款的规定，视为出版单位的报纸编辑部、期刊编辑部不具有法人资格，其民事责任由其主办单位承担。

2. 变更登记

出版单位变更名称、主办单位或者其主管机关、业务范围、资本结构，合并或者分立，设立分支机构，出版新的报纸、期刊，或者报纸、期刊变更名称的，应当依照《条例》第十二条、第十三条的规定办理审批手续。出版单位属于事业单位法人的，还应当持批准文件到事业单位登记管理机关办理相应的登记手续；属于企业法人的，还应当持批准文件到工商行政管理部门办理相应的登记手续。

出版单位除上述变更事项外的其他事项的变更，应当经主办单位及其主管机关审查同意，向所在地省、自治区、直辖市人民政府出版行政主管部门申请变更登记，并报国务院出版行政主管部门备案。出版单位属于事业单位法人的，还应当持批准文件到事业单位登记管理机关办理变更登记；属于企业法人的，还应当持批准文件到工商行政管理部门办理变更登记。

3. 注销登记

图书出版社、音像出版社和电子出版物出版社自登记之日起满180日未从事出版活动的，报社、期刊社自登记之日起满90日未出版报纸、期刊的，由原登记的出版行政主管部门注销登记，并报国务院出版行政主管部门备案。

因不可抗力或者其他正当理由发生上述所列情形的，出版单位可以向原登记的出版行政主管部门申请延期。

（三）出版活动的中止和终止

1. 中止出版

出版单位中止出版活动的，应当向所在地省、自治区、直辖市人民政府出版行政主管部门备案并说明理由和期限；出版单位中止出版活动不得超过180日。

2. 终止出版

出版单位终止出版活动的，由主办单位提出申请并经主管机关同意后，由主办单位向所在地省、自治区、直辖市人民政府出版行政主管部门办理注销登记，并报国务院出版行政主管部门备案。出版单位属于事业单位法人的，还应当持批准文件到事业单位登记管理机关办理注销登记；属于企业法人的，还应当持批准文件到工商行政管理部门办理注销登记。

（四）出版单位的义务

（1）图书出版社、音像出版社和电子出版物出版社的年度出版计划及涉及国家安全、社会安定等方面的重大选题，应当经所在地省、自治区、直辖市人民政府出版行政主管部门审核后报国务院出版行政主管部门备案；涉及重大选题，未在出版前报备案的出版物，不得出版。具体办法由国务院出版行政主管部门制定。期刊社的重大选题，应当依照上述规定办理备案手续。

（2）出版单位不得向任何单位或者个人出售或者以其他形式转让本单位的名称、书号、刊号或者版号、版面，并不得出租本单位的名称、刊号。

（3）出版单位及其从业人员不得利用出版活动谋取其他不正当利益。

（4）出版单位应当按照国家有关规定向国家图书馆、中国版本图书馆和国务院出版行政主管部门免费送交样本。

四、出版物内容管理制度

（一）基本原则

（1）公民可以依照《条例》的规定，在出版物上自由表达自己对国家事务、经济和文化事业、社会事务的见解和意愿，自由发表自己从事科学研究、文学艺术创作和其他文化活动的成果。合法出版物受法律保护，任何组织和个人不得非法干扰、阻止、破坏出版物的出版。

（2）出版单位实行编辑责任制度，保障出版物刊载的内容符合《条例》的规定。

（二）任何出版物不得含有的内容

（1）反对宪法确定的基本原则的。
（2）危害国家统一、主权和领土完整的。
（3）泄露国家秘密、危害国家安全或者损害国家荣誉和利益的。
（4）煽动民族仇恨、民族歧视，破坏民族团结，或者侵害民族风俗、习惯的。
（5）宣扬邪教、迷信的。
（6）扰乱社会秩序，破坏社会稳定的。
（7）宣扬淫秽、赌博、暴力或者教唆犯罪的。
（8）侮辱或者诽谤他人，侵害他人合法权益的。
（9）危害社会公德或者民族优秀文化传统的。
（10）以未成年人为对象的出版物不得含有诱发未成年人模仿违反社会公德的行为和违法犯罪的行为的内容，不得含有恐怖、残酷等妨害未成年人身心健康的内容。
（11）有法律、行政法规和国家规定禁止的其他内容的。

五、出版物的印刷、复制和发行制度

（一）出版物印刷与复制制度

1. 从事出版物印刷与复制业务单位的资质取得程序

从事出版物印刷或者复制业务的单位，应当向所在地省、自治区、直辖市人民政府出版行政部门提出申请，经审核许可，并依照国家有关规定到公安机关和工商行政管理部门办理相关手续后，方可从事出版物的印刷或者复制。

未经许可并办理相关手续的，不得印刷报纸、期刊、图书，不得复制音像制品、电子出版物。

出版单位不得委托未取得出版物印刷或者复制许可的单位印刷或者复制出版物。

2. 出版单位的义务

出版单位委托印刷或者复制单位印刷或者复制出版物的，必须提供符合国家规定的印刷或者复制出版物的有关证明，并依法与印刷或者复制单位签订合同。

3. 印刷或者复制单位的义务

（1）印刷或者复制单位不得接受非出版单位和个人的委托印刷报纸、期刊、图书或者复制音像制品、电子出版物，不得擅自印刷、发行报纸、期刊、图书或者复制、发行音像制品、电子出版物。

（2）印刷或者复制单位应当自完成出版物的印刷或者复制之日起 2 年内，留存一份承接的出版物样本备查。

4. 境外出版物的印刷复制

印刷或者复制单位经所在地省、自治区、直辖市人民政府出版行政主管部门批准，可以承接境外出版物的印刷或者复制业务；但是，印刷或者复制的境外出版物必须全部运输出境，不得在境内发行。

境外委托印刷或者复制的出版物的内容，应当经省、自治区、直辖市人民政府出版行政主管部门审核。委托人应当持有著作权人授权书，并向著作权行政管理部门登记。

（二）出版物发行制度

出版单位可以发行本出版单位出版的出版物，不得发行其他出版单位出版的出版物。

从事出版物发行业务的单位和个体工商户经出版行政主管部门批准、取

得《出版物经营许可证》（以下简称《许可证》），并向工商行政管理部门依法领取营业执照后，方可从事出版物发行业务。

根据出版物发行的业务不同，《许可证》取得程序分为以下几种情况。

1. **出版物批发业务**

单位从事出版物批发业务的，须经省、自治区、直辖市人民政府出版行政主管部门审核许可，取得《许可证》。

2. **出版物零售业务**

从事出版物零售业务的单位和个体工商户，须经县级人民政府出版行政主管部门审核许可。

需要注意的是，随着互联网的迅速发展，通过互联网等信息网络从事出版物发行业务的单位或者个体工商户越来越多，他们应当依照《条例》规定取得《许可证》。同时，提供网络交易平台服务的经营者应当对申请通过网络交易平台从事出版物发行业务的单位或者个体工商户的经营主体身份进行审查，验证其《许可证》。

从事出版物发行业务的单位和个体工商户变更《许可证》登记事项，或者兼并、合并、分立的，应当依照《条例》第三十五条的规定办理审批手续。

从事出版物发行业务的单位和个体工商户终止经营活动的，应当向原批准的出版行政主管部门备案。

（三）印刷或者复制单位、发行单位或者个体工商户不得印刷或者复制、发行的出版物

（1）含有《条例》第二十五条、第二十六条禁止内容的。
（2）非法进口的。
（3）伪造、假冒出版单位名称或者报纸、期刊名称的。
（4）未署出版单位名称的。
（5）中学小学教科书未经依法审定的。
（6）侵犯他人著作权的。

六、出版物的进口制度

出版物进口业务，由依照《条例》设立的出版物进口经营单位经营；其他单位和个人不得从事出版物进口业务。

（一）设立出版物进口经营单位应当具备的条件

（1）符合国家关于出版物进口经营单位总量、结构、布局的规划。

(2) 有出版物进口经营单位的名称、章程。
(3) 有符合国务院出版行政主管部门认定的主办单位及其主管机关。
(4) 有确定的业务范围。
(5) 具有进口出版物内容审查能力。
(6) 有与出版物进口业务相适应的资金。
(7) 有固定的经营场所。
(8) 法律、行政法规和国家规定的其他条件。

(二) 设立出版物进口经营单位的审批程序

设立出版物进口经营单位，应当向国务院出版行政部门提出申请，经审查批准，取得国务院出版行政部门核发的出版物进口经营许可证后，持证到工商行政管理部门依法领取营业执照。

设立出版物进口经营单位，还应当依照对外贸易法律、行政法规的规定办理相应手续。

(三) 进口出版物的内容管理

出版物进口经营单位进口的出版物，不得含有《条例》第二十五条、第二十六条禁止的内容。出版物进口经营单位负责对其进口的出版物进行内容审查。省级以上人民政府出版行政部门可以对出版物进口经营单位进口的出版物直接进行内容审查。出版物进口经营单位无法判断其进口的出版物是否含有《条例》第二十五条、第二十六条禁止内容的，可以请求省级以上人民政府出版行政部门进行内容审查。省级以上人民政府出版行政部门应出版物进口经营单位的请求，对其进口的出版物进行内容审查的，可以按照国务院价格主管部门批准的标准收取费用。

国务院出版行政部门可以禁止特定出版物的进口。

出版物进口经营单位应当在进口出版物前将拟进口的出版物目录报省级以上人民政府出版行政部门备案；省级以上人民政府出版行政部门发现有禁止进口的或者暂缓进口的出版物的，应当及时通知出版物进口经营单位并通报海关。对通报禁止进口或者暂缓进口的出版物，出版物进口经营单位不得进口，海关不得放行。

出版物进口备案的具体办法由国务院出版行政部门制定。

(四) 进口出版物的发行及境外出版物展览制度

发行进口出版物的，必须从依法设立的出版物进口经营单位进货。

出版物进口经营单位在境内举办境外出版物展览，必须报经国务院出版行政部门批准。未经批准,任何单位和个人不得举办境外出版物展览。展览的境外出版物需要销售的,应当按照国家有关规定办理相关手续。

七、对出版物的保障与奖励制度

(1) 国家制定有关政策,保障、促进出版事业的发展与繁荣。

(2) 国家支持、鼓励下列优秀的、重点的出版物的出版:

1) 对阐述、传播宪法确定的基本原则有重大作用的;

2) 对弘扬社会主义核心价值体系,在人民中进行爱国主义、集体主义、社会主义和民族团结教育以及弘扬社会公德、职业道德、家庭美德有重要意义的;

3) 对弘扬民族优秀文化、促进国际文化交流有重大作用的;

4) 对推进文化创新、及时反映国内外新的科学文化成果有重大贡献的;

5) 对服务农业、农村和农民,促进公共文化服务有重大作用的;

6) 其他具有重要思想价值、科学价值或者文化艺术价值的。

(3) 国家对教科书的出版发行予以保障。

(4) 国家扶持少数民族语言文字出版物和盲文出版物的出版发行。国家对在少数民族地区、边疆地区、经济不发达地区和在农村发行出版物,实行优惠政策。

(5) 报纸、期刊交由邮政企业发行的,邮政企业应当保证按照合同约定及时、准确发行。承运出版物的运输企业,应当对出版物的运输提供方便。

(6) 对为发展、繁荣出版产业和出版事业做出重要贡献的单位和个人,按照国家有关规定给予奖励。

(7) 对非法干扰、阻止和破坏出版物出版、印刷或者复制、进口、发行的行为,县级以上各级人民政府出版行政部门及其他有关部门,应当及时采取措施,予以制止。

八、违反《条例》的法律责任

(一) 出版行政主管部门或者其他有关部门的工作人员的法律责任

出版行政主管部门或者其他有关部门的工作人员,利用职务上的便利收受他人财物或者其他好处,批准不符合法定条件的申请人取得许可证、批准文件,或者不履行监督职责,或者发现违法行为不予查处,造成严重后果的，依法给予降级直至开除的处分；构成犯罪的，依照刑法关于受贿罪、滥用职权罪、玩忽职守罪或者其他罪的规定，依法追究刑事责任。

（二）具有相关资质主体违法从事出版业务的法律责任

（1）出版单位有下列行为之一的，由出版行政主管部门责令停止违法行为，给予警告，没收违法经营的出版物、违法所得，违法经营额1万元以上的，并处违法经营额5倍以上10倍以下的罚款；违法经营额不足1万元的，可以处5万元以下的罚款；情节严重的，责令限期停业整顿或者由原发证机关吊销许可证：

1）出售或者以其他形式转让本出版单位的名称、书号、刊号、版号、版面，或者出租本单位的名称、刊号的；

2）利用出版活动谋取其他不正当利益的。

（2）有下列行为之一的，由出版行政主管部门责令改正，给予警告；情节严重的，责令限期停业整顿或者由原发证机关吊销许可证：

1）出版单位变更名称、主办单位或者其主管机关、业务范围，合并或者分立，出版新的报纸、期刊，或者报纸、期刊改变名称，以及出版单位变更其他事项，未依照《条例》的规定到出版行政主管部门办理审批、变更登记手续的；

2）出版单位未将其年度出版计划和涉及国家安全、社会安定等方面的重大选题备案的；

3）出版单位未依照《条例》的规定送交出版物的样本的；

4）印刷或者复制单位未依照《条例》的规定留存备查的材料的；

5）出版物进口经营单位未将其进口的出版物目录报送备案的；

6）出版单位擅自中止出版活动超过180日的；

7）出版物发行单位、出版物进口经营单位未依照《条例》的规定办理变更审批手续的；

8）出版物质量不符合有关规定和标准的。

（3）有下列行为之一，触犯刑律的，依照刑法有关规定，依法追究刑事责任；尚不够刑事处罚的，由出版行政主管部门责令限期停业整顿，没收出版物、违法所得，违法经营额1万元以上的，并处违法经营额5倍以上10倍以下的罚款；违法经营额不足1万元的，可以处5万元以下的罚款；情节严重的，由原发证机关吊销许可证：

1）出版、进口含有《条例》第二十五条、第二十六条禁止内容的出版物的；

2）明知或者应知出版物含有《条例》第二十五条、第二十六条禁止内容而印刷或者复制、发行的；

3）明知或者应知他人出版含有《条例》第二十五条、第二十六条禁止内容的出版物而向其出售或者以其他形式转让本出版单位的名称、书号、刊号、版号、版面，或者出租本单位的名称、刊号的。

（4）有下列行为之一的，由出版行政部门责令停止违法行为，没收出版物、违法所得，违法经营额1万元以上的，并处违法经营额5倍以上10倍以下的罚款；违法经营额不足1万元的，并处1万元以上5万元以下的罚款；情节严重的，责令限期停业整顿或者由原发证机关吊销许可证：

1）进口、印刷或者复制、发行国务院出版行政主管部门禁止进口的出版物的；

2）印刷或者复制走私的境外出版物的；

3）发行进口出版物未从《条例》规定的出版物进口经营单位进货的。

（5）有下列行为之一的，由出版行政主管部门没收出版物、违法所得，违法经营额1万元以上的，并处违法经营额5倍以上10倍以下的罚款；违法经营额不足1万元的，可以处5万元以下的罚款；情节严重的，责令限期停业整顿或者由原发证机关吊销许可证：

1）出版单位委托未取得出版物印刷或者复制许可的单位印刷或者复制出版物的；

2）印刷或者复制单位未取得印刷或者复制许可而印刷或者复制出版物的；

3）印刷或者复制单位接受非出版单位和个人的委托印刷或者复制出版物的；

4）印刷或者复制单位未履行法定手续印刷或者复制境外出版物的，印刷或者复制的境外出版物没有全部运输出境的；

5）印刷或者复制单位、发行单位或者个体工商户印刷或者复制、发行未署出版单位名称的出版物的；

6）印刷或者复制单位、发行单位或者个体工商户印刷或者复制、发行伪造、假冒出版单位名称或者报纸、期刊名称的出版物的；

7）出版、印刷、发行单位出版、印刷、发行未经依法审定的中学小学教科书，或者未依照《条例》规定确定的单位从事中学小学教科书的出版、发行业务的。

（三）不具有相关资质主体从事出版业务的法律责任

未经批准，擅自设立出版物的出版、印刷或者复制、进口单位，或者擅自从事出版物的出版、印刷或者复制、进口、发行业务，假冒出版单位名称或者伪造、假冒报纸、期刊名称出版出版物的，由出版行政主管部门、工商行政管理部门依照法定职权予以取缔；依照刑法关于非法经营罪的规定，依法追究刑事责任；尚不够刑事处罚的，没收出版物、违法所得和从事违法活动的专用工具、设备，违法经营额1万元以上的，并处违法经营额5倍以上10倍以下的罚款，违法经营额不足1万元的，可以处5万元以下的罚款；侵犯他人合法权益的，依法承担民事责任。

思考与实训题

1. 谈谈你对我国新闻出版业的集团化建设的看法。
2. 简述设立出版单位应当具备的条件。
3. 简述出版物不得含有的内容。
4. 案例分析。

（1）某市文化市场行政执法局在检查中发现，甲于2016年5月创建了"新创意报"网站，并伙同乙假冒《新闻网络报》记者，二人以刊登不实报道的方式威胁某快递公司，并强行向该公司索要5000元钱。请依据《新闻记者证管理办法》的相关规定，分析应该对甲、乙的行为实施何种处罚？

（2）2016年11月2日，根据举报线索，A省"扫黄打非"办、A省新闻出版广电局组织B市新闻出版广电局、B市文化市场综合行政执法队，一举查获C文化传媒有限公司非法出版案，收缴已印制的《凝聚》非法出版物80余册，当场扣押用于编辑出版的电脑主机20台。

经初步调查，该刊物在B市存在已近两年时间，累计出版20余期。刊物以登载广告为名，刊登大量评论、专访、新闻等非广告内容，且未经工商管理部门注册登记，属明显非法期刊。该刊发行范围不仅包括B市，还包括周边很多城市，造成的社会影响较大。

11月2日下午2时，A省"扫黄打非"办、A省新闻出版广电局与B市文化市场综合行政执法队的执法人员赶到C文化传媒有限公司办公场所。这是一处有200余平方米的大写字间，门内堆放着已印制完成的《凝聚》刊物，有10多人在电脑前忙碌着。执法人员向该编辑部的负责人明确指出了该刊物存在的问题，详细说明了《凝聚》一刊未经国家新闻出版行政部门批准，在未取得国家期刊出版刊号的情况下，擅自设立编辑部，非法出版《凝聚》刊物的行为严重违反了相关规定，要求其配合执法调查。执法人员当场扣押了该机构用于编辑出版的电脑主机，收缴了《凝聚》非法出版物，并宣布依法取缔非法出版机构《凝聚》编辑部，停止继续出版《凝聚》。随后责成B市新闻出版广电局、B市文化市场综合行政执法队负责做进一步的调查处理。

请依据《出版管理条例》，并结合上述案例回答下列问题：

(1) 创办期刊、设立期刊出版单位应当具备哪些条件？

(2) 创办期刊、设立期刊出版单位的审批程序是怎样的？

(3) 本案中 C 文化传媒有限公司有哪些违法行为？应当承担何种法律责任？

推荐阅读书目

1. 赵礼寿著：《我国出版产业政策体系研究（1978—2011）》，浙江工商大学出版社 2014 年版

2. 张小强著：《新闻出版（版权）法律完善研究——基于政府职能视角》，知识产权出版社 2015 年版

第八章　体育产业政策与法律

◉**知识目标**

1. 了解体育产业的概念、分类及我国体育产业发展的历史阶段。
2. 熟悉重要体育产业政策。
3. 熟悉重要体育产业法律。

◉**能力目标**

1. 能够结合实际运用重要体育产业政策分析当前和今后一段时期我国体育产业各领域面临的机遇和挑战。
2. 初步具备运用《奥林匹克标志保护条例》分析现实法律纠纷的思维能力，以及依据《经营高危险性体育项目许可管理办法》申请经营高危险性体育项目的实际操作能力。

北京2022年冬奥会和冬残奥会组织委员会公告

北京携手张家口申办2022年冬奥会和冬残奥会（以下统称"北京2022年冬奥会"）期间，以及获得北京2022年冬奥会举办资格之后，国际奥林匹克委员会（以下简称"国际奥委会"）、国际残疾人奥林匹克委员会（以下简称"国际残奥委会"）、北京2022年冬奥会和冬残奥会组织委员会（以下简称"北京冬奥组委"）、北京2022年冬季奥林匹克运动会申办委员会（以下简称"北京冬奥申委"）的名称、标志等的知名度和使用率日益提高，对于弘扬奥林匹克精神，加大申办和筹办北京2022年冬奥会的宣传力度，都发挥了积极的促进作用，产生了良好的社会反响。

与此同时，我们也发现一些未经许可使用国际奥委会、国际残奥委会、北京冬奥组委及北京冬奥申委名称、标志的现象，如擅自制作、销售带有上述名称、标志的纪念品或其他商品，擅自在商业活动中使用上述名称、标志等。这些都侵犯了国际奥委会、国际残奥委会、北京冬奥组委及北京冬奥申委的知识产权和有关权益，也损害了国际奥委会、国际残奥委会、北京冬奥组委及北京冬奥申委的形象。

为切实保护国际奥委会、国际残奥委会、北京冬奥组委及北京冬奥申委的合法权益，履行中国政府关于保护奥林匹克知识产权和北京2022年冬奥会各项权益的郑重承诺，确保北京2022年冬奥会筹办工作合法有序进行，现就有关问题公告如下：

一、未经国际奥委会许可，任何人不得为商业目的使用奥林匹克五环图案标志、奥林匹克徽记、奥林匹克格言、奥运会名称、奥林匹克旗、奥林匹克会歌等奥林匹克标志。

二、未经国际残奥委会许可，任何人不得为商业目的使用国际残奥委会标志、残奥会名称、残奥会格言、残奥会旗等标志。

三、北京冬奥组委拥有北京冬奥组委名称和北京2022年冬奥会各种标志的权益。任何人使用北京冬奥组委的名称（全称或简称，中文或其他文字）、北京2022年冬奥会任何标志等，须经北京冬奥组委许可。未经许可以北京冬奥组委或北京2022年冬奥会名义进行的赞助征集、广告宣传等活动均属非法，北京冬奥组委均不予认可，更不对由此造成的损失承担任何直接或连带的责任。将北京2022年冬奥会任何标志用于新闻报道等非商业目的时，必须与商业行为做出明显区别，并事先就使用方式等具体内容取得北京冬奥组委许可。

四、北京冬奥组委继承北京冬奥申委会徽、标志等知识产权。未经北京冬奥组委许可，任何人不得将北京冬奥申委会徽、标志用于商业目的。将北京冬奥申委会徽、标志用于新闻报道等非商业目的时，必须与商业行为做出明显区别，并事先就使用方式等具体内容取得北京冬奥组委许可。

五、使用奥林匹克标志、国际残奥委会标志、北京2022年冬奥会各种标志、北京冬奥申委会徽和标志时，必须严格依照相关权利人提供的标准样本，不得作任何变动。

六、已对国际奥委会、国际残奥委会、北京冬奥组委及北京冬奥申委名称、标志或名誉构成侵权的单位和个人，应于本公告发布后立即停止侵权行为，并在10个工作日内同北京冬奥组委洽商后续事宜。对逾期不作整改或继续从事侵权行为者，北京冬奥组委将提请有关部门依法予以查处并保留进一步追究侵权责任的权利。

第一节 体育产业概述

一、体育产业的范畴界定

（一）体育产业的概念

体育产业内涵的界定是对其展开研究和运营的基础性问题，一直受到学界和业界的重视，其答案却莫衷一是。但是，通过归纳国内外有关体育产业概念研究的文献，不难发现，根据定义方法的不同，有关体育产业概念的定义大致可以分为三类：列举式定义、概括式定义和综合式定义。

采用列举式定义的方法，就是考虑到体育产业门类的复杂性和发展性，不强求用一种定性的描述来给体育产业下定义，而主要通过列举属于体育产业的各个产业部门的方式来给体育产业下定义。比如，美国学者李明等认为，体育产业可以分为体育生产部门和体育支持部门。体育生产部门属于核心的部分，包括组织体育赛事和负责服务的企业和组织，即职业与半职业体育团队、大学和高中的校际体育部门、城市和乡镇的休闲运动管理部门、运动竞技和健身俱乐部、体育训练和教师等。而体育支持部门是属于核心部门的外围部分，其中又分为六个小部门：体育行政与管理协会，体育用品的制造、批发和零售，体育设施与建筑业，体育传播媒体，体育管理公司，各级行政体育委员会和管理处。[①] 体育产业可以界定为生产和经营体育物质产品或生产经营体育服务产品的企业群，有体育的属性和产业的性质，并具有社会效益与经济效益的一致性。

采用概括式定义的学者，主要是通过归纳和概括体育产业各产业部门之间的共性，尽可能全面地用定性的表述，来阐释体育产业的内涵。比如，学者钟天朗认为，狭义的体育产业就是体育服务业，是指以体育劳务形式为消费者提供体育服务产品的企业、组织、部门和活动的集合。广义的体育产业就是指全社会提供体育产品生产的企业、组织、部门和活动的集合。[②] 学者梁晓龙认为，体育属于第三产业，它是指以体育劳务形式为消费者提供体育

---

① ［美］李明、苏珊·霍华斯、丹·马宏尼编著：《体育经济学》，叶公鼎译，辽宁科学技术出版社 2005 年版，第 6～8 页。

② 钟天朗主编：《体育经济学概论》（第二版），复旦大学出版社 2010 年版，第 62 页。

相关服务的产业部门的总和。①

采用综合式定义的学者则吸收了列举式和概括式的优点，一方面，对体育产业进行高度概括的定性描述；另一方面，也对其内部的产业门类进行具体的划分，从而与定性描述相呼应。比如，有学者认为，体育产业是指以体育基本特性为资源、以满足人们的多样化体育需求为依据而进行的一切生产性和经营性组织的集合，它是一个产业群，但不是单一的某种行业，而是一个集体育产品生产制造业、体育用品销售业、体育设施业和体育服务业为一体的综合业域。②

要想对"体育产业"做出一个恰当的定义，需要从两个方面来考虑，一是选择比较恰当的定义方法，二是选择比较合适的定义角度。

从定义方法上看，列举式定义可以应对体育产业日新月异、新类型产业部门不断产生的客观现实问题，具有实务性特点；概括式定义则通过凝练的语言归纳和概括体育产业的本质属性和特征，这对于认识体育产业本身具有较强的理论意义；至于综合式的定义方法，则吸收了上述两种方式的优点，显然更为可取。

从定义视角来看，产业经济学在定义"体育产业"这个概念上应该是一个较好的视角。道理很简单，对"体育产业"的定义应回归到产业本身，因为无论如何讨论，体育产业终究是众多产业门类之一，而产业经济学是应用经济学领域的重要分支，它以"产业"为研究对象，主要就是研究产业组织、产业结构、产业布局、产业政策等内容。因此，从产业经济学的视角，在充分理解产业经济学关于"产业"概念的理解基础上，继而理解"体育产业"并对其进行界定，是比较恰当的。

产业经济学中对"产业"的界定有两种基准：一是在产业组织理论中，产业是指生产同类或有密切替代关系产品、服务的企业集合；二是在产业结构理论中，产业是指使用相同原材料、相同工艺技术或生产相同用途产品企业的集合。③ 实际上，无论是产业组织理论中的"产业"，还是产业结构理论中的"产业"，都是具有某些相同特征的企业的集合，关键在于选择什么样的特征作为企业分类的标准。因此，广义的体育产业可以定义为生产或提供具有"体育"特征的产品或服务的企业的集合，狭义的体育产业则限定为以提供体育服务为经营内容的企业的集合。

---

① 参见梁晓龙《对当前我国体育产业发展若干问题的思考》，载《体育科研》2005年第21卷第1期，第21～23页。
② 杨铁黎主编：《体育产业概论》（第二版），高等教育出版社2015年版，第57页。
③ 巨荣良、王丙毅编著：《现代产业经济学》，山东人民出版社2009年版，第5页。

（二）体育产业的分类

如果一个产业没有一个可靠的分类体系，那么这个产业的发展将缺乏持续的原动力。体育产业本身与其他产业具有高度的关联性，这就造成了对其分类存在一定的困难。

1. 体育产业的理论分类

在理论上，学界对体育产业的范围和分类问题进行了大量有价值的探索和研究。

学者卢元镇等人认为，体育产业按照不同的分类标准其分类也不同，按体育产业现行管理体制可分为主体产业（包括体育竞赛表演业、体育健身娱乐业、体育培训咨询业、体育资产经营业）、相关产业（包括体育用品、体育经纪与代理、体育新闻与媒介、体育广告、体育旅游、体育建筑）、体办产业（利用体育场馆开展出租、餐饮、宾馆、航空票务代理服务等）；按体育产品种类分为体育用品业（包括体育服装业、体育建筑业、体育设施业、运动饮料业、体育科研仪器业）和体育服务业（包括体育竞赛表演业、体育健身活动业、体育空间服务业、体育培训教育业、体育信息咨询业、体育会展业、体育养殖业）；按消费者的参与动机可分为体育健身业（健身指导业、健美减肥业、体育旅游业、体育疗养业、体育康复业）和休闲娱乐业（包括运动游戏业、极限运动业、棋牌活动业、水上及冰雪活动业、垂钓狩猎业）；按经营、集资方式可分为体育彩票业、体育赞助业、体育广告业、体育节目电视转播业、体育经纪人业。

我国台湾学者王建台教授认为，体育产业可以分为运动核心产业和运动周边产业两类，其中，运动核心产业包括参与性运动服务业、观赏性运动服务业、运动专业证照服务业、运动用品制造业、运动用品贩卖业、授权商品销售业、运动设施建筑业、运动设施营建业；运动周边产业包括运动促销服务业、运动管理服务业、体育运动行政组织服务业、运动大众传播业、运动信息出版业、运动旅游业、运动博弈业、运动历史文物业。

对体育产业进行分类，从不同的分类标准出发会得出不同的结果，也都有着其理论意义。但是，从指导实践的角度出发，还是应该围绕体育产业的"体育"特征来进行产业分类。具体来说，根据体育产业内各门类"体育"特征的强弱，可以把体育产业划分为核心层、衍生层、外围层。核心层体育产业是体育产业中"体育"属性最强的部分，包括体育竞赛表演活动、体育健身休闲活动等；衍生层体育产业是围绕着核心层体育产业开展起来的各类体育产业，包括体育管理活动、体育场馆服务、体育中介服务、体育培训与教育、体育传媒与信息服务等；外围层体育产业是那些具有"体育"因素的相关产业，包括体育用品及相关产品制造与销售、贸易代理与出租、体育场地设施建设等。

2. 体育产业的实务分类

在实务上，国务院1985年颁布的《国民生产总值计算方案》首次应用三次产业分类方法，并将体育部门列入第三产业。1995年6月，国家体委制定了《体育产业发展纲要（1995—2010年）》，对我国体育产业的分类作了一个政策性说明，指出体育产业包括三大类，即体育主体产业、体育相关产业、其他体育产业。其中，体育主体产业是指发挥体育自身的经济功能和价值的体育经营活动内容，如对体育竞赛、表演活动、健身、娱乐、咨询、培训等方面的经营；体育相关产业是指为体育活动提供服务的体育相关产业类，如体育器械及体育用品的生产经营等；其他体育产业是指体育部门开设的旨在促进体育事业发展的其他各类产业活动。这实际上是对上述卢元镇等学者观点的采纳。

2008年，国家体育总局和国家统计局联合制定并发布了《体育及相关产业分类（试行）》，为当时调研我国体育产业发展现状、开展政策研究和宏观决策提供了重要的基础分类。为了推动体育产业发展，科学界定体育产业的统计范围，建立体育产业统计调查制度，2015年5月，国家统计局会同国家体育总局制定了《国家体育产业统计分类》。该分类将体育产业范围确定为体育管理活动，体育竞赛表演活动，体育健身休闲活动，体育场馆服务，体育中介服务，体育培训与教育，体育传媒与信息服务，其他与体育相关服务，体育用品及相关产品制造，体育用品及相关产品销售、贸易代理与出租，体育场地设施建设等11大类。

延伸阅读 >>>

国家体育产业统计分类

代码			名　称	说　明	行业分类代码
大类	中类	小类			
01			体育管理活动		
	011	0110	公共体育事务管理活动	仅包括各级政府部门体育行政事务管理机构的活动	9124*

续上表

代码			名 称	说 明	行业分类代码
大类	中类	小类			
	012	0120	体育社会组织管理活动	仅包括体育专业团体管理、体育行业团体管理和体育基金会等的管理和服务	9421＊ 9422＊ 9430＊
	013	0130	其他体育管理活动	仅包括体育战略规划、竞技体育、全民健身、体育产业、反兴奋剂、体育器材装备及其他未列明的保障性体育管理和服务	8890＊＊
02			体育竞赛表演活动		
	021	0210	职业体育竞赛表演活动	仅包括商业化、市场化的职业体育赛事活动的组织、宣传、训练，以及职业俱乐部和运动员展示、交流等活动	8810＊＊ 7219＊ 8710＊
	022	0220	非职业体育竞赛表演活动	仅包括公益性质的非职业或业余体育赛事活动的组织、宣传、训练、展示、交流等活动	8810＊＊
03			体育健身休闲活动		
	031	0310	休闲健身活动		8830
	032		体育文化活动		
		0321	群众体育文化活动	仅包括由城乡群众参与的社区、乡村（含全民健身活动站点、文体活动站，以及老年、少儿体育活动中心等）体育文化展演、交流等公益性群众体育文化活动	8770＊
		0322	民族民间体育活动	仅包括区域特色、民族民间体育（含少数民族特色体育）的保护和活动组织	8740＊
	033	0330	其他休闲健身活动	仅包括体育电子游艺活动，网络（手机）体育游艺、展演以及电子竞技等体育娱乐活动	8912＊ 8790＊

续上表

代码			名称	说明	行业分类代码
大类	中类	小类			
04			体育场馆服务		
	041	0410	体育场馆		8820
	042	0420	其他体育场地	仅包括社区、公园、健身步道、多功能城市广场等运动场所的管理服务	8890** 7810* 7851*
05			体育中介服务		
	051		体育经纪与广告活动		
		0511	体育经纪人		8942
		0512	体育广告服务	仅包括体育广告制作、发布、代理等活动	7240*
	052	0520	体育活动的策划服务	仅包括运动会及其他体育赛事策划组织、群众体育活动策划组织以及体育赛事票务服务	7299*
	053	0530	其他相关体育中介服务	仅包括各类体育赞助活动、体育招商活动、体育文化活动推广，以及其他体育音像、动漫、影视代理等服务	8890** 8949*
06			体育培训与教育		
	061		体育培训		
		0611	体校及体育培训		8292
		0612	其他体育培训	仅包括各种体育培训机构、专项运动俱乐部的体育技能培训（武术、棋类、赛车、气功、航空等），青少年、少儿体育培训，体育经营管理、创意设计、科研、中介等体育专门人才培训	8291* 8299*
	062	0620	体育教育	仅包括高等院校、中等职业学校的体育专业教育	8241* 8236*

续上表

代码			名称	说明	行业分类代码
大类	中类	小类			
07			体育传媒与信息服务		
	071	0710	体育出版物出版服务	仅包括体育书籍、期刊、报纸、音像、电子出版物、互联网出版服务	8521* 8522* 8523* 8524* 8525* 8529*
	072	0720	体育影视及其他传媒服务	仅包括体育广播电视节目的制作与播出、体育电影的摄制与放映、体育录音录像等音视频内容制作、体育新闻的专业活动以及体育摄影服务	7492* 8510* 8610* 8620* 8630*
	073	0730	互联网体育服务	仅包括互联网体育信息采集、传输、存储、分析、处理与传播等服务，体育网络平台服务，体育动漫游戏及电子竞技服务，体育APP应用，互联网与体育其他业态的融合发展服务	6420* 6540*
	074	0740	其他体育信息服务	仅包括非互联网体育信息（含文字、视频、数据等形式）内容加工服务，体育健身、竞赛、管理、市场调查与体育经济等咨询服务，体育应用软件（含专业分析、电子竞技、动漫游戏等）开发与经营等信息技术服务	6510* 6591* 7233* 7232*

续上表

代码			名称	说明	行业分类代码
大类	中类	小类			
08			其他与体育相关服务		
	081	0810	体育旅游活动	仅包括观赏性体育旅游活动（如观赏体育赛事、体育节、体育表演等内容的旅游活动）；体验性体育旅游活动（如参与滑雪、帆船、帆板、漂流、马拉松等运动的旅游活动）；景区体育旅游活动（如户外宿营、徒步骑行、汽车露营等形式的旅游活动）	7271＊ 6190＊ 7852＊ 5531＊
	082	0820	体育健康服务	仅包括国民体质监测与康体服务，科学健身调理服务，社会体育指导员服务，体育运动医学和创伤医院、体育康复疗养场所服务，中医运动康复医疗服务	8890＊＊ 8315＊ 8316＊ 8312＊
	083	0830	体育彩票服务	仅包括体育彩票管理、发行、分销等服务	8930＊
	084	0840	体育会展服务	仅包括体育用品、体育旅游、体育文化等各类体育博览、展览或展会以及体育博物馆等服务	7292＊ 8750＊
	085	0850	体育金融与资产管理服务	仅包括体育基金（含体育产业投资基金）管理服务、体育保险服务，体育投资与资产管理、产权交易服务	6713＊ 6740＊ 6812＊ 7212＊
	086	0860	体育科技与知识产权服务	仅包括体育人文社会科学、运动医学、体育工程等研究与技术服务，体育知识产权相关服务（如体育著作权、体育无形资产评估等服务）	7350＊ 7340＊ 7250＊

续上表

代码			名称	说明	行业分类代码
大类	中类	小类			
	087	0870	其他未列明与体育相关的服务	仅包括体育设施工程管理与勘察设计服务，专业化体育用品、服装、动漫及衍生产品的设计活动，体育场所清洁服务	7481＊ 7482＊ 7491＊ 8111＊ 8119＊
09			体育用品及相关产品制造		
	091		体育用品制造		
		0911	球类制造		2441
		0912	体育器材及配件制造		2442
		0913	训练健身器材制造		2443
		0914	运动防护用具制造		2444
		0915	其他体育用品制造		2449
	092	0920	运动车、船、航空器等设备制造	仅包括运动船艇制造、运动航空器制造、运动休闲车及配件制造（含越野车、运动跑车、赛车、高尔夫球车、休闲雪地车、沙滩车、滑板车、卡丁车等）、潜水设备制造	3733＊ 3749＊ 3761＊ 3770＊ 3620＊ 3650＊ 3791＊
	093	0930	特殊体育器械及配件制造	仅包括武术器械和用品，运动用枪械、运动枪械用弹，可穿戴运动监测装备，体育场馆用显示屏、计时记分系统等设备制造；卡丁车场、赛车场（含汽车和摩托车）等用显示器、计时记分设备，以及飞行用风向标、测风仪制造；无线电测向、导航、定向用电子打卡计时设备及运动轨迹实时监控系统等制造	3329＊ 3399＊ 4030＊ 3891＊ 4022＊ 4023＊

续上表

代码 大类	代码 中类	代码 小类	名 称	说 明	行业分类代码
	094		体育服装鞋帽制造		
		0941	运动服装制造	仅包括田径服、球类运动服、水上运动服（含泳装）、举重服、摔跤服、体操服、体育舞蹈服、击剑服、赛车服、航空运动服、登山和户外运动服、冰雪运动服、领奖服、体育礼服等服装及其相关服饰制造	1810＊ 1820＊ 1830＊
		0942	运动鞋帽制造	仅包括纺织面运动鞋、运动皮鞋、运动用布面胶鞋、运动用塑料鞋靴及其他运动鞋制造，运动帽、游泳帽制造	1951＊ 1952＊ 1953＊ 1954＊ 2929＊
	095	0950	体育游艺娱乐用品设备制造	仅包括台球器材及配件、沙狐球桌及其配套器材、桌式足球器材及配件、棋类娱乐用品、牌类娱乐用品、专供游戏家具式桌子制造，带动力装置仿真运动模型及其附件制造，保龄球设备及器材制造	2462＊ 2450＊
	096	0960	其他体育用品及相关产品制造	仅包括运动饮料、运动营养品生产，按摩器材、户外帐篷制造，人造运动草坪、运动地板、运动地胶、体育场馆看台座椅、移动游泳池等制造	3856＊ 1529＊ 1784＊ 2140＊ 1491＊ 1492＊ 2033＊ 2437＊ 2919＊
10			体育用品及相关产品销售、贸易代理与出租		

续上表

代码			名 称	说 明	行业分类代码
大类	中类	小类			
	101		体育及相关产品销售		
		1011	体育用品销售		5142 5242
		1012	运动服装销售	仅包括运动服装批发和运动及休闲服装专门销售服务	5132 * 5232 *
		1013	运动鞋帽销售	仅包括运动鞋帽批发、零售服务	5133 * 5233 *
		1014	运动饮料营养品销售	仅包括运动饮料、营养品批发、零售服务	5126 * 5127 * 5225 * 5226 *
		1015	体育出版物销售	仅包括体育书籍、期刊、报纸、音像、电子出版物销售服务	5143 * 5144 * 5145 * 5243 * 5244 *
		1016	其他体育用品及相关产品销售	仅包括人造运动草坪、运动地板、运动地胶等运动地面设施销售服务，台球、飞镖、沙狐球以及游艺娱乐用品等其他体育用品批发和零售服务	5169 * 5165 * 5286 * 5149 * 5249 *
		1017	体育用品及相关产品综合销售	仅包括百货、超市销售的体育及相关产品零售服务	5211 * 5212 *
		1018	体育用品及相关产品互联网销售	仅包括体育用品及相关产品的互联网零售服务，体育电子商务服务	5294 *
	102	1020	体育设备出租	仅包括其他体育设备及器材出租服务	7121 *

续上表

代码			名称	说明	行业分类代码
大类	中类	小类			
	103	1030	体育用品及相关产品贸易代理	仅包括体育用品及相关产品贸易经纪与代理活动	5189* 5181*
11			体育场地设施建设		
	111	1110	室内体育场地设施建设	仅包括体育馆工程服务、体育及休闲健身用房屋建设活动，室内运动地面（如足球场、篮球场、网球场等）以及室内滑冰、游泳设施（含可拼装设施）的安装施工活动	4700* 5010*
	112	1120	室外体育场地设施建设	仅包括室外田径场、篮球场、足球场、网球场、高尔夫球场、跑马场、赛车场、卡丁车赛场以及室外全民体育健身工程（含健身路径、健身步道等）设施等室外场地设施的工程施工活动	4890*

注：本分类建立了与《国民经济行业分类》的对应关系。在国民经济行业分类中，一个行业类别仅部分活动属于一个体育产业类别的，行业代码用"*"做标记；一个行业类别属于两个以上体育产业类别的，行业代码用"**"做标记。

二、我国体育产业发展历史阶段

关于我国体育产业发展历史分期问题，学者们早有讨论，基本的观点是我国体育产业的发展始于十一届三中全会，并随着我国经济建设改革的不断深入而得到逐步发展。

（一）初始阶段（1978—1991）

1978年十一届三中全会的召开使我国经济发展掀开全新的一页，改革开放的重大决策促使着我国各个经济领域都在悄然发生变化。在体育领域，虽然计划经济仍旧是当时经济管理体制的主流，体育的行政管理和行政干预仍旧是当时体育运行的主要方式，但是，一些有关体育商业化、市场化的初步尝试已经开始。1984年10月，中共中央发出《关于进一步发展体育运动的通知》，在充分肯定了中华人民共和国成立以来体育事业取得的巨大成绩及其在振奋民族精神等方面发挥的突出作用的同时，明确指出体育场馆要讲究经济效益，积极创造条件实行多种经营，逐步转变为企业、半企业性质的单位。1986年国家体委制定并发布的《关于体育体制改革的决定（草案）》指出：要理顺、协调体委与有关方面和体育团体的关系，调整改革体委机构，建立运转灵活、高效率的办事机构；恢复发展行业体协，鼓励有条件的行业、基层和其他集体试办体育俱乐部。这些政策表述，实际上已经触碰到了体育市场化的基础性问题，并且促使上海虹口体育场、南京五台山体育中心、广州白云足球队、万宝路广州网球精英赛等体育经济实体的不断涌现。

（二）成长阶段（1993—2000）

1992年党的十四大顺利召开，明确提出"我国经济体制改革的目标是建立社会主义市场经济体制"。在这样的大背景下，我国体育商业化、产业化进入了快速成长期。1992年国家体委召开了研讨体育体制改革中山会议，随后发布了《关于深化体育改革的决定》，提出了"建立与社会主义市场经济相适应的，符合现代体育运动规律，国家调控，依托社会，又自我发展活力的体育体制和良性循环的运行机制，形成国家办和社会办相结合、集中与分散相结合的格局"的改革总目标，并将体育产业问题作为深化体育体制改革的一个重要问题提上议事日程。1993年全国体委主任会议制定了《关于培育体育市场，加快体育产业化进程的意见》，确立了体育要"面向市场，走向市场，以产业化为方向"的基本思路。1995年国家体委发布了《体育产业发展纲要（1995—2010年）》，指出我国体育产业的3个类别，即体育主体产业、体育相关产业和体办产业。在政策推动下，20世纪90年代中期，我国的体育广告业、体育建筑业、体育博彩业、体育旅游业和体育用品业等具体行业逐步得到发展。

（三）提升阶段（2001—2013）

2001年7月13日，万众瞩目的2008年奥运会举办城市终于在莫斯科国际奥委会第112次全会中揭晓，时任国际奥委会主席的萨马兰奇宣布北京在5个2008年奥运会申办城市中脱颖而出，夺得2008年奥运会举办权，这为我国体育产业的发展创造了前所未有的机遇，我国体育产业进入提升阶段。2006年全国体育及相关产业从业人员为256.30万人，实现增加值982.89亿元，占当年GDP的0.46%；2007年全国体育及相关产业从业人员为283.74万人，实现增加值1265.23亿元，占当年GDP的0.49%，按可比价比2006年增长22.83%；2008年全国体育及相关产业从业人员为317.09万人，实现增加值1554.97亿元，占当年GDP的0.52%，按可比价比2007年增长

16.05%。2007 年全国体育及相关产业各领域增加值的构成为体育用品、服装鞋帽制造占 70.98%，体育用品、服装鞋帽销售占 8.82%，体育组织管理活动占 7.06%，体育健身休闲活动占 4.65%，体育场馆建筑占 3.53%，体育彩票占 2.34%，体育场馆管理活动占 1.82%，体育培训活动占 0.63%，体育中介活动占 0.24%。① 通过上述统计数据，不难看出，这一阶段，我国体育及相关产业从业人员数量和体育及相关产业增加值占 GDP 比重逐年增加，体育产业已经成为我国国民经济新的增长点；但与此同时还需看到，这个时期我国体育产业产值的增加主要集中在体育用品制造、销售和体育场馆建筑上，而最具"体育"特征的体育服务业仍处于较低的发展水平上。

（四）全面发展阶段（2014 年至今）

2014 年 10 月，国务院发布了《关于加快发展体育产业促进体育消费的若干意见》。这一具有标志性的政策文件的发布，意味着我国体育产业进入了全面发展阶段。人们所熟知的资本大鳄万达、阿里、腾讯等大量社会资本由于政策的支持而进入体育产业，体育市场化步伐加快，商业价值凸显，体育创业氛围浓郁。2014 年，阿里向广州恒大俱乐部注资 12 亿元，成为恒大的第二大股东，并于 2015 年 9 月成立了阿里体育集团；2015 年 1 月起，万达先后收购了西甲马竞俱乐部、盈方体育集团的股份，并全资收购了拥有 Ironman 铁人三项赛事的世界铁人公司（WTC），仅仅 8 个月就豪掷 17 亿欧元（约合 116 亿元人民币）布局体育产业，同时，万达体育也于 2015 年 12 月正式成立；2015 年 1 月 30 日，腾讯同 NBA 公司共同宣布，双方签订一份为期 5 年的合作协议，腾讯付出的代价是 5 年 5 亿美元（约 31 亿元人民币）拥有了大陆地区 NBA 独家的网络播放权。资本的跃跃欲试给体育产业带来了活力，而国家体育总局取消赛事审批权、中国足协进行的体制机制改革等则为体育产业的发展逐步扫清制度障碍。这一阶段最大的特点就是，体育产业的发展不再只是蜻蜓点水，而是长驱直入，作为体育产业核心的体育赛事成为产业发展的翘楚，从而形成了围绕着体育赛事展开的体育产业全面发展的局面。

---

① 国家体育总局经济司：《2006—2008 全国体育及相关产业统计公报》，http://www.sport.gov.cn/n16/n1077/n1467/n1513017/n1514290/1517921.html，访问日期：2016 年 11 月 27 日。

第二节 体育产业政策

一、我国体育产业政策概述

体育产业政策是指国家为实现一定历史时期的体育产业路线而制订的行动准则。它是国家干预体育产业发展的一种经济政策,也是国家宏观领导、调控、优化和监督体育产业的发展和运行的重要依据和手段。[①] 如前所述,改革开放以来,随着我国经济体制改革的不断深化,推动体育产业商业化、市场化、产业化的政策文件逐步被颁发推行。这些政策为我国体育产业发展指明了方向,规划了路径,注入了活力。可以说,我国体育产业的每一步发展,无不有赖于政策的推动,这些政策中既有统摄全局、大处着眼指导体育产业发展的宏观政策,也有关注局部、从小处着手引领体育产业中某一具体产业门类发展的微观政策。

延伸阅读 >>>

重要体育产业政策列表(1978—2016 年)

发布时间	发布机构	政策名称
1984 年	中共中央	《关于进一步发展体育运动的通知》
1986 年	国家体委	《关于体育体制改革的决定(草案)》
1992 年	国家体委	《关于深化体育改革的决定》
1995 年	国家体委	《体育产业发展纲要(1995—2010 年)》
1999 年	国家体育总局	《关于加快体育俱乐部发展和加强体育俱乐部管理的意见》
2000 年	国务院	《2001—2010 年体育改革与发展纲要》
2006 年	国家体育总局	《体育事业"十一五"规划》
2010 年	国务院办公厅	《关于加快发展体育产业的指导意见》

---

① 赵炳璞等:《体育产业政策体系研究》,载《体育科学》1997 年第 17 卷第 4 期,第 1~7 页。

续上表

发布时间	发布机构	政策名称
2011 年	国家体育总局	《体育产业"十二五"规划》
2012 年	国家体育总局	《关于鼓励和引导民间资本投资体育产业的实施意见》
2014 年	国务院	《关于加快发展体育产业促进体育消费的若干意见》
2015 年	国务院办公厅	《中国足球改革发展总体方案》
2016 年	国家体育总局	《体育产业"十三五"规划》
2016 年	国家体育总局 国家旅游局	《关于大力发展体育旅游的指导意见》

二、我国体育产业宏观政策

梳理我国针对体育产业发布的众多宏观政策，2014 年国务院发布的《关于加快发展体育产业促进体育消费的若干意见》和 2016 年国家体育总局发布的《体育产业"十三五"规划》是代表性的两个政策文件。

（一）《关于加快发展体育产业促进体育消费的若干意见》

2014 年 9 月，李克强总理在国务院常务会议上做出了亟需深化体育产业改革的重要指示。2014 年 10 月，国务院发布了《关于加快发展体育产业促进体育消费的若干意见》（简称"46 号文件"）。46 号文件自其发布之日起就引起了巨大的反响，被有些媒体誉为"中国体育产业的春天来了"[①]。究其原因，主要是 46 号文件实际上为我国体育产业改革和发展绘制了总蓝图，将体育产业提升到了国家战略的高度，是中国体育产业发展进程中具有里程碑意义的政策文本。

1. 确立了未来我国体育产业的发展目标

46 号文件明确提出了未来我国体育产业的发展目标：到 2025 年，基本建立布局合理、功能完善、门类齐全的体育产业体系，体育产品和服务更加丰富，市场机制不断完善，消费需求愈加旺盛，对其他产业的带动作用明显提升，体育产业总规模超过 5 万亿元，成为推动经济社会持续发展的重要力量。具体来说，首先，要完善产业体系。要使健身休闲、竞赛表演、场馆服务、中介培训、体育用品制造与销售等体育产业各门类协同发展，从而丰富产业组织形态和集聚模式。要使产业结构更加合理，促使体育服务业在体育

---

① 《春天来了！中国体育产业历史性的突破——46 号文》，http://sports.sina.com.cn/others/others/2016-05-06/doc-ifxryhhi8438307.shtml，访问日期：2016 年 11 月 27 日。

产业中的比重显著提升，体育产品和服务层次更加多样，供给充足。其次，要优化产业环境。要使体育产业的体制机制充满活力，相关的政策法规体系更加健全，标准体系科学完善，监管机制规范高效，市场主体诚信自律。最后，要坚实产业基础。努力实现人均体育场地面积达到2平方米，群众体育健身和消费意识显著增强，人均体育消费支出明显提高，经常参加体育锻炼的人数达到5亿，体育公共服务基本覆盖全民。

2. 提出了实现体育产业发展目标需要完成的主要任务

通过进一步转变政府职能、推进职业体育改革、创新体育场馆运营机制，完成体制机制创新的任务；通过鼓励社会力量参与体育产业、引导体育企业做强做精，完成培育体育市场多元主体的任务；通过优化产业布局、改善产业结构、抓好潜力产业，完成改善产业布局和结构的任务；通过积极拓展业态、促进康体结合、鼓励交互融通，完成促进体育产业与相关产业的融合发展的任务；通过完善体育设施、发展健身休闲项目、丰富体育赛事活动，完成使体育市场供给更加充足和多样的任务；通过鼓励日常健身活动、推动场馆设施开发利用、加强体育文化宣传，完成营造良好健身氛围的任务。

3. 明确了切实有效的政策保障措施

通过鼓励境内资本和境外资本进入体育产业领域、拓宽投融资渠道、设立体育产业投资基金、体育发展专项基金、开发多样化体育保险产品等措施为体育产业发展提供资金保障；通过将全民健身经费纳入各级政府财政预算、安排一定比例体育彩票公益金等财政资金和政府购买服务等多种方式为群众健身消费提供资金保障；通过各种税收优惠措施，为体育企业的发展提供税费减免支持，降低企业运营成本；通过将体育设施用地纳入城乡规划、土地利用总体规划和年度用地计划，为全民健身提供空间保障；通过鼓励有条件的高等院校设立体育产业专业、建立体育产业研究智库等措施，为体育产业发展提供人才保障，通过完善无形资产开发保护和创新驱动等措施，为体育产业发展提供源动力；通过建立体育产业资源交易平台、按市场原则确立体育赛事转播收益分配机制等为体育产业发展建立公平和合理的收益分配机制。

（二）《体育产业"十三五"规划》

早在46号文件出台之时，就有专家表示，需要尽快制定并出台与46号文件相适应的细则，以便46号文件确定的各项方针政策可以得到有效的落实。2016年7月，国家体育总局正式发布《体育产业"十三五"规划》（以下简称《规划》），对46号文件所确立的我国体育产业发展的方向性问题进行了细化。《规划》在充分回顾和肯定了"十二五"期间我国体育产业发展成绩的基础上,全面分析了我国当前和今后一段时间体育产业发展中所存在的问题,对"十三五"期间我国体育产业的发展目标、主要任务、重点行业和主要措施等四大方面做了科学系统的描述和部署。

1. 发展目标

《规划》提出要在"十三五"期间实现如下目标:体育产业总规模超过3万亿元,从业人员数超过600万人;体育产业对国民经济的综合贡献率明显提升,产业增加值在国内生产总值中的比重达1.0%;体育服务业增加值占比超过30%;建设50个国家体育产业示范基地、100个国家体育产业示范单位、100个国家体育产业示范项目;人均体育场地面积超过1.8平方米;体育消费额占人均居民可支配收入比例超过2.5%。

2. 主要任务

《规划》提出优化市场环境、培育多元主体、提升产业能级、扩大社会供给、引导体育消费等五项主要任务。具体而言,就是通过完善市场体系、激发市场活力、打造服务平台来优化体育产业市场环境;通过培育骨干企业、扶持中小微企业、培育体育社会组织来实现体育产业多元主体的格局状态;通过调整产业机构、完善产业布局、加强示范引领、促进融合发展来提升体育产业能级;通过加强场地设施建设、丰富体育产品市场、积极推动"互联网+体育"来实现扩大体育产业社会供给;通过深挖消费潜力、完善消费政策来引导体育产业消费。

3. 重点行业

健全体育产业体系与优化体育产业结构,一直是体育产业发展中的重中之重。《规划》认为,当前,我国体育产业体系日益健全,结构明显优化。体育产业初步形成了以竞赛表演和健身休闲为驱动,体育用品为支撑,体育场馆、体育培训、体育中介、体育传媒等业态快速发展的良好态势。体育与科技、文化、传媒、健康、养老、旅游等相关行业日益融合。体育用品业稳定增长,体育服务业比重逐步提升,体育产业呈现出多种经济成分并存,非公有制经济占据主体的格局。在此背景下,《规划》增加了"重点行业"这一部分,有针对性地描述了竞赛表演业、健身休闲业、场馆服务业、体育中介业、体育培训业、体育传媒业、体育用品业、体育彩票业等体育产业各重点领域的定位和发展内容。

4. 主要措施

《规划》明确了实现目标和完成主要任务的具体措施:

(1)推广"所有权属于国有,经营权属于公司"的分离改革模式,落实《行业协会商会与行政机关脱钩总体方案》,鼓励发展职业联盟,从而深化体育产业体制改革，增强体育产业发展活力。

（2）切实落实现行国家支持体育产业发展的税费价格、规划布局与土地政策，研究推进体育产业发展的各项政策措施，完善体育产业政策体系。

（3）鼓励有条件的省市设立体育产业引导资金，鼓励各地政府引导设立地方体育产业投资基金，创新中央转移支付资金支持方向、优化资金支持项目，加大财政金融支持，推广运用政府和社会资本合作模式（PPP），支持符合条件的企业上市、发行企业债券，吸引社会投资。

（4）落实《全国体育人才发展规划（2010—2020年）》，鼓励校企合作，培养各类体育经营策划、运营管理、技能操作等专业应用型人才，同时，建立国家体育产业智库体系，强化智力支撑。

（5）完善体育产业相关法律法规，结合《中华人民共和国体育法》修订，完善其中体育产业的内容。加强体育产业行业协会建设，充分发挥行业协会在体育产业发展中的作用。

（6）要求各级政府建立体育、发展改革、财政等多部门合作的体育产业发展工作协调机制，及时分析解决体育产业发展的情况和问题，加强组织领导，确保"十三五"体育产业规划的顺利实施。

三、我国体育产业微观政策

（一）足球产业政策

足球赛事是最为典型的体育竞赛表演类体育产品，无论是在国外还是在国内，足球产业都是体育产业中的重头戏。在我国，足球是产业化改革试点最早的体育项目。1994年4月，万宝路全国足球甲级联赛揭幕，甲A与甲B共有24个俱乐部参加，标志着我国职业足球俱乐部正式开始市场化运作。近年来，随着我国有关足球产业方面的政策利好不断兑现，足球产业对资本的吸引力也越来越强，各方资本相继进入该领域。

2012年2月，中国足协发布了《中国足球职业联赛管办分离改革方案（试行）》，希望通过深化职业联赛管办分离的改革，充分地尊重参与职业联赛各主体的地位，发挥各主体的作用。改革方案使行政决策权力得到了必要和有效的监督与制约，弱化了行政干预，使职业联赛的商务运作机制更加透明。

2015年3月，国务院办公厅发布了《中国足球改革发展总体方案》，内容包括改革中国足协、完善职业足球俱乐部建设和运营模式、改进完善足球竞赛体系和职业联赛体制、推进校园足球发展等。

2016年4月，由国家发展改革委、国务院足球改革发展部际联席会议办公室（中国足球协会）、体育总局、教育部共同编制的《中国足球中长期发展规划（2016—2050年）》向社会发布，这标志着中国足球史上首次有了一部时间段明确的长远发展规划。《中国足球中长期发展规划（2016—2050年）》将制度构建、壮大足球产业、人才培养乃至规划用地、税收优惠等政策一并纳入，其中在明确足球作为全民健身的重要事业、国民经济的重要产业、体育强国的重要基石、民族精神的重要载体思想战略地位的同时，分三阶段提出了近、中、远期目标：一是近期目标（2016—2020），努力实现中国足球保基本、强基层、打基础的发展目标；二是中期目标（2021—2030），奋力实现中国足球动力更足、活力更强、影响力更大，跻身世界强队的发展目标；三是远期目标（2031—2050），全力实现足球一流强国的目标，中国足球实现全面发展，共圆中华儿女的足球梦想，为世界足球运动做出应有贡献。

2016年5月，国家发展改革委、国务院足球改革发展部际联席会议办公室（中国足球协会）、体育总局、教育部联合印发了《全国足球场地设施建设规划（2016—2020年）》，提出，到2020年，全国足球场地数量超过7万块，平均每万人拥有足球场地达到0.5块以上，有条件的地区达到0.7块以上。坚持因地制宜，逐步完善，充分利用现有条件，每个中小学足球特色学校均建有1块以上足球场地，有条件的高等院校均建有1块以上标准足球场地，其他学校创造条件建设适宜的足球场地。

延伸阅读 >>>

中国足协改革

1995年1月，中国足球运动管理中心成立，这是当时国家体委体育改革的措施之一，此后，中国足协和足管中心形成了"两块牌子、一套人马"的组织架构。伴随着我国足球产业市场化的不断深入，尤其是我国体育产业改革的扎实推进，足球运动的主管部门集行政、事业、社团、企业职能于一身的管理体制显然无法适应足球运动的产业化发展的需要。2015年8月，国务院足球改革发展部际联席会议办公室印发了《中国足球协会调整改革方案》，拉开了足协改革的序幕。2016年2月，中央机构编制委员会正式通知国家体育总局，其提出的"撤销国家体育总局足球运动管理中心"的申请已经获得通过，中国足协今后将以独立社团法人的身份运营、管理中国足球事务。"国家体育总局足球管理中心"被撤销标志着中国足球深化改革工作又迈出了积极而坚实的一步。

（二）健身休闲产业政策

随着我国体育管理体制的变革不断走向深入，传统意义上的"举国体制""锦标主义""金牌主义"被放到新的视角下进行了全新的思考。通过在奥运会等重大体育赛事获得好的成绩来提升国家国际形象、凝聚民族向心力、推动体育运动发展固然重要，但是，从体育大国向体育强国迈进的过程中，整体国民的身体素质、体育锻炼习惯、体育人口数量等指标亦是不容忽视的问题，因此，46号文件已经将全民健身提升到了国家战略的高度。健身休闲产业在全民健身中扮演着举足轻重的角色，与之相关的重要政策文件在2016年被集中发布出来。

2016年10月25日，中共中央、国务院印发了《"健康中国2030"规划纲要》，其中，第十九章明确提出积极发展健身休闲运动产业，指出，要进一步优化市场环境，培育多元主体，引导社会力量参与健身休闲设施建设运营；推动体育项目协会改革和体育场馆资源所有权、经营权分离改革，加快开放体育资源，创新健身休闲运动项目推广普及方式，进一步健全政府购买体育公共服务的体制机制，打造健身休闲综合服务体；鼓励发展多种形式的体育健身俱乐部，丰富业余体育赛事，积极培育冰雪、山地、水上、汽摩、航空、极限、马术等具有消费引领特征的时尚休闲运动项目，打造具有区域特色的健身休闲示范区、健身休闲产业带。

同一天，国务院办公厅发布《关于加快发展健身休闲产业的指导意见》，明确指出，健身休闲产业是以体育运动为载体、以参与体验为主要形式、以促进身心健康为目的，向大众提供相关产品和服务的一系列经济活动，涵盖健身休闲相关服务、健身休闲设施建设、健身休闲器材装备制造等产业门类，与旅游、健康、养老等生活性服务业具有较强的关联性，经济带动作用明显，发展潜力巨大。健身休闲产业是社会公众参与体育最直接的领域，是体育产业的核心和基础，是体育全面发展的重要动力。在明确了发展健身休闲体育产业的指导思想、基本原则、发展目标的基础上，分别就如何完善健身休闲服务体系、如何培育健身休闲市场主体、如何加强健身休闲设施建设、如何改善健身休闲消费环境等问题提出了详细的、具有可操作性的政策指引。

随后，国家体育总局按照国务院要求研究制定了与《关于加快发展健身休闲产业的指导意见》相配套的系列运动产业发展规划，及时与各相关部门联合印发了《冰雪运动发展规划（2016—2025年）》《全国冰雪场地设施建设规划（2016—2022年）》《水上运动产业发展规划》《航空运动产业发展规划》《山地户外运动产业发展规划》等一系列政策文件，有效地完善了我国健身休闲产业政策体系。

（三）体育旅游产业政策

体育旅游是体育产业和旅游产业深度融合的新兴产业形态，是以体育运动为核心，以现场观赛、参与体验及参观游览为主要形式，以满足健康娱乐、旅游休闲为目的，向大众提供相关产品和服务的一系列经济活动，涉及健身休闲、竞赛表演、装备制造、设施建设等业态。为深入贯彻落实《国务院办公厅关于加快发展健身休闲产业的指导意见》（国办发〔2016〕77号）和《国务院办公厅关于进一步扩大旅游文化体育健康养老教育培训等领域消费的意见》（国办发〔2016〕85号），大力发展体育旅游，2016年12月22日，国家体育总局和国家旅游局联合发布了《关于大力发展体育旅游的指导意见》。

1. 指导思想

全面贯彻落实党的十八大和十八届三中、四中、五中、六中全会精神，按照党中央、国务院决策部署，坚持"四个全面"战略布局，牢固树立创新、协调、绿色、开放、共享的发展理念，充分挖掘和发挥我国体育旅游资源优势，推进旅游与体育的深度融合，培育和壮大体育旅游企业集群，构建我国体育旅游产业体系和品牌，把体育旅游培育成国民经济新的增长点，不断满足人民群众多层次多样化健身运动和旅游休闲需求，为全面建成小康社会和"健康中国"做出更大的贡献。

2. 基本原则

（1）市场主导，政府扶持。充分发挥市场在资源配置中的决定性作用，加大政府扶持力度，激发社会活力和企业动力，建立和完善体育旅游产业体系。

（2）消费引领，培育主体。以满足人民群众日益增长的体育旅游休闲需求为宗旨，培育壮大体育旅游企业主体，加快体育旅游的供给侧结构性改革，不断完善体育旅游配套设施，提高体育旅游服务水平。

（3）强化特色，打造品牌。开发具有地域特色和产业特点的体育旅游产品和项目，加大体育旅游宣传推广和市场开拓，打造体育旅游品牌，扩大我国体育旅游在国际上的影响力和知名度。

（4）加强监管，规范发展。加强体育旅游市场管理和监督，推进体育旅游服务标准化和专业化。加强国际合作和交流，学习国际先进体育旅游理念和方法，提升我国体育旅游服务的现代化、专业化和国际化水平。

3. 发展目标

体育旅游基础设施和配套服务设施不断完善，发展环境进一步优化，基本形成结构合理、门类齐全、功能完善的体育旅游产业体系和产品体系。到

2020年，在全国建成100个具有重要影响力的体育旅游目的地，建成100家国家级体育旅游示范基地，推出100项体育旅游精品赛事，打造100条体育旅游精品线路，培育100家具有较高知名度和市场竞争力的体育旅游企业与知名品牌，体育旅游总人数达到10亿人次，占旅游总人数的15%，体育旅游总消费规模突破1万亿元。

4. 重点任务

（1）引领健身休闲旅游发展。以群众基础、市场发育较好的户外运动旅游为突破口，重点发展冰雪运动旅游、山地户外旅游、水上运动旅游、汽车摩托车旅游、航空运动旅游、健身气功养生旅游等体育旅游新产品、新业态。加强体育旅游与文化、教育、健康、养老、农业、水利、林业、通用航空等产业的融合发展，培育一批复合型、特色化体育旅游产品。

完善空间布局，优先推动重点区域体育旅游发展，打造一批具有重要影响力的体育旅游目的地。强化示范引领，从设施建设和服务规范入手，制定体育旅游示范基地标准，规划建设一批"国家级体育旅游示范基地"。

培育一批以体育运动为特色的国家级旅游度假区和精品旅游景区。积极推动各类体育场馆设施、运动训练基地提供体育旅游服务。鼓励企业整合资源，突出特色，建设体育主题酒店。

（2）培育赛事活动旅游市场。支持各地举办各级各类体育赛事，丰富赛事活动供给，打造赛事活动品牌，盘活体育场馆设施，提升配套服务水平，重点发展足球、篮球、排球、乒乓球、羽毛球等市场化程度高的职业体育赛事和滑雪、马拉松、自行车、山地户外、武术等市场基础好的群众性体育赛事活动，促进体育赛事与旅游活动紧密结合。

引导旅游企业推广体育赛事旅游，鼓励旅行社结合国内体育赛事活动设计开发体育旅游特色产品和精品线路。支持发展具有地方特色、民族风情特色的传统体育活动，推动特色体育活动与区域旅游项目设计开发、体育文化保护传承和民族地区的体育旅游扶贫相结合，打造具有地域和民族特色的体育旅游活动，分期分批推出"全国重点体育旅游节庆名录"。

（3）培育体育旅游市场主体。扶持特色体育旅游企业，鼓励发展专业体育旅游经营机构。推动优势体育旅游企业实施跨地区、跨行业、跨所有制兼并重组，打造跨界融合的产业集团和产业联盟。支持具有自主知识产权、民族品牌的体育旅游企业做大做强。

加快"引进来和走出去"的步伐，培育骨干体育旅游企业。鼓励利用场地设施、专业人才组建体育旅游企业，开展体育旅游业务。推进连锁、联合和集团化经营，实现体育旅游企业规模化、集团化、网络化发展。

在合法合规的前提下，鼓励成立单项体育旅游组织和团体，引导各类体育俱乐部规范、有序、健康发展，培育一批具有较高知名度和市场竞争力的体育旅游企业与知名品牌。加强体育旅游行业协会建设，搭建政府与企业沟通渠道。

（4）提升体育旅游装备制造水平。鼓励企业加强自主研发设计能力，不断提升建造品质，以满足大众体育旅游消费需求为主导，以冰雪运动、山地户外、水上运动、汽车摩托车运动、航空运动等户外运动为重点，着力开发市场需求大、适应性强的体育旅游、健身休闲器材装备。鼓励发展邮轮、游艇、房车等配套材料、设备及零部件制造，形成较为完善的配套产业体系。

深化体育旅游装备相关标准规范研究，进一步健全完善设计建造标准规范体系。优化产业布局，支持国内优势企业开展国内外并购与合资合作，提升产业集中度，鼓励和引导地方发展一批以装备制造为主的国家体育旅游产业集聚区。鼓励器材装备制造企业向服务业延伸发展，培育形成一批体育旅游自主品牌和骨干企业。

（5）加强体育旅游公共服务设施建设。体育产业和旅游产业基础设施建设要向体育旅游倾斜，推动各地加大对体育旅游公共服务设施的投入。鼓励各地将体育旅游与市民休闲结合起来，建设一批休闲绿道、自行车道、登山步道等体育旅游公共设施。

鼓励和引导旅游景区、旅游度假区、乡村旅游区等根据自身特点，以冰雪乐园、山地户外营地、自驾车房车营地、运动船艇码头、航空飞行营地为重点，建设特色健身休闲设施。

加快体育旅游景区的游客集散中心、公厕、标示标牌、停车场等公共服务设施建设。推进体育旅游公共服务平台建设，充分利用旅游咨询、集散等体系为体育旅游项目提供信息咨询、线路设计、交通集散、赛事订票等服务。积极推动体育旅游保险。

5. 保障措施

（1）完善工作机制。建立旅游部门与体育部门的紧密工作机制，加强对体育旅游工作的领导，协调和制定关于推进体育旅游发展的相关政策，争取相关项目资金支持，研究部署重大活动和工作措施。

各级旅游和体育部门要建立相应的工作机制，加强合作，共同推进体育旅游产业的持续健康发展。规范休闲绿道、自行车道、登山步道及相关营地、码头等设施的建设标准，探索建立体育旅游统计制度和行业监测机制。加强对体育旅游项目的市场监督和安全管理，健全体育旅游安全防范、风险预警、紧急救援体系。

（2）加大政策保障。用足用好国家和各地支持旅游产业、体育产业发展的优惠政策。协调争取在用地用林、基础设施配套建设、税费优惠等方面的政策，加大对体育旅游项目的支持力度。

各级旅游发展专项资金、体育产业引导资金对符合条件的体育旅游项目给予优先支持，对经营效益好、示范带动作用明显的项目在扶持资金安排上给予倾斜。

分级负责，建立国家、省、市三级体育旅游项目库。编制"国家体育旅游重点项目名录"，充分发挥重大体育旅游项目的引领带动作用。

（3）完善投融资机制。鼓励引导社会资本以投资、参股、控股、并购等方式参与体育旅游产品开发和项目建设。鼓励金融机构按照风险可控、商业可持续原则加大对体育旅游企业的金融支持。

鼓励发展体育旅游投资项目资产证券化产品，支持地方探索项目产权与经营权交易平台建设。积极引导预期收益好、品牌认可度高的体育旅游企业探索通过相关收费权、经营权抵（质）押等方式融资筹资。

鼓励和支持社会各类资本参与体育场馆、体育旅游重大项目建设。加强与金融机构的合作，加大对体育旅游重点项目的支持。鼓励社会资本以市场化方式设立体育旅游产业基金。协调金融机构加大对大型运动休闲装备出口的信贷支持，鼓励体育旅游装备出口。

（4）加大宣传推广。鼓励和支持各地旅游、体育部门采用多种形式加强宣传，引导社会各界支持体育旅游产业的发展。以健身休闲运动、体育赛事活动、民族体育项目等为重点，加大体育旅游的国际宣传推广力度。

各级旅游、体育部门要进一步加强与媒体的合作，建立健全统分结合的体育旅游宣传推广体系，积极推动"区域联动、部门联合、企业联手"的体育旅游营销战略。鼓励各地围绕重点体育旅游目的地、精品体育旅游线路、体育旅游产品做好整体形象策划和包装推介，不断创新体育旅游产品宣传形式。

坚持专业化、市场化、国际化和精品化，充实中国体育旅游博览会、中国国际旅游交易会、海峡旅游博览会、中国旅游产业博览会、中国国际旅游商品博览会的体育旅游内容，提升体育旅游产业的展览及交流合作水平。

（5）规范市场秩序。建立健全体育旅游市场经营秩序的联合监管机制，依法开展联合执法和日常监督检查。建立体育旅游市场"红黑榜"，坚决打击欺骗、胁迫旅游者参加计划外自付费项目或强制购物的行为，打击私自收受高额回扣行为。

打击假冒伪劣体育旅游装备用品，打击危害健康和缺乏安全保障的体育旅游产品和非法经营行为，努力形成规范有序、健康文明的体育旅游市场环境。

（6）建立人才培养体系。鼓励和支持各地大力发展体育旅游教育，支持有条件的体育院校和旅游院校设置体育旅游相关专业、在旅游管理专业中增设体育旅游方向或增加相应专业课程，加快培养体育旅游经营管理人才、专业技术人才和服务技能人才。

加强体育旅游从业人员培训，不断提高专业技能和服务水平。鼓励体育旅游企业与体育、旅游类院校合作建立体育旅游实习实训基地。

将体育旅游内容纳入导游培训体系。加强体育旅游产业发展理论和实践研究，鼓励各地组建体育旅游专家库和高技能人才库，引导院校和科研机构为体育旅游提供智力支持。

第三节 体育产业法律

一、我国体育产业法律概述

体育产业法律是指国家有权机关制定的、以国家强制力保证实施的、适用于调整体育产业领域内权利义务关系的法律规范体系，其具体表现形式主要包括法律、法规、规章等。具体来说，包含两大类法律规范：一是我国现有法律体系中所包含的民法、物权法、合同法、侵权责任法、知识产权法等基础性法律中可以适用于体育产业的法律规范；二是专门针对体育产业领域制定的法律规范。

目前，我国体育产业法律体系呈现如下特点。

（一）现行法律在体育产业中的适用存在诸多争论

由于体育赛事是一种新型财产，因此，对于其法律性质的争论一直没有停止，出现了"作品说"和"非作品说"。建立在体育赛事基础上的体育赛事转播权，也因为其法律性质存在"债权说""物权说""知识产权说"等观点，从而导致司法实践中不同法院做出不同判决的情况。

延伸阅读 >>>

体育赛事转播权的不同判例

2010年，体奥动力公司从世界体育集团获得了中国地区独家专有的2010—2012年亚足联赛事在中国境内实况播放权及后续播放权等。2011年1月17日，亚足联亚洲杯举行了中国队对乌兹别克斯坦队的比赛。赛后，在全土豆公司经营管理的"土豆网"体育电视节目中，出现了一名"播客"自行上传的该场比赛视频。体奥动力公司认为此举严重侵权，遂向上海浦东新区法院起诉，称全土豆公司在未经原告授权的情况下擅自对该场比赛进行全场网络播放，要求被告停止侵权，做出道歉，并赔偿经济损失等各项费用共 28 万余元。浦东新区法院审理认为，原告主张被告侵犯其独家播放权缺乏充分证据，不予支持。"体奥动力"不服原判，向上海市第一中级人民法院提起上诉。2013 年 7 月 15 日，上海市第一中级人民法院就体奥动力（北京）体育传播有限公司与上海全土豆网络科技有限公司亚洲杯赛事转播权纠纷上诉案做出终审宣判，认为体育赛事转播权的法律性质尚不明确，体奥动力以此项权利为基础主张涉案视频侵权缺乏法律依据，难以支持。①

2015 年 6 月 30 日，北京市朝阳区人民法院一审认定凤凰网与乐视网以合作方式转播中超赛事的行为，侵犯了北京新浪互联信息服务有限公司对赛事画面作品享有的著作权，判决凤凰网的所有者及运营者北京天盈九州网络技术有限公司停止侵权并赔偿新浪互联公司经济损失 50 万元。② 朝阳区人民法院判决的创新性在于，明确了体育赛事节目属于《著作权法》所保护的作品范围，创新性地判定其属于"画面作品"，并引用《中国足球协会章程》《国际足联章程》等规范性文件，相比以往的判决，这是司法实践的一大进步；但是，其仍旧回避了体育赛事转播权本身这一关键问题。

上述两个案例反映了如下事实：在司法实践中，针对体育赛事转播权的诉讼，出现了对待同一法律事实不同法院不同判决结果的情况。这说明，由于体育赛事转播权在理论上的争议没有得到很好的解决，我国现行法律中也找不到有关体育赛事转播权的相关规定，所有这些也就自然地导致了司法实践中矛盾判决的出现。要解决这一司法实践中存在的问题，就需要从理论上对体育赛事转播权的法律确认问题进行研究，换句话说，由于目前"体育赛事转播权"在我国现行法律中还找不到相应规定，仍旧只是一个事实性的权利，而非法律权利，即仍处于应有权利层面，因此，法院判决时没有相对统一的法律依据，这也就从现实层面再次提出了"体育赛事转播权"这一权利的法律确认问题。

（二）专门针对体育产业领域的立法数量少、效力层级低

目前，我国体育领域唯一的一部具有最高法律效力等级的法律就是《中华人民共和国体育法》。然而，遗憾的是，由于该部法律制定于 1995 年，受当时社会政治经济立法背景的局限，其中并没有太多直接规范体育产业领域的内容。因此，众多学界和业界的专家在谈论这部法律修订问题时，都提议要在未来该法修订时增加有关体育产业法律规范的内容，从而弥补目前我国体育产业法律规范的缺位。同时，亦有必要在条件成熟的时候，制定

---

① 宋宁华、田臻奕：《自认赛事独家播放权被侵"体奥动力"状告"土豆网"——中院驳回原告诉请维持原判》，载《新民晚报》2013 年 7 月 16 日第 10 版。

② 石岩：《凤凰网擅自转播中超联赛》，载《人民法院报》2015 年 7 月 2 日第 3 版。

并颁布《体育产业促进法》,更全面、更有针对性地规范和引导体育产业的有序发展。

延伸阅读 >>>

重要体育产业法规、规章列表

颁布时间	立法机关	法规、规章名称
2002 年	国务院	《奥林匹克标志保护条例》
2006 年	国家体育总局	《关于对国家队运动员商业活动试行合同管理的通知》
2011 年	国家体育总局	《国家体育产业基地管理办法》
2013 年	国家体育总局	《经营高危险性体育项目许可管理办法》
2015 年	国家体育总局	《体育场馆运营管理办法》
2015 年	国家体育总局	《体育赛事管理办法》

二、奥林匹克标志法律保护

奥林匹克标志的知识产权保护并不是一开始就存在的。在奥运会发展早期,由于不是商业化运营,因此,奥林匹克标志的经济价值并没有得到体现,也就不存在奥运会标志的知识产权保护问题。1980 年西班牙人萨马兰奇接任奥委会主席后,进行了一系列大刀阔斧的改革。1984 年的洛杉矶奥运会,担任美国奥组委主席的尤伯罗斯大胆开创了奥运会的商业运作模式,奥运会在当年首次实现真正的盈利,正式将奥运会引入一个全新的经济发展模式,并建立了影响重大的 TOP(The Olympic Programme)计划。奥林匹克标志的经济价值逐渐受到重视,这才使得对奥林匹克标志的保护提上日程。

我国的《商标法》《著作权法》和《专利法》对知识产权的保护作了专门而详细的规定。奥林匹克标志均可以分别得到《商标法》《著作权法》和《专利法》的保护。许多奥林匹克标志可以通过注册商标的形式得到《商标法》的保护。国际奥委会已将奥林匹克五环标志在中国进行了商标注册,第 29 届奥运会组委会也已经将第 29 届奥运会会徽在国内外进行了商标注册;版权方面,奥林匹克格言、会歌、徽记、宣传图片、影视制品等,都可以得到《著作权法》的保护;涉及奥运五环、"北京 2008""奥林匹克"和"奥运"等标志的产品外观也被授予外观设计专利权。

2001 年 7 月 13 日北京奥运会申办成功后,我国不断加强立法工作,加强对奥林匹克标志的保护,保障奥林匹克标志权利人的合法权益,维护奥林匹克运动的尊严,并于 2002 年由国务院颁布了《奥林匹克标志保护条例》。

(一) 奥林匹克标志权的主体

奥林匹克标志权利人是指国际奥林匹克委员会、中国奥林匹克委员会和第 29 届奥林匹克运动会组织委员会。

国际奥林匹克委员会、中国奥林匹克委员会和第 29 届奥林匹克运动会组织委员会之间的权利划分,依照《奥林匹克宪章》和《第 29 届奥林匹克运动会主办城市合同》确定。

(二) 奥林匹克标志权的客体

(1) 国际奥林匹克委员会的奥林匹克五环图案标志、奥林匹克旗、奥林匹克格言、奥林匹克徽记、奥林匹克会歌。

(2) 奥林匹克、奥林匹亚、奥林匹克运动会及其简称等专有名称。

(3) 中国奥林匹克委员会的名称、徽记、标志。

(4) 北京 2008 年奥林匹克运动会申办委员会的名称、徽记、标志。

(5) 第 29 届奥林匹克运动会组织委员会的名称、徽记,第 29 届奥林匹克运动会的吉祥物、会歌、口号,"北京 2008"、第 29 届奥林匹克运动会及其简称等标志。

(6)《奥林匹克宪章》和《第 29 届奥林匹克运动会主办城市合同》中规定的其他与第 29 届奥林匹克运动会有关的标志。

(三) 奥林匹克标志权的内容

1. 专有权

奥林匹克标志权利人对奥林匹克标志享有专有权,具体来说,就是奥林匹克标志权利人对其享有的奥林匹克标志享有独占性使用的权利。

2. 禁止权

奥林匹克标志权利人对奥林匹克标志享有禁止权,具体来说,就是奥林匹克标志权利人禁止他人未经许可使用其享有的奥林匹克标志的权利。

3. 许可使用权

奥林匹克标志权利人对奥林匹克标志享有许可使用权。取得奥林匹克标志权利人许可,为商业目的使用奥林匹克标志的,应当同奥林匹克标志权利人订立使用许可合同。

(1) 使用下列奥林匹克标志的,应当同国际奥林匹克委员会及其授权或者批准的机构订立合同:

1) 国际奥林匹克委员会的奥林匹克五环图案标志、奥林匹克旗、奥林匹克格言、奥林匹克徽记、奥林匹克会歌；

2）奥林匹克、奥林匹亚、奥林匹克运动会及其简称等专有名称。

（2）使用中国奥林匹克委员会的名称、徽记、标志等奥林匹克标志的，应当同中国奥林匹克委员会订立合同。

（3）使用下列奥林匹克标志的，在2008年12月31日以前，应当同第29届奥林匹克运动会组织委员会订立合同，2009年1月1日以后，应当同国际奥林匹克委员会及其授权或者批准的机构订立合同：

1）北京2008年奥林匹克运动会申办委员会的名称、徽记、标志；

2）第29届奥林匹克运动会组织委员会的名称、徽记，第29届奥林匹克运动会的吉祥物、会歌、口号，"北京2008"、第29届奥林匹克运动会及其简称等标志；

3）《奥林匹克宪章》和《第29届奥林匹克运动会主办城市合同》中规定的其他与第29届奥林匹克运动会有关的标志。

奥林匹克标志权利人应当将使用许可合同报国务院工商行政管理部门备案。被许可人只得在合同约定的地域范围、期间内使用奥林匹克标志。

（四）奥林匹克标志权的侵权与救济

1. 奥林匹克标志权侵权行为表现形式

未经奥林匹克标志权利人许可，任何人不得为商业目的（含潜在商业目的）使用奥林匹克标志。为商业目的的使用，是指以营利为目的、以下列方式利用奥林匹克标志：

（1）将奥林匹克标志用于商品、商品包装或者容器以及商品交易文书上。

（2）将奥林匹克标志用于服务项目中。

（3）将奥林匹克标志用于广告宣传、商业展览、营业性演出以及其他商业活动中。

（4）销售、进口、出口含有奥林匹克标志的商品。

（5）制造或者销售奥林匹克标志。

（6）可能使人认为行为人与奥林匹克标志权利人之间有赞助或者其他支持关系而使用奥林匹克标志的其他行为。

延伸阅读 >>>>

埋伏营销行为的概念和特征

埋伏营销行为是指在大型体育赛事举办前和举办期间，与已合法获得排他性权利的赞助商具有竞争关系的非赞助商，以营利为目的，通过隐蔽性方式实施的足够造成公众混淆的侵犯市场竞争秩序的违法行为。

1. 隐蔽性

隐蔽性是法律化的埋伏营销行为的手段特征。比如，通过在体育场馆附近设置广告牌、赞助运动代表团或知名运动员、赞助媒体、利用互联网技术制造超级链接等行为。以2014年在南京举办的青奥会为例，青奥会举办前和举办期间，针对赛事场馆周边户外广告这一极具隐蔽性的埋伏营销行为，南京市工商局广告处主动与青奥会组委会市场部联系，共同商议户外广告临时管控的相关举措，制订了《南京市工商局青奥会广告管理保障工作实施方案》，对控制区域内不符合控制要求的户外广告，由设置人在该通告发布之日起7日内自行转换或向工商行政管理部门申请转换为南京青奥会公益广告或南京青奥会赞助企业广告。隐蔽性特征将直接侵犯奥林匹克标志权的侵权行为排除在埋伏营销行为之外。一方面，从行为的具体表现上看，侵犯奥林匹克标志权的行为往往因为使用或者变相使用了奥林匹克标志而相对容易被发现和认定；另一方面，如前所述，目前有关奥林匹克标志权的相关立法工作已经卓有成效，其本身不存在需要法律化的问题。

2. 违法性

违法性是法律化的埋伏营销行为的本质特征。法律行为是指一定社会主体，依其意志做出的具有法律意义，能够引起法律关系产生、变更和消灭的社会行为。法律行为包括合法行为和违法行为。这一点就将虽然也具有隐蔽性特征、但是还没有"达到最低限度道德"的行为剥离出去。对埋伏营销行为的法律化应限定在有效和必要的范围内。赞助商通过提供赞助费而从赛事举办方获得的排他性权利，本身就具有垄断的特点，因此，一方面，我们需要考虑赞助商的合法利益不受侵犯，但另一方面，也不能够将其他市场主体的任何营销活动均界定为违法，这会造成赞助商排他权的滥用。

3. 竞争性

在大型体育赛事市场活动中，具有排他权的市场主体和被认定实施埋伏营销行为的市场主体之间必须具有竞争关系。因为，只有在二者具有竞争关系情况下，埋伏营销行为本身所侵犯的就不仅仅是市场主体的个体利益，也包含了对市场竞争关系这一公共利益的侵犯，这样才达到了需要法律化的程度。比如，某赞助商与某大型体育赛事举办者签订排他性赞助合同，而该赞助商为通信工具的生产商，那么，一家生产面包的企业的相关营销活动，即使符合其他特征，也不应当被作为埋伏营销行为而受到法律规制。

4. 混淆性

赞助商和非赞助商在体育赛事营销中虽然具有竞争关系，但是，如果非赞助商所实施的营销行为并没有造成公众对赞助商身份的误导和混淆，就不该认定这种行为是具备违法性的埋伏营销行为。

5. 营利性

营利性目的是埋伏营销行为法律化的主观特征。通常情况下，采取埋伏营销行为的市场主体经过周密策划而非随意行动，其营利性目的明显。因此，如果市场主体在主观上不具备营利性，那么应该认为其未构成对经济秩序和商业道德的违反，不应该将其法律化对待。

6. 时间性

在对埋伏营销行为法律化的过程中,时间性是需要考虑的一个特征。众所周知,对于一项大型体育赛事,比如奥运会,往往从举办国获得承办权开始,其市场开发活动就有序进行,而相伴随而来的埋伏营销行为也会越来越多,直到体育赛事举办期间达到顶峰。南京青奥会筹备期间,组委会就在国家工商总局商标局将"青奥"登记为特殊标志,有效期自 2011 年 2 月 15 日至 2015 年 2 月 14 日。借鉴这一实例,可以将时间性作为界定一个埋伏营销行为是否应当被法律化的特征之一,对于体育赛事举办前、举办期间的行为进行法律化考量,而对于体育赛事后的相关行为不再作为法律化的对象。

(赵阳、杨光照:《大型体育赛事埋伏营销法律化的法理分析——以南京青奥会为背景》,载《南京体育学院学报(哲学社会科学版)》2015 年第 1 期)

2. 奥林匹克标志权的侵权救济方式

(1)协商。未经奥林匹克标志权利人许可,为商业目的擅自使用奥林匹克标志,即侵犯奥林匹克标志专有权,引起纠纷的,由当事人协商解决。

(2)行政救济。国务院工商行政管理部门负责全国的奥林匹克标志保护工作。县级以上地方工商行政管理部门负责本行政区域内的奥林匹克标志保护工作。奥林匹克标志权利人应当将奥林匹克标志报国务院工商行政管理部门备案,由国务院工商行政管理部门公告。①

1)依当事人请求而为的行政救济。未经奥林匹克标志权利人许可,为商业目的擅自使用奥林匹克标志,不愿协商或者协商不成的,奥林匹克标志权利人或者利害关系人可以请求工商行政管理部门处理。

2)行政机关依职权而为的行政救济。对侵犯奥林匹克标志专有权的行为,工商行政管理部门有权依法查处。

工商行政管理部门根据已经取得的违法嫌疑证据或者举报,对涉嫌侵犯奥林匹克标志专有权的行为进行查处时,可以行使下列职权:

第一,询问有关当事人,调查与侵犯奥林匹克标志专有权有关的情况;

第二,查阅、复制与侵权活动有关的合同、发票、账簿以及其他有关资料;

第三,对当事人涉嫌侵犯奥林匹克标志专有权活动的场所实施现场检查;

第四,检查与侵权活动有关的物品;对有证据证明是侵犯奥林匹克标志专有权的物品,予以查封或者扣押。

---

① 进出口货物涉嫌侵犯奥林匹克标志专有权的,由海关参照《中华人民共和国海关法》和《中华人民共和国知识产权海关保护条例》规定的权限和程序查处。

工商行政管理部门依法行使上述职权时，当事人应当予以协助、配合，不得拒绝、阻挠。

3）行政处罚措施。工商行政管理部门处理时，认定侵权行为成立的，责令立即停止侵权行为，没收、销毁侵权商品和专门用于制造侵权商品或者为商业目的擅自制造奥林匹克标志的工具，有违法所得的，没收违法所得，可以并处违法所得5倍以下的罚款；没有违法所得的，可以并处5万元以下的罚款。当事人对处理决定不服的，可以自收到处理通知之日起15日内依照《中华人民共和国行政诉讼法》向人民法院提起诉讼；侵权人期满不起诉又不履行的，工商行政管理部门可以申请人民法院强制执行。进行处理的工商行政管理部门应当事人的请求，可以就侵犯奥林匹克标志专有权的赔偿数额进行调解；调解不成的，当事人可以依照《中华人民共和国民事诉讼法》向人民法院提起诉讼。

（3）司法救济。

1）民事救济。未经奥林匹克标志权利人许可，为商业目的擅自使用奥林匹克标志，不愿协商或者协商不成的，奥林匹克标志权利人或者利害关系人可以直接向人民法院提起诉讼，依法追究其民事责任。

侵犯奥林匹克标志专有权的赔偿数额，按照权利人因被侵权所受到的损失或者侵权人因侵权所获得的利益确定，包括为制止侵权行为所支付的合理开支；被侵权人的损失或者侵权人获得的利益难以确定的，参照该奥林匹克标志许可使用费合理确定。

销售不知道是侵犯奥林匹克标志专有权的商品，能证明该商品是自己合法取得并说明提供者的，不承担赔偿责任。

2）刑事救济。利用奥林匹克标志进行诈骗等活动，触犯刑律的，司法机关将依照刑法关于诈骗罪或者其他罪的规定，依法追究刑事责任。

三、高危险性体育项目经营法律规制

2009年8月30日中华人民共和国国务院令第560号公布了《全民健身条例》，2013年5月31日国务院第十次常务会议通过对其的第一次修订。2013年7月18日中华人民共和国国务院令第638号公布的《国务院关于废止和修改部分行政法规的决定》对《全民健身条例》进行了第一次修正。《全民健身条例》第三十二条、第三十四条对经营高危险性体育项目进行了原则性的规定。

为了规范经营高危险性体育项目行政许可的实施，保障消费者人身安全，促进体育市场健康发展，根据《中华人民共和国体育法》《中华人民共和国行政许可法》《全民健身条例》等有关法律、法规，2013年2月21日

国家体育总局令第 17 号发布了《经营高危险性体育项目许可管理办法》，并分别于 2014 年 9 月 1 日通过国家体育总局令第 19 号、2016 年 4 月 29 日通过国家体育总局令第 22 号对其进行了修订。

（一）主管机关

国家体育总局指导全国范围内经营高危险性体育项目行政许可工作，会同有关部门制定、调整高危险性体育项目目录，并经国务院批准后予以公布。县级以上地方人民政府体育主管部门负责本行政区域的经营高危险性体育项目行政许可工作。

延伸阅读 >>>>

高危险性体育项目

为落实《全民健身条例》对高危险性体育项目经营活动管理的相关要求，保障人民群众参与高危险性体育项目的人身安全，根据《全民健身条例》第三十二条第四款的规定，经国务院批准，2013 年 5 月国家体育总局联合相关部门公布了第一批高危险性体育项目目录，具体包括：①游泳；②高山滑雪、自由式滑雪、单板滑雪；③潜水；④攀岩。

（二）申请和批准

1. 经营高危险性体育项目应当具备的条件

（1）相关体育设施符合国家标准。

（2）具有达到规定数量、取得国家职业资格证书的社会体育指导人员和救助人员。

（3）具有安全生产岗位责任制，安全操作规程，突发事件应急预案，体育设施、设备、器材安全检查制度等安全保障制度和措施。

（4）法律、法规规定的其他条件。

2. 申请经营高危险性体育项目应当提交的材料

（1）申请书。申请书应当包括申请人的名称、住所，拟经营的高危险性体育项目等内容。

（2）体育设施符合相关国家标准的说明性材料。

（3）体育场所的所有权或使用权证明。

（4）社会体育指导人员、救助人员的职业资格证明。

（5）安全保障制度和措施。

（6）工商营业执照。

（7）法律、法规规定的其他材料。

3. 经营高危险性体育项目的申请程序

企业、个体工商户经营高危险性体育项目的，应当在工商行政管理部门依法办理相关登记手续后，向县级以上地方人民政府体育主管部门申请行政许可。

县级以上地方人民政府体育主管部门应当自收到申请之日起30日内进行实地核查，做出批准或者不予批准的决定。批准的，应当发给许可证；不予批准的，应当书面通知申请人并说明理由。

4. 经营高危险性体育项目许可证应当载明的事项

（1）经营机构负责人姓名。

（2）经营机构名称。

（3）经营场所地址。

（4）许可经营的高危险性体育项目。

（5）社会体育指导人员和救助人员规定数量。

（6）许可期限。

5. 经营高危险性体育项目许可证的期限、变更及撤销

许可证有效期为5年，样式由国家体育总局统一制定。许可证到期后需要继续经营的，经营者应提前30日到做出行政许可决定的体育主管部门申请办理续期手续。体育主管部门同意的，为其换发许可证。

许可证载明事项发生变更的，经营者应当向做出行政许可决定的体育主管部门申请办理变更手续。体育主管部门同意的，为其换发许可证。

有下列情况之一，做出行政许可决定的体育主管部门应当依法注销许可证：

（1）经营终止。

（2）许可证到期。

> 思考与实训题

1. 国务院46号文件提出，到2025年我国人均体育场地面积要达到2平方米，经常参加体育锻炼的人数达到5亿。只有改革创新全民健身体育场馆建设模式，调动市场和社会力量推行"总体规划、分步实施、政府监督、企业运作"的规划设计，才能实现这些目标。在《体育产业"十三五"规划》中，国家体育总局明确提出"推广运用政府和社会资本合作模式（PPP），支持社会力量进入体育产业领域"。日前，财政部PPP中心发布了

《全国PPP综合信息平台项目库季报第3期》，数据显示，截至2016年6月30日，体育类入库项目已经达到176个，投资额1163亿元。从入库内容来看，主要集中在大型体育场馆建设项目。可以预期，在"十三五"期间，我国公共体育场馆建设将是PPP模式的一大用武之地。

请以此背景资料为基础，运用本章所学的体育产业政策相关内容，对PPP模式在我国公共体育场馆建设过程中的机遇和挑战进行阐述。

2. 某公司营销部门召开围绕"2022年北京—张家口冬奥会"的营销策划会议，会上，甲提出可以在冬奥会主会场周围布置大量宣传本公司产品的广告；乙提出赞助国家羽毛球队，通过这种方式宣传提高本公司产品知名度；丙提出通过出资在某电视台举办以冬奥会为主题的电视节目的方式进行营销宣传。

请以《奥林匹克标志保护条例》为依据，分析上述行为的合法性，并阐述对于侵犯奥林匹克标志专有权的违法行为可以采取的救济手段。

3. 阅读某市体育局面向社会公布的经营高危险性体育项目许可办事指南，请指出该指南中哪些内容不符合《经营高危险性体育项目许可管理办法》的规定。

经营高危险性体育项目许可办事指南

一、项目概述

1. 项目名称：经营高危险性体育项目许可
2. 办理单位：××市体育局
3. 办理窗口：市政务服务中心体育局窗口
4. 窗口电话：123456
5. 投诉电话：654321

二、法定依据

《经营高危险性体育项目许可管理办法》第一条、第二条、第三条、第四条。

三、申请条件

经营高危险性体育项目，应当具备下列条件：

（一）相关体育设施符合省级标准。

（二）具有达到规定数量、取得国家职业资格证书的社会体育指导人员。

（三）具有安全生产岗位责任制、安全操作规程、突发事件应急预案、体育设施、设备、器材安全检查制度等安全保障制度和措施。

（四）法律、法规规定的其他条件。

四、申报材料

申请经营高危险性体育项目，应当提交下列材料：

（一）申请书。申请书应当包括申请人的名称、住所，拟经营的高危险性体育项目，拟成立经营机构的名称、地址、经营场所等内容。

（二）体育设施符合相关省级标准的说明性材料。

（三）体育场所的所有权或使用权证明。

（四）社会体育指导人员的职业资格证明。

（五）安全保障制度和措施。

（六）法律、法规规定的其他材料。

五、办理程序

（一）申请单位向市政府政务服务中心窗口工作人员提交申报材料。

（二）市体育局自受理之日起，承诺时间内按照规定程序做出是否批准的决定；对符合条件的，予以许可；不予许可的，书面说明理由，并由市政府政务服务中心综合窗口工作人员告知申请人享有依法申请行政复议或者诉讼的权利。

六、收费标准及收费依据

按照《××市行政许可收费管理办法》

七、办理时限

1. 法定时间：15 个工作日。
2. 承诺时间：10 个工作日。

推荐阅读书目

1. 鲍明晓著：《财富体育论》，人民体育出版社 2012 年版
2. 阮伟、钟秉枢主编：《体育蓝皮书：中国体育产业发展报告（2015）》，社会科学文献出版社 2015 年版
3. 易剑东等著：《中国体育产业政策研究：总览与观点》，社会科学文献出版社 2016 年版
4. 丛湖平等著：《我国体育产业政策研究》，浙江大学出版社 2014 年版
5. 裴洋著：《反垄断法视野下的体育产业》，武汉大学出版社 2009 年版